档 案 管 理

实践与创新

4 + 1

档 案 管 理 之 道

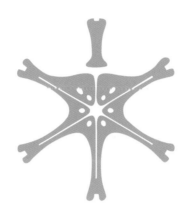

北京大兴国际机场
工程项目档案管理
实践与创新

北京新机场建设指挥部　组织编写

宋　鹃　郭雁池　李光洙　主编

师桂红　李　维　徐拥军　副主编

中国建筑工业出版社

本书编委会

主　　任：宋　鹃　郭雁池　李光洙

副 主 任：师桂红　李　维　徐拥军

统　　稿：魏士妮

成　　员：北京新机场建设指挥部（北京建设项目管理总指挥部）：

孙　凤　干海瑛　孔　愚　彭耀武　王積筠　徐　伟

姚　铁　易　巍　赵建明　田　涛　张　俊　王效宁

张　云　孔祥文　张　闯　宿　宁　李青蓝　辛　然

郭钦利　邓　文　李　彪　白　雪　王迎桃　丁衍然

张小乐　冯东梅　武　权　庞冬阳　王金套　朱　力

陈　东　张海平　李　焱　邢　娜　刘　畅

中国人民大学：

徐诗成　陈晓婷　卢思佳　邵亚伟

序一

京冀大地，凤凰展翅。2019年9月，拥有世界最大规模单体航站楼的北京大兴国际机场正式投入运营。习近平总书记强调，大兴国际机场能够在不到5年的时间里就完成预定的建设任务，顺利投入运营，充分展现了中国工程建筑的雄厚实力，充分体现了中国精神和中国力量，充分体现了中国共产党领导和我国社会主义制度能够集中力量办大事的政治优势。[①]大兴国际机场建成投运后，在疫情防控物资分发、拉动京津冀区域经济新增长、服务近亿人民群众优质出行需求等方面做出重大贡献。

2017年2月，习近平总书记视察北京大兴国际机场工地现场时说，北京新机场建设要打造"精品工程、样板工程、平安工程、廉洁工程"。[②]北京新机场建设指挥部（现划入首都机场集团有限公司北京建设项目管理总指挥部）始终以高度的政治使命感和对党和国家的忠诚奉献精神，将习近平总书记关于大兴机场的重要指示批示精神贯穿到大兴机场工程建设的每一个环节，在工程勘探、设计、规划、施工、竣工验收及工程项目档案管理等各项工作中，兢兢业业、唯实唯新，全力推进"四个工程"建设。

习近平总书记在浙江工作时指出，档案工作是一项非常重要的工作，主要是因为档案工作是一项基础性工作，经验得以总结、规律得以认识，历史得以延续，各项事业得以发展，都离不开档案。[③]大兴机场工程项目档案是大兴机场建设全过程中直接形成的真实记录，更是新时代党领导人民推进中华民族伟大复兴奋斗历史的红色鉴证，蕴藏着广大工程建设者和管理者的集体智慧和红色精魂，对大兴机场工程建设和长期运营、京津冀协同发展、新时代爱国主义教育等具有重大的现实意义和发掘价值。指挥部高度重视大兴机场工程项目档案管理工作，在建设过程中始终把档案工作作为"四个工程"建设的重要组成部分，忠诚踏实、提前规划、积极协同、勇于创新、唯细唯实地做好档案工作。

提高政治站位，彰显大兴机场工程项目档案管理的政治属性。兰之猗猗，扬扬其香。众香拱之，幽幽其芳。习近平总书记对档案工作的系列重要批示指示精神是指挥部开展工程项目档案管理的根本遵循，指挥部始终强调"档案工作姓党"的政治属性，坚决以习近平总书记对档案工作的重要批示指示精神为指导，从政治高度认识和开展大兴机场工程项目档案工作，绝不把工程项目档案管理工作仅仅视为工程项目建设的伴随工作或辅助工作，注重强化基层

---

① 人民网. 习近平出席投运仪式并宣布北京大兴国际机场正式投入运营[EB/OL]. （2019-09-26）[2023-10-17]. http://jhsjk.people.cn/article/31373455.
② 国际在线. 习近平考察北京 关注新机场 聚焦冬奥会 展望副中心[EB/OL]. （2017-02-24）[2023-10-17]. https://news.cri.cn/20170224/14198658-b909-94cb-456e-19e6b6dae7e5.html.
③ 省委书记、省人大常委会主任习近平同志在考察省档案局省档案馆时的讲话[J]. 浙江档案，2003（6）：5.

党组织建设，在"两学一做"学习教育和"不忘初心、牢记使命"主题教育中，推进党建学习与档案业务深度融合，使指挥部和参建单位专兼职档案工作者及相关责任人员，充分认识记录好、留存好、保管好、利用好大兴机场工程项目档案工作，服务党和国家工作大局、服务人民群众的重大政治意义。

强化前端规划，构建大兴机场工程项目档案管理的正确轨道。凡事预则立，不预则废。大兴机场工程筹备十余年、建设五年，涉及各类参建总包单位约160家，分包单位500余家，档案管理周期长、归档单位众多、档案数量庞大、专业性极强，其管理复杂性极高。基于对大兴机场工程项目档案管理复杂性及重要性的认识，于2011年便明确行政办公室归口管理档案工作，加强指挥部档案管理组织建设和制度建设，制定并落实全员多级档案管理责任制和档案安全责任制；加强与上级档案主管部门、参建单位的沟通协调，明确档案工作目标，细化档案工作任务；推进档案信息化建设，多措并举，使大兴机场工程项目档案管理一开始便走上正确轨道。

推进全程管理，保障大兴机场工程项目档案管理的实质成效。看似寻常最奇崛，成如容易却艰辛。指挥部深知大兴机场工程项目档案管理是一项需要长期坚持、久久为功的工作，充分授权行政办公室开展工程项目档案全生命周期管理，保障档案工作前端、中端、末端所需的人力、物力、财力资源，打造工程项目档案工作质量全过程控制链，助力大兴机场"四个工程""四型机场"建设。

善学者尽其理，善行者究其难。大兴机场工程建设过程中档案工作者形成了诸多较好的档案管理经验和方法，为总结推广全体档案工作者的智慧结晶，北京建设项目管理总指挥部联合中国人民大学档案事业发展研究中心组成研究团队，共同编写了《北京大兴国际机场工程项目档案管理实践与创新》一书。该书较为翔实地介绍了大兴机场工程项目档案治理体系、档案资源体系、档案利用体系、档案安全体系"四个体系"建设和档案信息化建设的具体做法，提炼了大兴机场工程项目档案管理的经验与启示。期望本书成为解读大兴国际机场成功模式的一把密钥，同时也为今后我国大型工程项目建设及其档案管理襄助一臂之力。风物长宜放眼量，进一步拉长历史的视野来看，相信当后人翻阅到大兴机场工程相关档案书目的记载，将更加深刻地感悟到它是中国民航史上里程碑式的机场，更是中国人民聪明智慧的体现与顽强精神的象征。

最后，谨以此书向所有大兴机场工程劳动者致敬！向所有关心支持大兴机场建设发展的领导、同仁致敬！

康瑞

2023年9月

序二

在现代工程建设领域，档案管理越来越发展为一门精细的艺术，这一点在北京大兴国际机场工程项目中得到了淋漓尽致的体现。这一庞大而复杂的工程不仅考验着建设者的智慧与毅力，更检验着档案管理者的专业水准与创新能力。正因如此，我很高兴看到这样一本书，它详尽地介绍了该项目工程档案管理的特点，工程项目档案治理体系、资源体系、利用体系、安全体系和信息化建设，构建了一个全面而严谨的档案管理框架。这不仅是对大兴机场工程项目档案管理的一次全面梳理，更是对未来工程项目档案管理的一次深度思考和探索。

本书具有三个突出特点：

第一，研究意义重大。北京大兴国际机场建设是新时代标志性大工程，在国内外都有很大的影响，是共和国超级工程、新世界七大奇迹之首。无论是从个案来记录中华民族伟大复兴进程的角度，还是从记录服务这一大工程本身和服务社会经济文化发展的角度考虑，都需要从档案工作的角度进行梳理总结提炼，这是档案人的职责所在，也是档案理论学者使命所在。北京大兴国际机场工程，建设成为了精品工程、样板工程、平安工程、廉洁工程；北京大兴国际机场建设成为了平安机场、绿色机场、智慧机场、人文机场。建设的复杂性难度以及现代化程度都是前所未有的，建设过程中应用了众多创新科技成果，档案工作也不例外。对工程项目档案工作的创新认真总结，不仅仅对工程来说有很大的价值，对未来的其他大工程也有极大的借鉴指导意义，同时对档案学理论的创新也有很好的价值。

第二，研究内容充实。本书研究站位高，秉承为党管档、为国守史、为民服务的宗旨，从党和国家档案事业发展的高度，审视大兴机场工程项目档案管理工作，进而能够切实地把握好这些大工程项目的档案管理工作。本书研究视角独特，密切联系已有的理论基础，有很好的理论支撑意义，也有普及档案基础理论知识的意义。从"四个体系"建设角度切入研究大兴机场工程项目档案。一是符合新时代档案事业发展规律，符合国家档案工作政策法规，有丰富的内涵。二是可以将繁杂的工程项目档案工作以清晰的线条进行梳理，能够更好把准脉络，将所有环节一一研究并总结，并对当中的创新进行了归纳。三是纲举目张，涉及了大兴机场工程项目档案工作的所有方面。读者能够十分清晰地了解该工程项目档案管理的诸多细节和操作规程，有基本理论、基本概念，也有研究方法、工作方法，知识性强，使得本书兼具科教科书和工作手册的功能，有很好的参考和借鉴价值。

第三，研究时代性强。本书在探讨档案管理的同时，始终没有忽视档案本身所承载的历史价值和社会责任。无论是治理体系建设还是信息化建设，都是为了更好地保护和利用这些宝贵的档案信息，以服务于社会和人民。这种深深植根于中国式现代化档案管理中的社会责任感，是我们在阅读这本书时需要深刻领会和把握的。

当然，任何实践和创新都离不开人的因素。我们看到，在大兴机场工程项目档案管理中，一群敬业、专业、创新的档案管理者在默默奉献，他们用自己的专业知识和实践经验，为工程项目的顺利推进提供了有力的支撑。这本书，就是对他们辛勤工作和无私奉献的最好致敬。

总的来说，北京大兴国际机场工程项目档案管理实践与创新是一本值得我们深入研读的书。它不仅为我们提供了工程项目档案管理的宝贵经验，更为我们展示了档案管理在未来发展的无限可能。我相信，无论是档案管理者还是工程建设者，都能从这本书中获得深刻的启示和有益的借鉴。

站在新的历史起点上，我们需要以更高的政治站位和更宽广的视野来审视档案管理的重要性。希望通过这本书的出版，能够引发更多人对工程项目档案管理的关注和思考，推动档案管理工作不断向前发展。

最后，要感谢所有参与大兴机场工程项目建设和档案管理的同志们，正是你们的辛勤工作和无私奉献，才有了今天这样一本宝贵的书籍。相信在未来的日子里，大家一起继续努力，中国的档案事业会创造更多的辉煌成就！

中国档案学会秘书长

邓小军

2023年9月

前言

本书以工程项目档案体系化管理为主线，全面总结北京大兴国际机场一期主体工程建设过程中，北京新机场建设指挥部工程项目档案管理体系化建设的理念、模式和方法。

本书主要论述北京大兴国际机场工程项目档案管理的背景、特点和需求，工程项目档案"4+1体系"（即档案治理体系、档案资源体系、档案利用体系、档案安全体系四个体系建设和工程项目档案信息化建设的一个支撑）的具体实践，分析总结北京大兴国际机场工程项目档案管理凝结的实践经验及为其他工程项目档案管理提供的有益启示。本书共分为9章。第1章为导论，说明大兴机场工程项目档案管理的研究背景与意义、研究综述，以及本书的概念界定与研究内容、研究思路与方法、创新与不足之处。第2章论述习近平总书记对档案工作的重要批示指示精神、档案学传统基础理论、档案记忆观、档案治理理论和工程项目管理理论等对北京大兴国际机场工程项目档案管理实践的指导意义及影响。第3章分析大兴机场工程项目档案管理的特点及其创新需求。第4～7章分别阐述北京新机场建设指挥部在工程项目档案治理体系、档案资源体系、档案利用体系和档案安全体系建设等方面的具体实践。第8章阐述大兴机场工程项目档案信息化建设方面的情况。第9章总结大兴机场工程项目档案管理的实践启示。

本书应用理论联系实践的方法论，采用"理论—实践—理论"的逻辑思路，运用文献调研法、实践调研法和系统研究法，系统性地总结了北京新机场建设指挥部具有创新性的"4+1"工程档案管理模式。期望本书成为解读北京大兴国际机场成功模式的一把密钥，推动我国工程项目档案工作思想政治理念提升、治理体系和治理能力升级、工程项目档案事业进一步发展，助力我国大型工程建设效率、质量全面提高。

本书对"工程"和"项目"没有进行严格的区分，一般采用"工程项目"的概称。为方便读者阅读，本书大多数情况下，将北京大兴国际机场简称为"大兴机场"，而"大兴机场工程项目"主要是指北京新机场建设指挥部作为建设单位承担建设的大兴机场的一期主体工程项目。2010年12月，北京新机场建设指挥部成立。在大兴机场一期工程完成后，2022年8月组建了北京建设项目管理总指挥部。本书中除特别指出外，一般将北京新机场建设指挥部简称为指挥部，将北京建设项目管理总指挥部简称为总指挥部。

本书可供工程项目档案管理工作者工作借鉴和参考，为高等院校工程专业、档案学专业师生提供研究和教学案例。

本书编委会
2023年9月

目录

第 1 章

导论

工程项目档案，又称建设工程项目档案、工程档案、项目档案等，是工程项目建设过程中直接生成的具有保存价值的原始记录。工程项目档案管理是整个工程项目建设与运营的重要组成部分，亦是档案工作的重要组成部分。在大兴机场建设与运营的过程中，北京建设项目管理总指挥部①和各参建单位高度重视工程项目档案管理，采取一系列的创新举措，其做法值得研究，经验值得总结。

---

① 大兴机场一期主体工程完成后，其建设单位北京新机场建设指挥部于2022年8月划入北京建设项目管理总指挥部，继续管理大兴机场一期主体工程档案。

1.1　研究背景与意义

1.1.1　研究背景

　　大兴机场作为"共和国超级工程"[①]，建设规模之大、技术难度之高、对国家战略地位影响之深远，均使其成为我国综合国力强劲的重要标志之一。作为一项超大规模、极为复杂的系统工程，其工程项目档案管理面临诸多挑战，理念、模式和方法创新显得尤为必要。梳理大兴机场工程项目档案管理研究背景，既不能脱离大兴机场工程项目建设本身和工程项目档案事业的宏观背景，也不能忽视大兴机场工程项目档案管理所取得的诸多创新成果。

（1）大兴机场是新时代的伟大工程

　　大兴机场是顺应时代呼唤的产物。中华民族的飞天梦由来已久，民航强国是新中国成立后持之以恒发展的事业。改革开放后，我国经济、社会快速发展，民航事业发展迅速。2001年，北京获得2008年奥运会主办权。彼时，首都国际机场全天业务已十分繁忙、没有高峰低谷之分。从长远发展来看，首都建设第二机场十分必要。进入新发展阶段，我国面临调整经济结构、转变经济增长方式，建设创新型国家、全面建成小康社会，促进区域协同发展、构建社会主义和谐社会的新任务。在此时代背景下，建设大兴机场是党中央着眼新时代国家发展战略需要做出的重大决策，是中华民族伟大复兴的战略抉择，有利于加快形成以国内大循环为主体、国内国际双循环相互促进发展的新发展格局；是服务京津冀协同发展的重大举措，也是北京"四个中心"建设的重要支撑，同时有利于加快民航强国建设。

　　大兴机场是习近平总书记特别关怀的高标准定位工程项目。经过16年多轮次的场址比选、3

---

①　中国新闻网. "共和国超级工程"北京大兴国际机场：创造新奇迹 见证新发展[EB/OL]．（2021-04-30）[2023-06-15]. https://www.chinanews.com.cn/gn/2021/04-30/9467913.shtml.

年多的立项评估以及近2年的全面可行性论证，习近平总书记最终在2014年9月4日主持召开的中央政治局常委会上，明确指示要求年内开工建设，2019年建成通航。2017年，习近平总书记考察北京新机场建设时强调，新机场是首都的重大标志性工程，是国家发展一个新的动力源，必须全力打造精品工程、样板工程、平安工程、廉洁工程。[①]高标准定位驱动先进理念的指导和高新技术的应用，提升了工程复杂性和难度。

大兴机场工程复杂性强、建设难度高。 大兴机场工程的复杂性强、建设难度高是多方面的。一是组织复杂性，众多政府部门、企业和其他相关主体间需进行复杂的分层次和跨越边界的组织协调工作。二是技术复杂性，大兴机场航站楼（图1-1）结构超长、超大、复杂，施工难度极大。还有诸如跨北京、河北的地域合作复杂性以及军民协同的复杂性。三是任务紧迫性，大兴机场此等世界级的巨型机场工程，工程建设周期不足5年，工期的紧迫性在一定程度上进一步加大了建设施工的难度。

图1-1　大兴机场全景

（2）工程项目档案管理是利国利民的重要事业

2021年7月6日，习近平总书记对档案工作作出重要批示：档案工作存史资政育人，是一项利国利民、惠及千秋万代的崇高事业。[②]推动工程项目建设对稳增长、促改革、调结构、惠民生

---

① 　新华社. 力争打造全球空港新标杆——"五问"北京大兴国际机场建设指挥部常务副指挥长郭雁池[EB/OL].（2019-09-25）[2023-10-17]. https://www.gov.cn/xinwen/2019-09-25/content_5433194.htm.
② 　中国档案资讯网. 国家档案局印发《通知》要求认真学习贯彻习近平总书记对档案工作重要批示[EB/OL].（2022-08-03）[2023-10-17]. http://www.zgdazxw.com.cn/news/2022-08/03/content_323587.htm.

有重要意义，是实现经济社会持续健康发展和人民群众追求美好生活的迫切之需。我国在每个五年规划中均提出未来五年国家级的重大项目，涉及科技、产业、文化、基建、社会、民生等诸多领域。如"十三五"期间，我国共规划23类、165个具有代表性的重大工程项目，《中华人民共和国国民经济和社会发展第十四个五年规划和2035年远景目标纲要》（以下简称"十四五"规划）中同样提出了一批聚焦新发展阶段的重大工程项目。①按照党中央、国务院决策部署，科技部、工业和信息化部、交通运输部、水利部等单位正加快牵头推动"十四五"规划102项重大工程建设，充分发挥其对当前扩大有效投资，促进经济平稳健康发展的重要作用。②2023年3月，中华人民共和国第十四届全国人民代表大会第一次会议和中国人民政治协商会议第十四届全国委员会第一次会议在北京召开。全国人大代表、浙江省优秀党务工作者、义乌市后宅街道李祖村党支部书记、村委会主任方豪龙在接受《中国档案报》记者采访时表示，项目档案十分重要，是民生工程建设的真实记录。全方位做好工程项目档案管理与服务工作，既有利于维护村级工程的日常运行维护和后续扩建，对于项目全程监管、村干部廉政监督、推进乡村振兴、传承乡村记忆，具有重要力量。③在城乡一体化建设、新农村建设、统筹城乡配套设施改革等背景下，农村基层社会治理工作过程中会产生大量的工程项目文件、经济合同、各类报表、会议记录等各类重要文件。这些工程项目文件，经整理归档后便成为工程项目档案，是我国乡村振兴战略的真实记录，也反映出工程项目档案管理是利国利民的重要事业。

　　从工程项目档案管理的背景和发展历史来看，工程项目档案管理始终是我国档案事业发展过程中极具活力的重要组成部分，对经济社会高质量发展具有基础性、支撑性作用，是利国利民的重要事业。工程项目档案的重要性在于，其作为新时代档案资源体系的重要组成部分，不仅是工程项目最为完整、权威的原始记录，更是工程项目在建设过程中形成的重要资产；不仅对日后的工程管理和运营具有重要价值，亦能为相关学术研究和评估工作提供重要依据。从实践环节来看，科学、规范的工程项目档案管理可以提升工程项目的管理效率和安全性，保障工程项目的顺利建设和运营。其一，从工程项目档案的生成来看，无论是纸质档案，还是电子档案或其他各种载体形式的档案，都是在工程项目建设、运营和管理过程中直接生成的具有保存价值的原始记录，见证工程建设的完整历程。其二，从工程项目档案的管理来看，相关参建单位、职能部门都需要彼此之间密切配合、相互协作，保障各业务流程的有序衔接。其三，从工程项目档案的开发利用来看，建设单位可以充分挖掘具有人文特色、历史意蕴的工程项目档案资源，通过举办档案展览、开发档案文创产品、制作专题档案宣传

① 　未来智库. 十四五重大项目全解析：总量、构成、进展与效应[EB/OL]. （2021-10-22）[2023-06-27]. https://baijiahao.baidu.com/s?id=1714309876829931153&wfr=spider&for=pc.
② 　中国能源网. 国家发展改革委推进"十四五"规划102项重大工程实施[EB/OL]. （2022-04-07）[2023-06-27]. http://www.cnenergynews.cn/guonei/2022/04/07/detail_20220407121121.html.
③ 　孙昊. 全国人大代表方豪龙建议：加大对"乡村记忆"档案工作的指导服务[N]. 中国档案报，2023-03-13（1）.

视频等方式，积极宣传推广项目建设成果，扩大工程项目利国利民的积极意义。

《"十四五"全国档案事业发展规划》明确提出"创新建设项目档案监督指导方式，对国家重大建设项目档案验收实行事前指导及事中、事后监管"，指明今后一段时期我国工程项目档案管理工作的重点方向。新征程上，我国档案事业逐步迈向高质量发展的新台阶，工程项目档案管理实践不断实现创新与转型发展。工程项目建设事关民生福祉，其档案管理工作既利当前又利长远，在助推新时代档案事业高质量发展中的重要作用有待于进一步发挥。

（3）大兴机场工程项目档案管理实践

1993年，北京市在修编《北京市城市总体规划1994—2004》时预留了北京新机场场址，规划了通州张家湾与大兴庞各庄两处中型机场场址。2010年4月28日，北京新机场建设指挥部召开第一次启动会，标志着北京新机场筹建工作开始，大兴机场工程项目档案管理工作由此拉开序幕。同年12月1日，中国民用航空局（以下简称"民航局"）党组下发《关于成立北京新机场建设指挥部的批复》，标志着北京新机场筹建工作正式启动。2012年12月22日，国务院、中央军委联合发文批复北京新机场立项，相应的大兴机场工程项目档案管理工作。也自此谋划开展。最初，档案管理工作组织架构体系参照首都机场集团有限公司档案管理模式，指挥部行政办公室为归口管理部门，统筹管理、分级负责，各部门档案工作者全部为兼职档案工作者，协助行政办公室完成相关文件资料的收集、整理、归档等工作。

2014年9月4日，习近平总书记主持召开中央政治局常委会，审议通过北京新机场可行性研究报告，标志着北京新机场建设工作取得里程碑式的重大进展。同年10月8日，首都机场集团有限公司下发《关于加强对北京新机场建设管理的若干规定》，其中相关规定对做好大兴机场工程项目档案管理工作提出相应要求：指挥部要负责以新机场建设指挥部名义签订的各类合同的日常管理，包括合同报批、审核、签署、归档等。

2017年2月23日，习近平总书记考察北京新机场建设。他强调，新机场是首都的重大标志性工程，是国家发展一个新的动力源，必须全力打造精品工程、样板工程、平安工程、廉洁工程。[①]为支撑大兴机场打造成为"四个工程"，大兴机场工程项目档案管理工作坚持围绕中心，服务大局，力争为机场建设与运营贡献档案智慧。

2018年1月12日，北京市住房和城乡建设委员会发布《北京市住房和城乡建设委员会关于加强北京新机场工程质量管理的通知》（京建发〔2018〕26号），其中强调要"加强工程资料管理"，应按要求对施工、监理单位的工程资料进行抽查，在《建筑工程资料管理规程》

---

① 　新华网. 习近平在北京考察：抓好城市规划建设 筹办好冬奥会[EB/OL]. （2017-02-24）[2023-06-19].
https://news.cri.cn/20170224/f2ebc9b7-2f4e-ac35-8f28-a3cf83796bfa.html.

DB11/695、《市政基础设施工程资料管理规程》DB11/T808中需要建设单位签字（章）的文件上进行签字（章），并应明确专人按要求收集、整理、归档工程资料。此外，该文件还强调建设、监理、施工等单位必须保证工程资料真实反映工程实际情况；工程资料与工程同步形成、收集和整理，确保真实、完整、有效、可追溯；建设、监理、施工等单位应严格按照《建筑工程资料管理规程》DB11/695、《市政基础设施工程资料管理规程》DB11/T808以及北京市城建档案馆的相关要求，整理归档工程资料等。上述要求对加强北京新机场建设工程质量管理，做好大兴机场工程项目档案管理工作有重要的指导性意义。

2019年9月25日，习近平总书记在视察北京大兴国际机场时强调："要把大兴国际机场打造成为国际一流的平安机场、绿色机场、智慧机场、人文机场，打造世界级航空枢纽，向世界展示中国人民的智慧和力量，展示中国开放包容和平合作的博大胸怀。"①此后，为落实习近平总书记提出的打造"四个工程"、建设"四型机场"的决策部署和北京市委市政府、河北省委省政府，档案主管部门，首都机场集团有限公司对大兴机场工程项目档案管理工作指示精神，总指挥部全面推进"授权决策、工程管理、资料同步、廉政建设"四个体系建设，全面贯彻《中华人民共和国档案法》（以下简称《档案法》）等法律法规和标准规范，做好工程项目档案管理、确保为建设"精品、样板、平安、廉洁"四个工程提供重要支撑和有力保障。大兴机场工程项目档案管理工作持续走向高质量发展。

2019年，为贯彻落实民航局领导在北京大兴机场建设及运营筹备领导小组第四次全体（扩大）会议上关于加强大兴机场建设项目档案工作的指示精神，民航局印发《关于进一步做好北京大兴国际机场建设项目档案工作有关问题的通知》，梳理当时大兴机场建设工程项目档案工作存在的问题和难点，明确未来一段时期的重点任务。据此，民航局综合司于2019年5月7～9日组织民航华北地区管理局、民航局空管局、首都机场集团有限公司、北京大兴国际机场建设指挥部、北京大兴国际机场东航基地建设指挥部、南航北京大兴国际机场建设指挥部、民航华北空管局大兴机场指挥部、北京大兴国际机场航油工程指挥部等单位档案工作者在广州开展民用机场建设项目档案工作专题培训。参训人员普遍认为，广东机场建设公司民用机场建设项目档案管理的相关经验，为即将竣工的北京大兴国际机场工程建设档案工作提供了有益借鉴。②

2019年4月2日，国家档案局经济科技档案业务指导司、北京市档案局等领导、专家，赴大兴机场实地调研、指导工程项目档案工作情况。调研组认为，大兴机场各参建指挥部重视建设项目的项目档案工作，做到与工程建设同步实施、同步管理，项目文件形成质量高，工程项目

① 新华社. 习近平出席投运仪式并宣布北京大兴国际机场正式投入运营 韩正出席仪式并致辞[EB/OL]. （2019-09-25）[2023-06-19]. https://www.chinacourt.org/article/detail/2019/09/id/4488922.shtml.
② 民航局档案馆. 民航局综合司组织民用机场建设项目档案工作专题培训[EB/OL]. （2019-05-21）[2023-03-21]. http://www.caac.gov.cn/XWZX/HYDT/201905/t20190521_196274.html.

档案工作整体推进情况较好。为进一步提升工作质量，项目法人单位要进一步发挥统筹协调作用，全面掌握工程建设的总体情况及项目档案形成状况；要理清工程建设中的合同清单、设备清单、单项工程清单，做到家底清楚，确保项目档案完整、准确、系统、规范，切实发挥工程项目档案对机场工程建设、管理与运营的重要作用。调研期间，北京市档案局有关专家针对大兴机场工程项目档案工作提出"进一步落实项目法人负责制、明确档案归属和流向、加紧竣工文件的审核签署工作、加强档案信息的安全保密工作"等意见和建议，并表示将继续对大兴机场工程项目档案工作加大指导、协调和配合力度，确保工程项目档案顺利通过验收。[①]

在习近平总书记的关怀指示和高度重视下，北京新机场建设指挥部和各参建单位始终坚持"围绕中心、服务大局"这一主线，在工程项目档案管控、档案制度建设、档案数字转型等方面取得诸多创新成果。第一，工程项目档案管控方面。指挥部在工程项目档案管理中严格落实"应归尽归、应收尽收"要求，坚持"就高就严就全"原则，在总结首都机场T3工程建设项目档案管理经验教训基础上，广泛吸收学习广州白云机场、西部机场集团、成都天府机场、中国电力建设集团有限公司、中核集团福建福清核电有限公司等先进管理经验，及时建立"北京新机场工程建设项目档案综合管控"计划。第二，工程项目档案管理制度建设方面。指挥部在明确各方档案管理职责的基础上，根据《建设项目档案管理规范》《民用机场建设项目民航专业工程文件及档案管理规范》《民航专业工程文件归档范围及保管期限表》《首都机场集团有限公司建设项目档案管理规定》等要求，制定《北京新机场建设指挥部建设项目工程档案管理办法》《北京新机场建设指挥部文书档案管理规定》等制度，并自发编制《北京大兴国际机场档案整理操作手册》，为指导各参建单位档案管理工作提供具体依据。第三，工程项目档案管理数字转型方面。传统的档案服务方式和管理流程难以满足工程项目档案日益强烈的利用需求，指挥部积极筹备并建立档案管理系统，开展BIM全流程线上管理模式试点活动，对推动工程项目档案数字转型有重要作用。[②]

当前，大兴机场进入高质、高效的运营阶段，对其开展相应研究，有助于更好地服务机场运营与维护工作。为此，本书旨在从大兴机场工程项目档案管理的实践出发，在充分调研的基础上，开展理论探究并总结实践经验和启示，为未来各类工程项目的档案管理提供有益参考。

1.1.2 研究意义

大兴机场是我国自主设计、建设、运营的大型综合交通枢纽，是中国民航史上具有里程

---

① 民航局档案馆. 国家档案局一行赴北京大兴国际机场实地调研、指导工程建设档案工作[EB/OL]. （2019-04-03）[2023-03-21]. http://www.caac.gov.cn/PHONE/XWZX/MHYW/201904/t20190404_195525.html.

② 魏士妮. 北京大兴机场工程建设项目档案管理实践探索[J]. 北京档案，2023（5）：43-44.

碑意义的重要项目。2016年，英国《卫报》举行"新世界七大奇迹"的评选，位列"新世界七大奇迹"之首的是当时尚未建成的大兴机场。作为庆祝中华人民共和国成立70周年的国家标志性工程，大兴机场以史无前例的庞大规模，结合迅如闪电的施工速度，造就举世震惊的世界奇迹。在工程建设过程中形成大量珍贵的工程项目档案，这些档案记录了大兴机场建设的非凡历程，凝聚了全体建设者的先进技术智慧和管理智慧，反映了中国人民在中国共产党领导下的磅礴伟力，是中国力量、中国精神、中国制度强大政治优势的生动凭证。基于大兴机场工程项目档案的内在价值，研究大兴机场工程项目档案管理的实践与创新，具有较强的现实意义。对于工程项目档案管理工作的主管领导而言，本书可为其了解、重视工程项目档案管理工作以及辅助决策提供参考依据；对于工程项目中的专兼职档案工作者而言，本书可成为现实工作的理论指导、实践指南和案例参考；对于关注、参与、研究工程项目管理、工程项目档案管理的科研人员和实践工作者而言，本书同样有较高的学习、参考价值。

（1）有利于进一步落实习近平总书记对档案工作的重要批示精神

2021年7月6日，在中国第一历史档案馆新馆开馆之际，习近平总书记对档案工作作出重要批示，强调"档案工作存史资政育人，是一项利国利民、惠及千秋万代的崇高事业"。"特别是要把蕴含党的初心使命的红色档案保管好、利用好，把新时代党领导人民推进实现中华民族伟大复兴的奋斗历史记录好、留存好，更好地服务党和国家工作大局、服务人民群众！"[①]大兴机场是落实首都城市战略定位、完善首都功能布局、推动京津冀协同发展的国家重大项目，也是国家实施"一带一路"建设的重要窗口，在大兴机场建设过程中形成的各类工程项目档案是新时代党领导人民推动国家社会经济发展和民航事业发展奋斗历史的生动记录。在此背景下，有必要以习近平总书记对档案工作重要批示精神为指导，深入研究大兴机场工程项目档案管理的各项议题，并将研究成果应用于实践工作。

（2）有利于进一步探索档案管理支撑大兴机场安全高效运行的路径

工程项目档案记录工程项目建设的全过程，凝聚着工程项目管理智慧和技术知识，具有重要的凭证价值和参考作用，是珍贵的信息资源和知识资产。工程项目档案工作是工程项目建设的重要组成部分，可有效提升工程项目建设质量和效率，减少工程项目建设成本和时间，保证工程项目有序运营和维护。工程项目档案对大兴机场运营、管控、维护、保养、改建、升级等具有重要作用，能够为大兴机场未来发展提供有力支撑。通过挖掘大兴机场工程

---

① 中国档案资讯网. 国家档案局印发《通知》要求认真学习贯彻习近平总书记对档案工作重要批示[EB/OL]. （2022-08-03）[2023-03-21]. http://www.zgdazxw.com.cn/news/2022-08/03/content_323587.htm.

项目档案中记录的信息、知识，蕴含的经验、教训，有助于更好地指导大兴机场实现安全、高效运行，辅助相关单位开展战略决策、科学规划、技术攻关。

（3）有利于进一步促进我国工程项目档案管理理论和实践创新

大兴机场工程项目作为习近平总书记特别关怀、亲自推动的国家重大标志性工程，具有全国性示范意义。大兴机场工程项目档案管理，为支撑大兴机场工程在4年多内顺利建成投运，达成"四个工程""四型机场"建设目标发挥卓有成效的行业示范引领作用。因此，研究总结大兴机场工程项目档案管理实践与创新，能够为兄弟单位和相关行业提供案例借鉴，同时对提升全国工程项目档案管理水平，乃至推动整个档案事业高质量发展具有积极作用。

1.2 研究综述

工程项目档案管理是档案管理的一个专业细分领域，在传统基建转型与新基建协同发展的趋势之下，工程项目档案管理工作在实践过程中不断衍生出创新理念与先进做法。本部分通过文献调查与统计，旨在了解当前工程项目档案研究的基础情况，梳理已有的主要研究成果，分析其特点，为后续研究提供基础。

1.2.1 文献检索结果

国内研究。以"（主题=工程）OR（主题=项目）OR（主题=基建）AND（篇名=档案）"为检索式在中国知网（CNKI）数据库进行高级检索，文献来源限定为北大中文核心期刊（2020年版）目录收录刊物和在工程项目档案管理领域刊文量较高的《城建档案》《机电兵船档案》，共计检得相关文献5200篇。其中，《城建档案》刊文量为2000篇，占比为38.5%（含更名后的《未来城市建设与运营》）。可见，我国在工程建设档案管理领域已取得丰富的研究成果。鉴于上述检索结果数量较多，将检索式进一步限定为"SU=工程项目档案 AND LY =（'城建档案'+'机电兵船档案'+'档案学通讯'+'档案学研究'+'北京档案'+'浙江档案'+'档案与建设'+'中国档案'+'档案管理'）"并在中国知网进行专业检索，获得相关文献161篇，剔除与本研究关联性不强的新闻资讯、工作简报、个人随笔等后，获得有效文献149篇。

国外研究。以主题="Project archives" OR "Infrastructure archives"为检索词在Web of Science核心合集数据库进行检索，获得相关论文11431篇。后在保持检索词不变的前提下进行标题检索，获得相关文献813篇，经筛选得到有效英文文献520篇。综合国内外研究检索结果，制成表1-1。

文献检索情况　　　　　　　　　　　　　　　　　　　　　　　　　　　　　　　表 1-1

检索渠道	检索式	检索结果	备注
CNKI	（主题=工程）OR（主题=项目）OR（主题=基建）AND（篇名=档案）	5200	检索日期均截至2023年6月28日，匹配程度为"精确"
	SU=工程项目档案 AND LY=（"城建档案"+"机电兵船档案"+"档案学通讯"+"档案学研究"+"北京档案"+"浙江档案"+"档案与建设"+"中国档案"+"档案管理"）	161（有效149）	
Web of Science	主题="Project archives" OR "Infrastructure archives"	11431	
	主题="Project archives" OR "Construction project archives"	813（有效520）	
总计		669	

1.2.2　国内外工程项目档案管理的主要研究内容

（1）国内工程项目档案管理的主要研究内容

国内对工程项目档案管理的研究大多由一线档案实践工作者开展，工程档案管理探索起步较早、范围较广；部分档案主管部门和高校专家学者积极开展相关理论、法规、标准等方面的研究。总体而言，国内工程项目档案管理研究内容主要体现在以下几个方面：

一是工程项目档案的法规标准研究。以中国人民大学王英玮教授为代表的学者重点解读了《国家重点建设项目档案管理登记办法》（档发字〔1997〕15号）、《建设项目档案监督指导工作指南》（档发〔2016〕15号）、《建设项目档案管理规范》DA/T 28—2018等法规制度与标准规范，分析其核心内容与主要价值，并以问题为导向提出相关改进建议，如王英玮、黄峰认为《建设项目档案监督指导工作指南》（档发〔2016〕15号）具有显著的合法合规性、规定内容的具体性和可操作性、实施要求的原则性和灵活性以及良好的工具保障性，并建议国家档案主管部门尽快出台与新修订《档案法》和《项目档案管理标准规范》相关的具有补充规定性质的规范性文件；[①]汪福学、巫常林解读了《水利工程建设项目档案管理规定》（水办〔2021〕200号），深入分析其修订必要性以及明晰职责任务、归档要求等方面的主要

---

① 王英玮，黄峰.《建设项目档案监督指导工作指南》的主要内容、实践价值和相关问题思考[J]. 北京档案，2021（11）：18-24.

内容；^①总体而言，高校学者和实践工作者在工程项目档案相关法规标准方面已取得较为丰硕的研究成果，这有助于减少相关单位在实际执行过程中可能产生的认知分歧，同时能够为相关法规标准的后续修订提供有益借鉴，推动我国工程项目档案管理走向依法合规治理。

二是工程项目档案的管理对象研究。由于工程项目具有突出的专业性特征，同时涉及建筑工程、市政工程、公路工程、电力工程、水利等诸多门类，因此工程项目档案相关研究亦呈现出鲜明的对象多元、内容精细的态势。在建筑工程档案方面，宁惠玲指出建筑施工企业工程项目档案归档的过程中，"拖欠档案"的状况时常发生，工程项目档案的归档率、完整率、准确率和合格率很难达到档案管理部门规定的要求；^②王萍从制度建设、机构设置、人员配备等方面提出加强政府投资性建设工程项目档案管理的对策建议。^③在电力工程项目档案方面，白晓明等创新性地提出"档案类型关联"和"跨全宗移交"的概念，有助于满足工程档案管理的多样化需求，促进工程档案实现同步建档、同步关联。^④在水利工程项目档案方面，闫秀敏从建立科学的信息管理系统、构建大数据档案资源平台、引入云存储和云服务、落实档案信息安全管理等方面提出可行思路，为水利工程项目档案信息化建设工作提供有益参考。^⑤

三是工程项目档案的管理问题研究。在档案收集方面，刘红根认为如何在新形势下最大化地做好各环节的档案同步管理、有效地从源头把好质量关是电力工程项目档案管理的重要问题；^⑥姬广鹏指明线路工程项目档案文件材料在收集方面存在资料收集方式落后、档案整理实务难以固化、工程资料一线收集难以控制、参建单位人员变动影响档案整理质量等一系列问题。^⑦在归档整理方面，张群指出我国境外工程项目文件材料归档滞后现象始终存在，主要通过工作人员回国时陆续带回归档，并且境外工程项目管理人员、技术人员的归档意识相对不强，企业档案管理部门对工程项目文件材料归档工作的监督指导不够到位，在一定程度上影响工程项目档案的完整性和管理质量。^⑧总体而言，已有研究对工程项目档案全程管理的关注略显偏颇，即较多侧重于对档案收集、整理等前端业务工作的探究，而对工程项目档案后端的安全管理与开发利用关注相对较少。除此之外，部分学者从相对宏观的视角审视特定门类工程项目档案管理的现实问题，如蒋杜娟认为，档案管理制度不完善、档案保管不规范、

① 汪福学，巫常林.《水利工程建设项目档案管理规定》解读[J]. 中国档案，2021（8）：36-37.
② 宁惠玲. 建筑施工企业工程项目档案收集中的难点与对策[J]. 城建档案，2016，（10）：28-29.
③ 王萍. 对政府投资性建设工程项目档案管理的思考[J]. 档案与建设，2010（9）：59-60.
④ 白晓明，张宗兰，瞿于强，等. 电力工程项目档案管理的探索和实践——以重庆市电力公司工程档案管理为例[J]. 中国档案，2010（6）：38-39.
⑤ 闫秀敏. 水利工程项目档案信息化建设管理思路探究[J]. 城建档案，2020（4）：21-22.
⑥ 刘红根. 电力工程项目档案管理的难点及对策[J]. 城建档案，2018（12）：66-67.
⑦ 姬广鹏. 电力企业跨区线路工程项目档案收集工作的实践[J]. 中国档案，2013（11）：66-67.
⑧ 张群. 境外工程项目档案管理存在问题与对策[J]. 机电兵船档案，2017（1）：9-11.

数字化水平不高、专业人才匮乏等是房地产企业工程项目档案管理现存问题的具体表现[1]。此类代表性问题在其他门类的工程项目档案管理工作中亦有所体现。

　　四是工程项目档案的管理模式与策略研究。工程项目档案管理是一个较为复杂的系统工程，需要充分借助全程管理理念与方法对其进行科学管理，这同样成为工程项目档案学术研究的一项重要议题，如国测、戴柏清指明工程项目档案管理风险自项目构思到批准立项前期策划阶段即存在，并贯穿于项目设计、计划、施工、建设整个生命周期，运用WSR系统方法论对企业境外工程项目档案管理风险进行识别和定位，并基于集成思维从物理元、事理元、人理元三个维度提出风险防控应对策略；[2]许超群运用对比研究的视角，具体分析工程项目档案"分段式"和"一条龙式"管理模式的优劣之处，提出在企业工程项目档案管理工作中探索运用"AB角"和区域式管理模式的可行性和创新性；[3]阎丽慧基于对工程档案管理问题的分析，从加强工程项目档案质量管理的角度出发，提出工程建设单位应建立健全档案管理机构、提高施工文件记载的原始性和真实性、重视竣工图的质量问题、加强对监理单位的监督等。[4]总体而言，工程项目在实践中逐渐发展出不同的运营模式，较具代表性的模式主要包括：传统的DBB（设计—招标—建造）模式和非传统的CM（边设计、边施工）、EPC（设计—采购—建造）、PMC（项目管理承包）、BT（建设—转让）、BOT（建设—经营—转让）、TOT（更新—经营—转让）、PPP（公私合营）等。不同的工程项目运营模式，因其参建者相互关系、职责范围、权利义务的差异，致使工程项目档案管理模式也有所不同。在这一方面，王洋曾对EPC、BOT和PPP三种非传统工程项目模式之下的档案管理现状和问题进行对比分析，并指出加强非传统项目档案管理的可行策略包括：明确非传统项目文件材料归档范围、建立适合非传统项目的档案管理体制、创新非传统项目档案管理方法、明确非传统项目档案的归属与流向、建立适合非传统项目的档案管理制度规范。[5]除此之外，在档案工作全面加快实现数字转型的背景下，部分学者逐步将研究视角转向工程项目档案信息化建设这一细微议题，如闫秀敏认为档案信息化管理工作应严格遵循信息化开发和阶段性原则，从建立科学的信息管理系统、构建大数据档案资源平台、引入云存储和云服务、落实档案信息安全管理四个方面提出水利工程项目档案的信息化建设管理思路[6]，为提升工程项目档案管理效率与质量提供可行的路径指引。

①　蒋杜娟. 房地产企业工程项目档案管理初探[J]. 北京档案，2022（5）：40-41.

②　国测，戴柏清. 基于WSR系统方法论的企业境外工程项目档案管理风险识别与防控[J]. 浙江档案，2022（11）：34-37.

③　许超群. 企业工程项目档案管理模式的探讨[J]. 机电兵船档案，2014（6）：18-20.

④　阎丽慧. 工程项目档案管理之我见[J]. 档案学研究，2013（S1）：57-58.

⑤　王洋. 非传统模式下工程项目档案管理研究[J]. 机电兵船档案，2018（1）：45-47.

⑥　闫秀敏. 水利工程项目档案信息化建设管理思路探究[J]. 城建档案，2020（4）：21-22.

（2）国外工程项目档案管理的主要研究内容

国外对工程项目档案管理的研究比较分散，且并不主要针对建设工程，而是主要集中于项目档案管理方法，项目档案管理的案例分析，项目档案管理的策略研究，数据管理、文件管理对项目档案管理的影响等方面。

一是项目档案管理方法，主要包括运用管理系统与应用程序、设计叙词表、运用地理信息系统等方法。利纳斯加布里·埃莱蒂斯（Gabrielaitis Linas）等通过工程文件管理系统（EDM）、CAD应用程序管理建筑设计行业"虚拟档案"中的技术文档和数字数据，减少建筑设计和建筑行业的项目开发时间和成本。[1]PRiSMHA项目开发用于语义元数据生成的概念验证原型本体驱动系统，支持定义Wikidata语义模型和PRiSMHA本体之间的映射的自动算法。Web归档项目中元数据创建需要在网络档案或馆藏档案的形成方面进一步实现情境化，在图书馆和档案实践之间建立桥梁，通过了解拉丁美洲和加勒比地区的网络归档做法以帮助构建适用该地区网络内容保存的合作网络。[2]

二是项目档案管理的案例分析。 "建筑工作室档案"试点项目旨在为悉尼大学建筑学设计专业本科一年级学生的作品打造成为一个全面的数字档案库，并利用开放存取数字管理系统DSpace实现数字档案的长期保存与传播。[3]SDSS目录存档服务器在软件、硬件和操作问题上的开发经验有助于为未来的存档项目提供参考。[4]

三是项目档案管理的策略研究。 伦敦国王学院曾对过去20年开展的约100个数字人文项目进行安全性和可持续性调查与评估，指出几乎所有的项目均面临资金和技术问题，提出通过采取基础设施、软件工程和整体维护等方法，推动数字人文项目实现迭代式可持续发展。[5]查克·萧（Chuck Hsiao）等以设计档案分类结构为基础，对包含在弱结构化设计项目档案中的信息进行分类，并将其应用于大型工程组织的风险应对。[6]

① Gabrielaitis L, Bausys R. Management of Project Properties in "Virtual Archive" for Building Design Industry[J]. Engineering Economics, 2009, 64(4).

② Blanco-Rivera J A. Trends and challenges of metadata creation in web archiving projects[J]. E-Ciencias de la Información, 2022, 12(1): 79-95.

③ Anderson R, Arndell M, Christensen S. Architecture studio archive: A case study in the comprehensive digital capture and repository of student design work as an aid to teaching, research, and accreditation[J]. Australian Academic & Research Libraries, 2009, 40(4): 286-304.

④ Thakar A R. Lessons learned from the sdss catalog archive server[J]. Computing in Science & Engineering, 2008, 10(6): 65-71.

⑤ Smithies J, Westling C, Sichani A M, et al. Managing 100 Digital Humanities Projects: Digital scholarship and archiving in King's Digital Lab[J]. Digital Humanities Quarterly, 2019, 13(1).

⑥ Hsiao C, Ruffino M, Malak R, et al. Discovering taxonomic structure in design archives with application to risk-mitigating actions in a large engineering organisation[J]. Journal of Engineering Design, 2016, 27(1-3): 146-169.

1.2.3 研究评价

回顾国内外工程项目档案管理研究现状，发现主要存在如下特点：

第一，理论性研究成果较为匮乏。 从已有研究的数量、质量和主题内容来看，大多属于实践层面的问题对策式和经验解读式研究，缺乏理论性、系统性强的学术成果。具体表现为一线实践工作者对工程项目档案管理研究的视角倾向于工作总结和经验推介，较为忽视从档案学理论的高度深刻剖析工程项目档案管理的现存问题及深层次原因，同时由于研究主题具有鲜明的实践色彩，档案学界的专家学者对工程项目档案的研究亦不够全面和深入。

第二，国内外研究主题各有侧重。 在工程项目档案管理研究方面，国内研究视角相对全面多维，既涉及工程项目档案相关的法规政策和标准规范，同时对工程项目档案的管理对象、管理问题、管理模式及策略也有相对深入的研究；国外研究更加侧重于项目档案的管理方法、案例分析和策略归纳，并从文件管理、数据管理的视角深刻审视其对项目档案管理的现实影响，这对我国在数字转型的背景下聚焦工程项目档案的信息化建设问题开展深入研究具有一定启发意义。

第三，研究方法运用相对单一。 总体而言，国内外的工程项目档案管理研究成果大多具有案例研究性质，即主要是以特定地区、单位、类别的工程项目档案为研究对象，具体研究其在管理过程中存在的问题和风险，并基于法规政策环境、科学先进经验等提出工程项目档案管理的未来推进策略。然而，政策文本分析、理论建构、比较研究、跨学科研究等方法在工程项目档案管理研究中的运用尚不充分，有待档案界今后持续深入探究。

1.3 概念界定与研究内容

科学界定工程项目档案、工程项目档案管理等核心概念是开展大兴机场工程项目档案管理研究的重要基础。在实践中，每个工程项目均会产生大量包含信息和数据的文件资料，其经归档保存后转化成工程项目档案，属于在工程项目建设与运营过程中形成的重要资产。

1.3.1 概念界定

（1）工程项目档案

《档案法》第二条规定："档案是指过去和现在的机关、团体、企业事业单位和其他组织以及个人从事经济、政治、文化、社会、生态文明、军事、外事、科技等方面活动直接形成的对国家和社会具有保存价值的各种文字、图表、声像等不同形式的历史记录。"工程项目档案是一类十分重要的档案。

工程项目档案，又称为工程档案、项目档案、基建档案等，是指在整个工程项目建设过程（包括从立项、调研、可行性研究、征地拆迁、开工审批、勘测、设计、施工、监理、调试、变更、竣工等一系列活动）中直接形成的具有归档价值的文字、图表、声像等各种形式的历史记录，包括但不限于设计方案、施工图纸、技术标准、验收报告、工程变更、投资决策、施工记录、质量检验、安全监控、工程交接、工程保养记录等。工程文件资料归档后，通过专业整理活动后形成工程档案。

（2）工程项目档案管理

工程项目档案管理是工程项目建设必不可少的一环，不仅贯穿于整个工程项目的始终，而且关乎工程项目的质量、安全和可持续发展。工程项目档案管理是一项极其复杂、专业、系统的活动，需遵循一定的规范和标准，其既是档案工作的主要组成部分，也是工程项目管理的主要内容。

工程项目档案管理，是指对工程项目提出、立项、审批、勘察设计、施工、监理、验收等工程建设及工程项目管理过程中形成并归档保存的文字、表格、声像、图纸等各种载体形式的工程项目档案进行管理，具体包括对工程项目档案进行组织、分类、存储、维护、检索、利用和保护等活动，其目的是确保工程项目档案的系统性、完整性、可访问性和安全性，以支持工程项目的管理、运营、维护和评估等活动。

1.3.2 研究内容

本书的研究内容主要包括以下方面：

（1）大兴机场工程项目档案管理的理论基础

本部分将分别阐述习近平总书记对档案工作的重要批示指示精神、文件生命周期理论和文件连续体理论、来源原则和全宗理论、档案价值论、档案记忆观、档案治理理论、工程项目管理理论的核心内涵，并深入分析其对工程项目档案管理工作的指导意义。

（2）大兴机场工程项目档案管理的特点与需求

本部分主要分析大兴机场工程项目建设的深远政治意义、重大经济意义、先进科技水平以及在全国民航事业发展历程中的标杆性作用体现，并从支撑工程建设运维（如见证其工程项目高质量建设等）和管理复杂困难（如档案数量庞大，类目繁杂，专业性强；归档单位众多，管理周期长等）两个维度梳理大兴机场工程项目档案管理的特点，进而从档案的全程管理、智能管理和综合利用三个层面提出大兴机场工程项目档案创新管理的需求。

（3）大兴机场工程项目档案治理体系建设

本部分基于工程项目档案的特点及其与档案治理理论的紧密联系，提出加强工程项目档案治理体系建设，并指明工程项目档案治理体系的内涵，即一套工程项目档案治理主体在党的领导下，充分运用工程项目档案法规制度及现代化技术等管理资源，协同治理工程项目档案，以实现工程项目档案高质量发展、服务工程项目高质量建设为治理目标的工作机制。工程项目档案治理体系的构成要素与档案治理体系的构成要素基本契合，是档案治理体系应用于工程项目档案领域的具象表现。基于工程项目档案治理体系，分析大兴机场工程项目的组织体系构成、大兴机场工程项目档案组织体系构成及其相互关系，大兴机场工程项目的档案法规制度体系及工程项目档案治理体系的具体践行方式。

（4）大兴机场工程项目档案资源体系建设

本部分重点分析工程项目档案资源体系建设的含义、目的。其中，工程项目档案资源体系建设就是对工程立项、勘察、设计、施工、竣工验收等各个环节的档案收集、整理好，做到应收尽收、应归尽归，保证档案的完整齐全的活动；工程项目档案资源体系建设目标是保证大兴机场工程项目档案完整齐全，反映建设全过程，为国家和社会积累丰富的档案资源、信息资源和记忆资源。大兴机场工程项目档案资源体系建设具体包括工程项目文件材料的形成与积累、立卷与归档，以及工程项目档案的验收与移交、整理与保管等流程和环节。

（5）大兴机场工程项目档案利用体系建设

本部分首先概述大兴机场工程项目档案利用体系的含义、特点，以及建设大兴机场工程项目档案利用体系的意义、原则；其次，梳理大兴机场工程项目档案的用户和对象，明确职责主体、用户群体、利用对象；再者，介绍大兴机场工程项目档案利用的途径和规范；最终提炼大兴机场工程项目档案的利用成效，包括典型实践和经验总结。

（6）大兴机场工程项目档案安全体系建设

本部分重点分析大兴机场工程项目档案安全体系的含义、特点，以及大兴机场工程项目档案安全体系建设的意义和原则；梳理大兴机场工程项目档案安全规划与规范，包括档案安全管理责任制、档案保密审查机制、档案服务外包安全保障与监管、档案安全教育与培训；具体论述大兴机场工程在保障档案库房安全、档案实体安全和档案信息安全方面的管理方法。

（7）大兴机场工程项目档案信息化建设

本部分重点分析工程项目档案信息化建设的概念和意义；深入阐述大兴机场工程项目档案信息化建设的挑战，及其应对原则思路与实施策略；具体介绍大兴机场工程项目档案管理系统基本框架，包括基础设施（系统软硬件设施、系统数据库建设、系统的维护机制）、主要功能（档案采集整编、档案综合管理、系统管理配置、档案综合利用）、核心流程（电子档案收集整编、电子档案综合利用、电子档案鉴定和销毁）等；并从支持工程项目筹备、建设、运维管理有序开展，优化工程项目档案管理、利用、共享模式两个方面总结大兴机场工程项目档案信息化建设的整体成效。

（8）大兴机场工程项目档案管理的经验与启示

本部分着重总结大兴机场工程项目档案管理取得的典型经验，并深入分析其对其他大型工程项目档案管理的启示意义，具体包括四个方面。第一，凸显工程项目档案管理工作的政治高度，强调"档案工作姓党"的政治属性，突出红色工程项目档案的思想政治价值，不能将其简单地认为是工程项目建设的辅助性工作；第二，工程项目档案管理工作应坚持"围绕中心、服务大局"的工作主线，服务好宏观（国家经济社会发展）、中观（行业系统）和微观（工程建设）三个大局；第三，档案治理理论与工程项目档案工作需求具有较强的契合性，应按照"五治"加快推进工程项目档案治理体系建设，切实把握工程项目档案治理体系的内涵和实施原则；第四，工程项目档案管理要明确树立"末端归宗"思想，构建"前端介入""节点监控""末端归宗"相衔接的工程项目档案管理全过程控制链。

1.4 研究思路与方法

1.4.1 研究思路

本书应用理论联系实践的方法论，采用"理论—实践—理论"的逻辑思路，研究思路具体如图1-2所示。

其中，第1章为总体性的导论；第2章从习近平总书记对档案工作的重要批示指示精神、文件生命周期理论和文件连续体理论、来源原则和全宗理论、档案价值论、档案记忆观、档案治理理论和工程项目管理理论等理论中汲取灵感、提炼观点、厘清脉络；第3章分析大兴机场工程项目档案管理的特点与需求；第4~8章，从理论回归实践，从"四个体系"（档案治理体系、档案资源体系、档案利用体系和档案安全体系）和"一个支撑"（档案信息化）的角度分析大兴机场工程项目档案管理的实践做法；第9章则总结、提炼大兴机场工程项目档案管理的经验与启示。

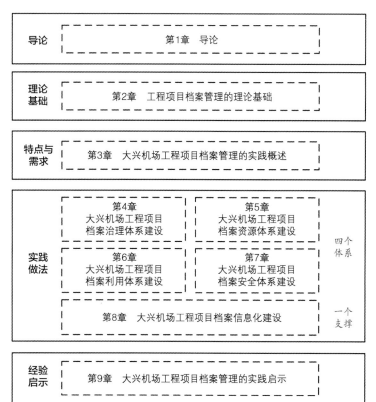

导论	第1章 导论
理论基础	第2章 工程项目档案管理的理论基础
特点与需求	第3章 大兴机场工程项目档案管理的实践概述

实践做法	第4章 大兴机场工程项目档案治理体系建设	第5章 大兴机场工程项目档案资源体系建设	四个体系
	第6章 大兴机场工程项目档案利用体系建设	第7章 大兴机场工程项目档案安全体系建设	
	第8章 大兴机场工程项目档案信息化建设	一个支撑

| 经验启示 | 第9章 大兴机场工程项目档案管理的实践启示 |

图1-2 本书研究思路

1.4.2　研究方法

本书主要运用以下研究方法：

（1）文献调研法

通过多种途径和方法广泛搜集与工程项目档案管理相关的期刊论文、图书、研究报告、新闻报道、法律法规、标准规范等，并对所获得的文献进行梳理分析，为课题研究提供前期成果借鉴。

同时，收集指挥部各个部门形成的与工程项目档案管理相关的制度规范、工作总结、工作方案、新闻报道等，并进行内容分析，了解大兴机场工程项目档案管理的实际做法，为本书撰写提供基本的资料和素材。

（2）实践调研法

根据调研计划，对总指挥部综合管理部、财务管理部等各个部门[①]和代表性的参建单位（表1-2）等进行深度访谈，全方位调研大兴机场工程项目档案管理的基本情况、现存问题、成功经验和创新亮点等；对中国民用航空华北地区空中交通管理局空管工程建设指挥部、华能集团有限公司、福清核电有限公司等单位进行实地调研或访谈，总结其在工程项目档案管理方面的典型经验及对大兴机场工程项目档案管理的启示意义。

实践调研受访单位/部门一览表　　　　　　　　　　　　　　表1-2

序号	受访单位/部门	序号	受访单位/部门
1	综合管理部	10	信息设备工程管理部
2	财务管理部	11	航站区工程管理部
3	采购合同部	12	原飞行区工程管理部
4	审计监察部	13	原信息设备工程管理部
5	质量安全部	14	参建单位——北京CJ
6	招标采购部	15	参建单位——北京JG
7	规划设计部	16	飞行区监理
8	总控办公室	17	A公司档案服务团队
9	配套工程管理部	18	中国民航局档案馆

① 2022年8月1日，北京新机场建设指挥部划入北京建设项目管理总指挥部，内部机构设置发生改变。本书中各部门的名称按照时间划分，采用其当时的名称。

序号	受访单位/部门	序号	受访单位/部门
19	北京市城建档案馆	21	华能集团
20	华北空管局指挥部	22	福清核电有限公司

*为避免本书有商业宣传之嫌，上表及本书其他地方对一些不便透露具体名称的单位，做了隐名处理。

（3）系统研究法

在开展大兴机场工程项目档案管理实践与创新研究时，从宏观、中观和微观三个层面运用系统分析方法。首先，在宏观层面，将大兴机场工程项目置于整个国家发展背景之中分析其深远的政治经济意义；其次，在中观层面，将工程项目档案管理置于大兴机场工程项目整体管理的语境之中，审视档案管理之于大兴机场工程项目整体管理的意义和作用；最后，在微观层面，系统考察大兴机场工程项目档案治理体系、档案资源体系、档案利用体系、档案安全体系和档案信息化建设概况，进而总结其经验与启示。

1.5　研究创新与不足

1.5.1　创新之处

本书创新之处在于：

第一，思想观点方面。本书提出了工程项目档案管理的新理念与新方法。工程项目档案管理要树立凸显工程项目档案管理的政治高度，强调"档案工作姓党"的政治属性，突出红色档案思想政治价值的新理念，突破仅将工程项目档案管理当作工程项目建设辅助性工作的旧思路；工程项目档案管理要坚持"围绕中心、服务大局"的工作主线，服务好国家经济社会发展、行业发展、工程建设需要三个大局。工程项目档案工作要积极运用新方法，加快推进工程项目档案治理体系建设，构建"前端介入""节点监控""末端归宗"相衔接的工程项目档案管理全过程控制链。

第二，学术价值方面。本书是首本以档案学基础理论为指导，系统研究大兴机场工程档案治理体系、档案资源体系、档案利用体系、档案安全体系和档案信息化建设的论著，较为系统地调查、总结大兴机场这一大型标杆工程项目档案管理的典型经验和特色模式，对国内外大型复杂工程项目档案管理工作具有较强的参考与借鉴价值。

1.5.2　不足之处

本书的研究不足主要包括：

第一，笔者在撰写本书的过程中已尽力调研参建单位及档案工作者，但由于北京大兴国际机场建设参建单位众多、职责关系复杂、人员流动较大等客观因素，致使实践调查对象在一定程度上略有缺失。

第二，大兴机场工程项目档案管理是一项复杂的系统工程，但本书有关工程项目档案"四个体系""一个支撑"论述深度有待加强，其经验有待于在未来实践中持续检验、优化。

1.6　本章小结

本章主要论述如下内容：

第一，**大兴机场工程项目档案管理的背景和意义**。工程项目档案管理同为工程项目管理和档案事业发展的重要组成部分，做好大兴机场工程项目档案管理，是认真学习贯彻习近平总书记对档案工作的重要批示指示精神的必然要求；大兴机场工程项目档案是保障大兴机场安全、高效运行，促进大兴机场可持续运营的重要基础；大兴机场工程项目档案管理有助于促进工程项目档案管理事业高质量发展。

第二，**工程项目档案管理的研究现状**。回顾已有工程项目档案管理相关研究成果，大多数属于实践层面的问题对策式和经验解读式研究，总体缺乏理论性、系统性强的学术成果。国内研究视角相对全面多维，主要涉及工程项目档案相关的法规标准、管理对象、管理问题、管理模式及策略；国外研究并不主要针对建设工程，而是相对集中于项目档案的管理方法、案例分析和策略归纳，并注重立足于文件管理、数据管理的视角深刻审视其对项目档案管理的现实影响。

第三，**本书的研究思路与方法**。本书应用理论联系实践的方法论，采用"实践—理论—实践"的逻辑思路，运用文献调研法、实践调研法和系统研究法，研究大兴机场工程项目档案管理的特点与需求、理论基础，大兴机场工程项目档案治理体系、档案资源体系、档案利用体系、档案安全体系和档案信息化建设的实践举措及其经验和启示。

第2章

工程项目档案管理的理论基础

理论是实践的先导。工程项目档案形成主体众多、关系复杂;档案数量庞大、载体多样,管理难度大。大兴机场工程项目档案管理成功支撑大兴机场打造为精品工程、样板工程、平安工程、廉洁工程,助力大兴机场工程成为平安机场、绿色机场、智慧机场和人文机场的引领性工程,离不开思想理论的科学指导。

2.1 习近平总书记对档案工作的重要批示指示 精神

习近平新时代中国特色社会主义思想是全党全国人民为实现中华民族伟大复兴而奋斗的行动指南。习近平总书记对档案工作的重要批示指示精神是习近平新时代中国特色社会主义思想在档案工作方面的具体体现，明确了档案事业发展的前进方向。

2.1.1 习近平总书记对档案工作的重要批示指示精神的主要 内容

2003年5月26日，习近平同志在浙江工作期间就强调，"档案工作是一项基础性工作，经验得以总结，规律得以认识，历史得以延续，各项事业得以发展，都离不开档案……档案工作正在走向依法管理，走向开放，走向现代化"。[①]

2021年7月6日，在中国第一历史档案馆新馆开馆之际，习近平总书记对档案工作作出重要批示，"档案工作存史资政育人，是一项利国利民、惠及千秋万代的崇高事业。希望你们以此为新起点，加强党对档案工作的领导，贯彻实施好新修订的档案法，推动档案事业创新发展，特别是要把蕴含党的初心使命的红色档案保管好、利用好，把新时代党领导人民推进实现中华民族伟大复兴的奋斗历史记录好、留存好，更好地服务党和国家工作大局、服务人民群众[②]！"

2022年4月25日，习近平总书记到中国人民大学考察调研时强调，"中国人民大学在抗日烽火中诞生，在党的关怀下发展壮大，具有光荣的革命传统和鲜明的红色基因。一定要把这一光荣传统和红色基因传承好，守好党的这块重要阵地。要加强校史资料的挖掘、整理和研

---

① 省委书记、省人大常委会主任习近平同志在考察省档案局省档案馆时的讲话[J]. 浙江档案，2003（6）：5.
② 中国档案资讯网. 国家档案局印发《通知》要求认真学习贯彻习近平总书记对档案工作重要批示[EB/OL].（2022-08-03）[2023-10-17]. http://www.zgdazxw.com.cn/news/2022-08/03/content_323587.htm.

究，讲好中国共产党的故事，讲好党创办人民大学的故事，激励广大师生继承优良传统，赓续红色血脉。""人民大学馆藏红色文献，鉴证了我们党创办正规高等教育的艰辛历程，是十分宝贵的红色记忆，要精心保护好，逐步推进数字化，让更多的人受到教育、得到启迪。要运用现代科技手段加强古籍典藏的保护修复和综合利用，深入挖掘古籍蕴含的哲学思想、人文精神、价值理念、道德规范，推动中华优秀传统文化创造性转化、创新性发展。"①档案和史料、红色文献、历史古籍具有明显的交集和相似的价值作用，习近平总书记关于加强校史资料、红色文献、历史古籍挖掘整理、数字化开发和保护的重要指示精神，对做好新时代档案工作具有重要指导意义。

2017年2月23日，习近平总书记亲临北京大兴国际机场工地现场，指出"北京新机场建设要打造'精品工程、样板工程、平安工程、廉洁工程'"。②2019年9月25日，习近平总书记出席北京大兴国际机场投运仪式，强调"大兴国际机场能够在不到5年的时间里就完成预定的建设任务，顺利投入运营，充分展现了中国工程建筑的雄厚实力，充分体现了中国精神和中国力量，充分体现了中国共产党领导和我国社会主义制度能够集中力量办大事的政治优势。"习近平总书记还指出"大兴国际机场建设标准高、建设工期紧、施工难度大，全体建设者辛勤劳动、共同努力，高质量地完成了任务，把大兴机场打造成为精品工程、样板工程、平安工程、廉洁工程，向党和人民交上了一份令人满意的答卷！"③

工程项目档案管理是大兴机场工程建设运营的重要组成部分，对大兴机场安全高效建设运营起着重要的基础性、支撑性作用。习近平总书记对大兴机场要建成精品工程、样板工程、平安工程、廉洁工程的要求，事实上也是要求大兴机场工程项目档案管理要成为工程项目档案管理的精品工程、样板工程、平安工程和廉洁工程；习近平总书记称赞大兴机场工程建设充分体现了中国精神和中国力量，充分体现了中国共产党领导和我国社会主义制度能够集中力量办大事的政治优势，事实上也是肯定加强大兴机场工程项目档案管理的重要意义。在一定程度上，新时代工程项目档案管理应该体现中国精神和中国力量，充分发挥中国共产党领导和我国社会主义制度集中力量办大事的政治优势。

---

① 　新华网. 习近平在中国人民大学考察时强调坚持党的领导传承红色基因扎根中国大地走出一条建设中国特色世界一流大学新路[EB/OL].（2022-04-25）[2023-06-25]. http://www.news.cn/2022/04/25/c_1128595417.htm.
② 　国际在线. 习近平考察北京 关注新机场 聚焦冬奥会 展望副中心[EB/OL].（2017-02-24）[2023-06-25]. https://news.cri.cn/20170224/14198658-b909-94cb-456e-19e6b6dae7e5.html.
③ 　央视网. 习近平出席投运仪式并宣布北京大兴国际机场正式投入运营[EB/OL].（2019-09-25）[2023-06-25]. https://news.cri.cn/20190925/a188f77b-7d3f-41e6-46bb-63fd6beb16e9.html.

2.1.2 习近平总书记对档案工作的重要批示指示精神对工程项目档案管理的指导意义

（1）明确工程项目档案工作的地位作用

习近平总书记强调指出，档案工作是一项利国利民、惠及千秋万代的崇高事业，经验得以总结，规律得以认识，历史得以延续，各项事业得以发展，都离不开档案。工程项目档案是在工程建设活动中直接形成的具有归档保存价值的文字、图纸、图表、声像、电子文件等各种形式的历史记录。与工程项目建设是一项阶段性工作不同，工程项目档案管理不仅要服务于工程项目建设期间的查考需要，还要服务于工程项目运营期间的凭证维护需要，乃至永久服务于社会对历史工程建设活动的历史查考、科学凭证和美学欣赏等需求。总书记对档案工作地位作用的高度评价，同时也是要求工程项目档案管理要承担起利国利民的社会作用和惠及千秋万代的历史作用。

（2）明确工程项目档案管理的目标任务

习近平总书记强调档案工作要紧紧围绕存史资政育人这一根本任务，特别是要把蕴含党的初心使命的红色档案保管好、利用好，把新时代党领导人民推进实现中华民族伟大复兴的奋斗历史记录好、留存好，更好服务党和国家工作大局、服务人民群众。1953年我国开始实施"一五计划"，"一五计划"中我国宝成铁路、鹰厦铁路、武汉长江大桥工程先后建成，此后我国每个"五年计划"都会完成一批国家重点工程，改革开放以来，我国社会经济迅速发展，工程建设遍布全国每一个角落。从某个角度来说，新中国的当代史就是一部工程建设史。这些重点工程就是党领导人民建设中国发展中国的见证，北京大兴国际机场建设工程更是新时代党领导人民推进实现中华民族伟大复兴的辉煌印迹，记录这些工程建设真实过程的工程项目档案就是新时代党领导人民推进实现中华民族伟大复兴的最好注解，也是新时代爱国主义教育的最好教材之一。习近平总书记事实上指出了工程项目档案管理在服务工程项目建设之外，还要完成存史资政育人的根本任务，更明确了工程项目档案管理的最终目的是要更好地服务党和国家工作大局、服务人民群众。

（3）明确工程项目档案管理的发展路径

习近平总书记强调加强党对档案工作的领导，贯彻实施好新修订的档案法[①]，档案工作正在走向依法管理、走向开放、走向现代化[②]。这同样也指出了工程项目档案管理的发展路径，工程项目档案管理也要加强党的领导，在党的领导下，依法确定各工程参建单位的档案工作职责和相互关系，采用现代化信息管理技术和创新管理思想管理工程项目档案，推进工程项目档案资源开发和开放利用。以大兴机场工程为例，大兴机场工程建设指挥部坚持工程项目推进到哪里、运营筹备开展到哪里，党的组织就覆盖到哪里，构建了以"两责三化"为主要内容的党建工作体系，打破行政隶属关系，采用多种形式将参建单位、驻场单位联系起来，实现基层党建工作"大合唱"，以党建和业务深度融合的方式，充分发挥基层党组织的战斗堡垒作用，依托完善的档案工作制度和档案管理系统，有效促进了参建单位之间档案工作的协调性。

（4）明确工程项目档案管理的保障措施

习近平总书记强调各级党委、政府要重视和支持档案工作，加大对档案事业的投入，加强档案干部队伍建设和人才培养，提高安全管理水平，确保档案事业发展与国民经济和社会发展水平相适应。[③]工程项目档案管理的一大难点就是参建单位对工程项目建设投资、进度、质量等的重视显著高于工程项目档案管理，导致工程项目档案工作者普遍较少，档案人才流动频繁，档案监督难以有效落实。而总书记对档案工作保障措施的明确要求，可以为工程项目档案管理争取资金、人才、技术投入提供强力的政治和理论支撑。

总的来说，习近平总书记对档案工作的重要批示指示精神，为做好新时代工程项目档案管理提供了根本遵循。

2.2 文件生命周期理论和文件连续体理论

文件生命周期理论和文件连续体理论是两个描述文件运动规律的理论，在理论形成上具有一定历史联系，是档案学领域的基础理论。其中，后者是对前者的补充、更新和发展，提供开展文件管理、档案管理的新思维与新视点。

①   中国档案资讯网. 国家档案局印发《通知》要求认真学习贯彻习近平总书记对档案工作重要批示[EB/OL].（2022-08-03）[2023-10-17]. http://www.zgdazxw.com.cn/news/2022-08/03/content_323587.htm.

②   省委书记、省人大常委会主任习近平同志在考察省档案局省档案馆时的讲话[J]. 浙江档案，2003（6）：5.

③   陆国强. 新时代档案事业发展取得历史性成就[J]. 中国档案，2022（10）：19-21.

2.2.1 文件生命周期理论的理论内涵

（1）文件生命周期理论的形成与发展

文件生命周期理论是在20世纪文件数量急剧增长的专业背景下提出的，对文件中心的理论解释是文件生命周期理论产生的直接因素，后期扩展到文件运动的整个过程以及对这一过程的全面管理。文件生命周期理论的形成和发展经过以下阶段：1940年，美国档案学者菲利普·布鲁克斯（Philip Brooks）最早提出"文件生命周期"概念，引入周期概念来研究现代文件，目的是强调文件运动的一种时间跨度，表示文件从产生直至因丧失作用而被销毁或因为具有长远历史价值而被档案馆永久保存的整体运动过程。1950年，英国档案学者罗吉尔·艾利斯（Roger Ellis）提出文件运动"三阶段论"，认为文件的三个阶段——现行阶段、暂时保存阶段和永久保存阶段恰与文件保管场所——办公室、文件中心和档案馆相对应。1974年，英国档案学家马勃斯（Mabbs）吸收艾利斯的观点，对文件中心和文件运动阶段的对应关系予以进一步论述。1980年，阿根廷档案学者曼努埃尔·巴斯克斯（Manuel Vazquez）系统论述文件生命周期理论，深入探讨文件的价值属性与运动阶段、保管场所和管理方式之间的关系，认为研究文件生命周期理论的意义不仅是为文件中心提供理论基础，更重要的目的在于发现文件从一个阶段向另一个阶段过渡的内在原因，从而掌握文件运动每个阶段所包含的期限。[①]由此，文件生命周期理论研究扩展到文件的整个运动过程和对这一过程的全面管理，深入挖掘文件运动的客观规律。我国学者早在20世纪60年代对文件档案的运动规律即有所研究，如曾三提出"档案自然形成过程论"，认为档案的形成过程是从文书部门或有关人员立卷归档开始的，经过档案室最后集中到档案馆；到20世纪80年代，陈兆祦等档案学者提出"文件运动周期论"，明确提出文件从产生到成为档案以至消亡是一个完整的运动过程，而且对这一过程进行阶段划分，与文件生命周期理论殊途同归。[②]

（2）文件生命周期理论的基本内容

文件生命周期理论的基本内容主要可概括为如下三点：

第一，文件从其形成到销毁或永久保存，是一个完整的运动过程。[③]在此，文件是一个广义的概念，泛指人类社会实践活动过程中直接产生和使用的一切信息记录，无论其载体形式和记录方式如何。文件的运动过程是连续、统一的，现行文件和历史档案只是同一事物

---

①   冯惠玲，张辑哲. 档案学概论（第2版）[M]. 北京：中国人民大学出版社，2006：260.

②   冯惠玲，张辑哲. 档案学概论（第2版）[M]. 北京：中国人民大学出版社，2006：261.

③   同上.

的不同运动阶段。

　　第二，由于文件价值形态的变化，这一完整运动过程可以划分为若干阶段。①这假定文件整体运动过程具有阶段性特征，并且每个阶段具有不同的特点，引起文件阶段性变化的根本原因是文件价值形态的规律性变化。

　　第三，文件在每一阶段因其特定的价值形态而与服务对象、保存场所和管理形式之间存在一种内在的对应关系。②现行文件与历史档案的根本区别不在于服务对象、保存场所和管理形式的变化，而取决于价值形态。现行文件是记述和传达现行信息的工具，档案是一种历史记录，从记述反映现行信息转变为表征历史记录，即意味着价值形态发生变化。此时，其服务对象、保存场所和管理形式之间才相应有所变化。

（3）文件生命周期理论的理论意义和实践价值

　　文件生命周期理论的理论意义和实践价值主要可概括为三方面：

　　第一，文件生命周期理论准确地揭示了文件运动的整体性和内在联系，为文件全过程管理奠定理论基础。无论文件运动到哪个阶段，它的内容信息和本质属性是不变的，为此文件才可开展全过程管理。

　　第二，文件生命周期理论准确地揭示了文件运动的阶段变化，为文件的阶段式管理提供实践原则。这为文件管理者提供了判别文件管理阶段是否应发生变化的标准，保证文件管理者能适时做好每个阶段的管理。

　　第三，文件生命周期理论准确地揭示了文件运动过程的前后衔接和各阶段的相互影响，为实现从现行文件到档案的一体化管理，为档案管理部门或人员对文件进行前端控制提供理论依据和实践指导。③由此，为提升档案管理的质量，仅对文件的非现行阶段进行管理是完全不够的，必须关注文件现行阶段和半现行阶段的一体化协调管理。

2.2.2　文件连续体理论的理论内涵

　　电子文件的出现，打破了传统文件大多沿着运动阶段顺向前进的认识，电子文件也不像传统文件运动阶段那般界限清晰容易区分。电子文件带来的管理变革使得文件运动不再是一个单维的线性过程，文件生命周期理论难以描述电子文件运动的复杂状态，它在电子环境中出现的弱点和缺陷催生了文件连续体理论。

---

① 冯惠玲，张辑哲. 档案学概论（第2版）[M]. 北京：中国人民大学出版社，2006：262.
② 冯惠玲，张辑哲. 档案学概论（第2版）[M]. 北京：中国人民大学出版社，2006：263.
③ 冯惠玲，张辑哲. 档案学概论（第2版）[M]. 北京：中国人民大学出版社，2006：264-266.

（1）文件连续体理论的发展历程

1958—1966年间，澳大利亚国际档案管理机构形成了关于文件生命历程的连续体观点，伊恩·麦克莱恩（Iran Maclean）提出"文件管理工作者才是真正的档案管理者，档案学的研究应该朝着被记录信息的特点、文件管理体系和分类过程的方向发展"。1985年，杰伊·阿瑟顿（Jay Atherton）对连续体作了介绍。阿瑟顿指出，文件生命周期理论中文件和档案的二元划分已不再适宜，不同阶段的文件也经历了一系列再现和重复的活动，学界应采用更为统一的模型来代替生命周期模型，以反映连续体模式而不是周期。20世纪90年代中后期，澳大利亚档案学者弗兰克·阿普沃德（Frank Upward）、苏·麦克米希（Sue Mckemmish）以及英国档案学者萨拉齐·费林（Sarach Flynn）等的研究使该理论基本成型[①]。阿普沃德构建了文件连续体模式，提出文件连续体管理的思想方法。2000年，阿普沃德对连续体模型进行深层改造，提出了新的文件连续体模型，将其标榜为"指导网络时代文件管理实践的理论"。直至这一阶段，文件连续体理论才基本成熟。[②]

（2）文件连续体理论的主要内容和特点

文件连续体理论的主要内容是构筑了一个多维坐标系（图2-1）来描述文件的运动过程，包括四个坐标轴：一是文件保管形式轴，选取四个坐标分别是单份文件、案卷、全宗和全宗集合；二是价值表现轴，选取的四个坐标轴分别是行为轨迹、活动凭证、机构记忆和社会记忆；三是业务活动轴，选取的四个坐标轴分别是行为、活动、职能和意志；四是形成者轴，选取的四个坐标轴分别是个人、部门、机构和社会。

在这一多维坐标体系中，文件保管形式轴是核心轴，其自身的变化带动其他坐标轴的相应变化。具体而言，文件连续体理论通过描述文件保管形式轴上四个坐标的变化引发形成者轴、业务活动轴和价值表现轴上特定坐标的相应变化，揭示出文件的四维运动过程。第一维是单份文件，此时文件对应的形成者是某一具体的个人，反映的业务活动是某一具体的行为，表现出的价值形式为具体行为的轨迹。第二维是案卷，即一组文件的集合，此时文件对应的形成者是机构内部的一个部门，反映的业务活动是包含若干行为的某一活动，表现出的价值形式为活动的凭证。第三维是全宗，即一个机构所有案卷的集合，此时文件对应的形成者是一个特定的机构，反映的业务活动是包含若干活动的某一职能，表现出的价值形式为机构记忆。第四维是全宗集合，即所有全宗的集合，此时文件对应的形成者是整个社会，反映的业务活动是社会的意志，表现出的价值形式为社会记忆。[③]

① 张臻，王露露. 文件连续体理论研究综述[J]. 山西档案，2017（4）：32-38.
② 冯惠玲，张辑哲. 档案学概论（第2版）[M]. 北京：中国人民大学出版社，2006：267-268.
③ 冯惠玲，张辑哲. 档案学概论（第2版）[M]. 北京：中国人民大学出版社，2006：268.

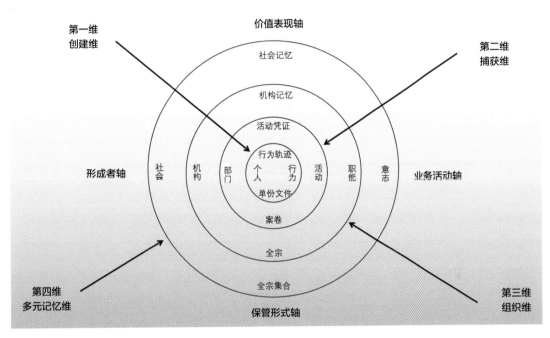

图2-1　文件连续体模型

　　该理论体现了文件运动在时空上的多维性、连续性和整体性。其特征表现为：首先，不论文件生命的长短，也不论文件整个生命过程中载体形式如何，文件（包括档案）管理都是一个统一的相似的系统；其次，文件可以在多个背景和用途的范围内同时存在或积累，而非一定要按人为划分的生命周期阶段的时间顺序运动或积累；最后，在文件形成以前就设计与建立文件保管系统，文件管理者与档案管理者共同承担文件（包括档案）管理和文件管理系统设计的责任，在文件的整个生命过程中都要为文件利用者提供服务，强调文件形成与保管的背景信息，即来源、机构职能与社会环境。①

（3）文件连续体理论的意义

　　一是拓展生命周期模型提供的文件（包括档案）和记录保存体系的解释，突破了文件（包括档案）所处阶段与保存场所之间的对应关系，更加符合文件（包括档案）管理、利用的现实情况与时代特点；同时，也打破了文件不同保存场所的角色限制，使不同阶段的文件保存场所得以发挥更多职能；二是强调文件（包括档案）的形成和保管是为了用户而不是自身，文件连续体模型更强调文件利用和各类价值的发挥；三是强调跨界——文件管理和档案管理

---

① Upward F. Structuring the records continuum-part two:structuration theory and recordkeeping[J].Archives and Manuscripts, 1997, 25(1).

的合作。在文件连续体视域下，文件管理和档案管理并非两项截然分开的工作，而是从一开始就密不可分，文件价值的发挥需要文件管理者和档案管理者共同的努力。

2.2.3　文件生命周期理论和文件连续体理论对工程项目档案管理的指导意义

第一，**文件生命周期理论为工程项目档案管理实行全过程管理、强化前端控制提供理论依据**。尽管工程项目档案形成单位众多，形成和移交关系复杂，且档案数量庞大，但从文件生命周期来说，工程项目档案仍然经过文件形成和流转办结、文件积累、文件立卷与归档、档案验收移交、档案整理与保管等环节，文件运动仍然具有整体性特点，并且在工程项目文件运动过程中，仍可根据文件的价值形态变化，划分为若干阶段。在这些阶段内，工程项目文件分别保管在形成单位、实施单位档案室、建设单位档案室和档案馆。工程项目档案管理的复杂性在于工程文件生命周期覆盖工程项目设计单位、建设单位、施工单位、监理单位、档案馆等，且在这些单位间的运动不是简单地顺向递进，而是彼此之间存在多次回溯。为保证所有工程文件档案资料最后能顺利通过验收移交档案馆，工程项目建设单位档案管理部门应牢牢把握工程文件运动的全过程，在工程项目建设初始阶段即加强前端介入，制定工程项目档案管理规划和档案管理制度，加强档案培训与人员管理，盯紧关键节点，做好监督指导工作。

第二，**文件连续体理论为工程项目档案管理开展跨单位共建共享提供理论支撑**。事实上，工程项目建设是一个以建成工程项目为目标，建设单位、设计单位、采购施工单位和监理单位等充分协作、发挥作用的过程。在这个协作过程中的工程项目档案管理活动并非一个线性的运动过程，而是一个连续体。以文件生命周期理论去界定文件管理的不同阶段时容易产生混乱，工程项目文件在设计单位、采购施工单位、监理单位和建设单位内部都要各自经历一个文件形成到归档的过程，在各个单位之间又存在复杂的交接关系，然后从整体上又形成一个横跨各个单位文件形成归档与验收移交的总生命周期。因此，尽管可以基于文件生命周期理论实现工程项目档案的全过程管理，但各单位内部的协调工作会成为艰难的挑战。而基于文件连续体理论的指导，便可以有效降低这种负担。以文件连续体理论为遵循，文件可以在多个背景和用途的范围内同时存在或积累，而非一定要按人为划分的生命周期阶段的时间顺序运动或积累。在工程项目档案管理中，工程项目文件可以同时在多个参建单位内积累，优先服务其业务需求和用户需求，并不强调工程文件必须按阶段进行管理，只需保证最终在工程项目建成验收时，工程项目档案汇集成一个专门全宗即可。

2.3 来源原则和全宗理论

来源原则是档案学领域各国公认的档案整理理论，也是档案学的支柱理论之一。来源原则强调档案馆按照档案的来源进行整理和分类，要求保持同一来源的档案不可分散、不同来源的档案不得混淆的整理原则。[①]

2.3.1 来源原则和全宗理论的发展历程

来源原则是在对事由原则的否定中产生的。来源原则的发展历程与对来源概念的认识不断深化有密切关系。直到19世纪中期，事由原则都在档案整理领域占据统治地位。事由原则是按照档案的主题内容进行整理的原则，适用于机关内部档案整理的需要。法国大革命后首次成立了真正意义上的综合性国家档案馆，事由原则无法适应具有独立性、开放性和馆藏来源多样化等特点的综合档案馆的档案整理需要，"无类可归"和"无以归类"的现象大量存在。由此，法国档案界迫切需要一种更加科学的整理方法和原则。

（1）尊重全宗原则是来源原则的起源

1841年，法国内政部首次提出尊重全宗原则。该原则要点包括：来源于一个特定机构的所有档案构成一个全宗，全宗内的文件按主体类别整理，主体类别下的文件按照年代、地区或字母顺序排列，同一全宗的文件不得与其他全宗的文件混淆在一起。这是第一次根据档案来源提出"全宗"的概念和尊重全宗的思想，尊重全宗就是尊重来源。尊重全宗原则同时具备了来源原则的核心思想——同一来源的档案不可分散、不同来源的档案不得混淆。[②]

（2）"登记室原则"标志着来源原则的正式形成

1881年，德国提出与尊重全宗原则核心思想一致的"登记室原则"。该原则包括两层涵义：一是国家机密档案馆整理馆藏档案首先按照来源分类，保持档案与形成机关的来源联系；二是档案馆还要保留档案在形成机关业务过程中的原始顺序和整理标记。"登记室原则"不仅具备来源原则的核心思想，还进一步体现了保持历史联系及原貌的历史主义思想，更要求档案整理原原本本地体现档案形成的历史过程和有机联系，是来源原则思想的完全体现。[③]

---

① 冯惠玲，张辑哲. 档案学概论（第2版）[M]. 北京：中国人民大学出版社，2006：239.
② 冯惠玲，张辑哲. 档案学概论（第2版）[M]. 北京：中国人民大学出版社，2006：241.
③ 冯惠玲，张辑哲. 档案学概论（第2版）[M]. 北京：中国人民大学出版社，2006：241-242.

（3）《荷兰手册》对来源原则进行理论论证和广泛传播

三位荷兰档案学者缪勒（Samuel Muller）、斐斯（Johan Feith）、福罗英（Robert Fruin）在《档案的整理与编目手册》（*Manual for the Arrangement and Description of Archives*，又称《荷兰手册》）中，将档案全宗定义为由一个行政单位或其行政人员正式受理或产生的，并由该单位或该人员保管的书写文件、图片和印刷品的整体。三位学者还论证了全宗的有机整体性，指出全宗是一个"活"的有机体，按照既定规则形成、成长和变化，一个完整的全宗应当独立保存，同一全宗内的档案不可分散。最后他们论证了全宗内的档案整理系统必须以全宗原来的编制为基础，认为档案建立的原始整理顺序更能反映机关职能和业务的特点。《荷兰手册》标志着来源原则的两个理论内核——尊重全宗和尊重原有次序基本成熟。该书被翻译成多种文字在世界范围内传播，也使来源原则传播到世界各国。[①]

（4）布鲁塞尔国际档案会议使来源原则得到普遍认可

在布鲁塞尔国际档案会议上，世界各国档案学者对《荷兰手册》进行深入讨论，确认手册的核心思想是来源原则，并宣布这一原则是档案专业的基本原则，在档案专业中居于核心地位。[②]

（5）英美提出的"组合"思想是对来源原则的灵活运用

"全宗"是法国首创的一个概念，英语中没有对应的词汇。1922年，英国档案学家希拉里·詹金逊（Hilary Jenkinson）提出"档案组合（archive group）"的概念来对应法文全宗"fond"一词，指出档案组合是一个自身结构完备的行政机构在活动中形成的文件整体，这一有机整体不能割裂。该概念比《荷兰手册》全宗概念更突出形成机关的独立性，因此也就更具备可操作性。1941年，美国国家档案馆提出"文件组合（record group）"一词对应法文全宗"fond"一词，其涵义是以文件来源为基础，综合考虑机关沿革、文件复杂性和文件数量等因素组建起来的具有组织和职能相关性的文件整体，更符合现代机关负责且职能变动的特点和现代文件庞杂的特点，相对更加灵活。[③]

（6）自由来源原则是对来源原则的部分修正

基于对登记室整理的原始顺序未必适宜的质疑和一些专业专门档案的出现，如产品档案、建筑工程档案，往往不以同一形成者为核心，而是以同一工程项目为核心形成，德国档

---

① 冯惠玲，张辑哲. 档案学概论（第2版）[M]. 北京：中国人民大学出版社，2006：242.
② 冯惠玲，张辑哲. 档案学概论（第2版）[M]. 北京：中国人民大学出版社，2006：243.
③ 冯惠玲，张辑哲. 档案学概论（第2版）[M]. 北京：中国人民大学出版社，2006：243-244.

案学家布伦内克（Adolf Brenneke）提出自由来源原则。他指出，自由来源原则不再是一种具体的分类规范，而是上升为总则；强调档案集合是一个有机整体，其实质是有机联系而非形成机构；来源思想并不只保持固定的来源，而应把来源和事由配合成一种恰当的比例关系，建立一个两者之间的综合体。[①]

（7）体系化全宗理论是对来源原则的丰富和发展

20世纪60—70年代，苏联逐步构建了一套较为完整的体系化全宗理论。20世纪80年代，我国在苏联模式基础上，建成一套成熟的全宗理论体系。我国全宗理论主要内容包括：第一，明确提出全宗的定义和基本涵义。全宗是一个独立的机关、组织或人物在社会活动中形成的档案有机整体。第二，明确提出全宗（实质为形成全宗的"立档单位"）的构成条件。我国也提出了与欧洲国家来源概念相对应的"立档单位"概念。立档单位确定的三个条件，即具有独立行文权、预算或财务核算权、一定的人事任免权。第三，明确提出划分全宗类型的主要标准。我国主要从两种角度划分全宗类型，即按照全宗形成者区分为机关组织全宗和人物全宗；按照全宗的范围和构成方式区分为独立全宗、联合全宗、全宗汇集和档案汇集。第四，明确提出"全宗群"的概念。来源原则的核心是维护全宗的完整性，我国全宗理论更进一步提出全宗群原则维护全宗之间的有机联系。第五，明确全宗内档案分类的科学方法。根据实际情况，单独选用或结合运用组织机构、年度、问题分类方法开展档案分类，最大限度地保持文件之间的历史联系。[②]

（8）来源原则遭受冲击与电子文件时代来源原则的重新发现

机读档案的出现和利用决定论使来源原则受到冲击质疑。20世纪中期，随着计算机技术的普遍应用，机读档案得以出现。北美一些档案学者认为来源原则对机读档案不再适用，因为可以借助计算机对机读档案进行大范围地检索和信息处理，人们更多关注档案的内容而非档案的来源。利用决定论主张档案工作和档案工作者应更多为用户提供档案信息，而非尽量保持档案移交的原始状态。进入20世纪80年代，电子文件出现并开始取代"机读档案"。西方档案学者发现电子文件信息形成和使用的背景信息对电子文件管理至关重要，实践再次证明电子文件对来源原则仍有很强依赖性。这就是来源原则的重新发现，这种重新发现的实质是一种"新来源观"。传统的来源一般指文件的形成者，往往是具象的机构组织或个人。但在电子文件时代，现代组织机构变得频繁剧烈，且电子文件形成方式突破了一个实体机关与文件群体唯一

---

① 冯惠玲，张辑哲. 档案学概论（第2版）[M]. 北京：中国人民大学出版社，2006：244-245.
② 冯惠玲，张辑哲. 档案学概论（第2版）[M]. 北京：中国人民大学出版社，2006：245-247.

对应的传统模式。因此，需要对来源概念赋予新的涵义，概括而言就是指文件的形成过程和背景，即文件是由谁、在什么条件下、运用哪些数据、为了何种目的、采用怎样的结构形式等方面的综合背景信息。来源原则的重新发现，一方面说明来源原则在电子时代的生命力，另一方面也证明历史主义思想是指引来源原则应对挑战的航标，是档案专业的理性之魂。[①]

2.3.2　来源原则的基本内容及其理论与实践意义

（1）来源原则的基本内容

来源原则的基本内容主要可以概括为三个方面。第一，尊重来源。档案馆首先应按照来源标准整理档案，保持档案与形成者之间的来源联系。第二，尊重全宗的完整性。一个全宗是一个有机整体，整理档案必须维护全宗的完整性，做到同一全宗的档案不可分散，不同全宗的档案不得混淆。第三，尊重全宗内的原始整理体系。全宗内的档案整理必须充分利用原有的整理基础，尊重全宗在形成机关获得的原始整理顺序和方法，不宜轻易打乱重整。[②]

（2）来源原则的理论与实践意义

来源原则的理论与实践意义主要可以概括为四个方面。第一，来源原则从历史主义思路出发，充分体现档案形成的历史联系，为档案馆馆藏的实体整理和分类提供合理的客观依据。第二，来源原则有力地维护和保持档案的本质属性，成为档案整理与分类的至善原则。第三，来源原则既不是一种纯观念性的抽象信条，也不是一种纯实践性的操作经验，而是兼具理论性和实践性的管理思想和原则。第四，来源原则既是档案整理原则，又是档案馆组织原则，还是档案理论研究的原则之一，有助于揭示档案的来龙去脉，保持历史的本来面貌。[③]

2.3.3　来源原则和全宗理论对工程项目档案管理的指导意义

第一，来源原则和全宗理论为科学分析工程项目档案管理的复杂现象提供有效方法。工程项目档案管理的一个主要复杂之处在于工程项目档案形成单位多，档案形成及交接关

---

①　冯惠玲，张辑哲. 档案学概论（第2版）[M]. 北京：中国人民大学出版社，2006：250-258.
②　冯惠玲，张辑哲. 档案学概论（第2版）[M]. 北京：中国人民大学出版社，2006：247-248.
③　冯惠玲，张辑哲. 档案学概论（第2版）[M]. 北京：中国人民大学出版社，2006：248-250.

系复杂，在某种特殊情况下难以确定工程文件的传统来源。根据自由来源原则和新来源观，应以工程项目为来源，以文件的形成者、形成条件、文件结构等为工程文件的结构背景，确立一个工程项目全宗，在此项目下形成的所有档案构成为该工程项目全宗，该工程项目全宗作为一个有机整体，在工程项目建设和运维过程中不断成长。如此，可以不必特意理清文件复杂的形成和交接关系，同时基于连续体模式，可以有效保障工程项目档案的完整性。

第二，来源原则和全宗理论为开展工程项目档案资源体系建设提供科学工具。首先，全宗理论为工程项目档案资源体系确定内容范围，属于该工程项目全宗的所有应归档工程项目文件材料都应归集到本全宗内，其他工程项目全宗的应归档工程项目文件材料不得混淆进来；其次，来源原则为全宗内工程项目文件材料整理提供基本准则，应充分尊重工程文件材料在参建单位形成时的历史有机联系，按照其历史有机联系开展档案整理工作。

2.4　档案价值论

档案价值论是档案学基础理论的重要组成部分。从某种意义上讲，档案实践和档案研究就是围绕档案价值问题而进行，围绕如何认识和探求档案价值、如何充分实现档案价值等问题而展开。档案工作的根本目的在于通过科学地管理档案，充分实现档案的价值，为社会实践活动服务，其根本基点是实现档案这一客体对主体的意义——档案价值。[①]

2.4.1　档案价值论的主要内容

档案价值论，以档案价值现象、本质及其运动规律为研究对象。价值是一对主客体关系范畴，档案价值即是档案客体属性对从事社会实践活动的人类主体的需要的一种特定关系。对档案价值这一主客体关系的现象及其规律的认识和研究构成档案价值论的主要内容。具体而言，档案价值论包括档案价值本体论、档案价值认识论和档案价值实现论。

（1）档案价值本体论

档案价值本体论是档案价值理论体系的基石，主要研究档案价值本身的存在及其方式和

---

① 张斌. 档案价值论[M]. 北京: 中央文献出版社, 2000: 3.

状态、特点、性质等。主要形成以下认识成果：

一是档案价值概念及其内涵。档案价值是档案这一客体对从事社会实践活动的主体所具有的凭证和参考意义。具有以下内涵：档案价值概念明确了档案价值的主体、客体以及档案价值的根本来源、连接档案价值客体与主体的中介物——人类的社会实践活动；档案价值是档案客体和主体之间的特定关系，是档案属性与主体需要的统一；档案价值是档案客体对从事社会实践活动的主体所具有的凭证和参考意义或作用。[①]

二是社会实践活动是档案价值的根本来源。档案价值的客体是在社会实践活动中被人确定的，社会实践活动直接产生主体需要。[②]

三是档案价值的性质包括客观性、绝对性、相对性、唯一性。档案价值的客观性是指档案价值的客体和主体及其需要以及连接主客体的社会实践活动都是客观的；档案价值的绝对性是指档案价值是无条件的、绝对存在的，表现在档案对于主体的意义是绝对的；档案价值的相对性主要指档案价值的条件性，档案价值不是固定不变的，会因主体、客体、时间、空间等条件的变化而变化；档案价值的唯一性是指档案价值这一事物独一无二的自我完整性和独立性，是无法被替代的，这是由档案的本质属性原始记录性决定的。[③]

四是档案价值形态是指档案价值的具体表现形式。由于档案价值具有多样性的特点，这就决定档案价值存在着不同的表现形态。从不同的角度和方面，档案价值可以被划分为多种价值形态，如第一价值和第二价值、现实价值和长远价值、证据价值和情报价值、利用价值和保存价值等。近年来，档案界的部分学者还提出档案情感价值、休闲价值等。对档案价值形态的划分、分析和研究，有助于多角度、多层次、多侧面地获得档案价值的感性材料，并在此基础上全面、科学地认识档案价值。[④]

（2）档案价值认识论

档案价值认识论是关于档案价值认识本质、结构、方法以及认识运动规律的相关理论。主要研究成果包括：

一是档案价值认识的涵义和内容。档案价值认识，是主体思维对档案价值客体的反映。这种反映不是消极、直观的反映，而是主体有目的、能动的反映。档案价值认识有自己的独特性，即其不完全等同于事实认识，档案价值认识包括档案价值认知和档案价值评价两部分内容。其中，档案价值评价是主体对档案有无价值和价值大小的评估，具有鲜明的主体性特

---

① 　张斌. 档案价值论[M]. 北京：中央文献出版社，2000：3-14.
② 　张斌. 档案价值论[M]. 北京：中央文献出版社，2000：22-26.
③ 　张斌. 档案价值论[M]. 北京：中央文献出版社，2000：28-35.
④ 　张斌. 档案价值论[M]. 北京：中央文献出版社，2000：37-48.

征；档案价值认知是档案主体对档案价值这一社会现象的感知和知识性认识，一般不夹杂主体对档案价值的评价。

二是档案价值认识的系统结构。档案价值认识本身是一个具有有机联系的系统整体。这一系统主要由档案价值主体、档案价值客体以及联结主体和客体的中介——社会实践活动三个子系统组成。

三是档案价值认识形式。主体认识档案价值、观念地把握档案价值，需要通过一定的认识形式。根据马克思主义基本原理，档案价值认识主要有感性认识形式（感觉、知觉和表象形式）和理性认识形式（概念、判断、推理形式）两种。

四是档案价值认识方法。档案价值认识较为复杂，主体必须采用科学的认识方法，主要包括辩证方法、逻辑方法、历史方法、综合方法以及定量分析的研究方法等。

五是档案价值鉴定。档案价值鉴定是档案价值评价的重要形式，是档案价值评价在档案管理工作领域的具体反映；档案价值鉴定具有一定的预测性，会决定档案的存毁。档案价值鉴定的过程包括确定档案价值鉴定标准、获取档案价值信息、形成档案价值判断、确定档案的保存价值。[①]

（3）档案价值实现论

档案价值实现论，是关于档案价值实现本质和内容以及档案价值实现规律的相关理论。它实际上就是研究档案如何为利用主体所利用并能够对主体产生一定效应。档案价值实现是档案价值研究的根本目的，因此档案价值实现理论是档案价值理论体系的最终归宿。档案价值实现理论的主要研究成果包括：

一是档案价值实现是潜在价值向现实价值的转化。未被人发现的潜在价值或已发现但尚未实现价值的价值，要转化为现实价值，就必须有主体利用档案的实践活动。利用者的知识储备、认识能力等因素直接影响价值实现的程度。

二是档案价值实现的本质是档案客体主体化。从档案的产生一直到档案价值的实现，实际上是从主体客体化到档案客体主体化的一个运动过程。档案价值实现本质上就是档案客体主体化，即档案赋予主体物质和精神力量。

三是档案价值实现的规律。档案价值实现存在共同的、内在的一般规律性，包括档案价值的扩展律、时效律和条件律。档案价值的扩展律表现在由于价值主体扩展而导致的档案价值扩展，由于档案作用性质的变化而导致的档案价值扩展；档案价值的时效律是指档案对社会的有用性是有时限的，主要表现在档案与利用者需求之间的时效性和档案价值形态的时效

[①]　张斌. 档案价值论[M]. 北京：中央文献出版社，2000：51-113.

性；档案价值的条件律是指档案价值关系不是天然存在的，档案价值的实现需要满足一定的条件，档案利用就是档案价值产生和实现的中介与必要条件。[①]

2.4.2 档案价值论对工程项目档案管理的指导意义

第一，依托档案价值本体论，有助于深入分析工程项目档案的客观属性，挖掘工程项目档案利用群体的多元需求。传统模式下的工程项目档案利用主要服务于工程项目参建方和城市建设等行政管理部门，主要用于支撑项目建设和运维，仅激活了少量工程项目档案价值形态，这均与对工程项目档案属性认识不深，对潜在利用群体利用需求缺乏分析，以及没有提供足够多样化的档案利用服务并衔接工程档案客体属性与潜在利用主体的需求有关，直接导致我国工程项目档案利用价值未得到有效发挥。借助档案价值本体论对工程项目档案管理状况进行剖析，使建设单位和参建单位更加清楚地认识到大兴机场工程项目档案价值来源于工程建设的各个环节，更全面地认识到工程项目档案对自身的价值，提升建设单位挖掘工程项目档案多元价值的动力，更好地服务工程项目档案利用群体的多元需求。

第二，运用档案价值认识论，有助于深入分析工程项目档案的价值，指导大兴机场工程项目档案鉴定的有序开展。工程项目建设过程中在产生大量工程项目文件的同时，也会产生大量工程项目过程资料，部分工程项目文件和多数项目过程资料并不属于工程项目档案的归档移交范围；同时也存在部分工程项目建设人员认为有价值但不属于工程项目档案归档范围的文件资料。以往未基于档案价值认识论的指导，没有综合运用档案价值认识的方法，部分工程项目参建单位工程师、资料员常常存在防止档案失漏担责的心态，能归尽归；或仅出于个人主观判断和便于个人及所在部门利用而对部分工程项目文件材料不予归档移交，最终可能导致工程项目档案鉴定不能切实进行，以及工程项目档案库房出现胀库、工程项目档案资源不够齐全、档案价值参差不齐等问题。在工程项目档案管理过程中，建设单位档案工作者应当切实以档案价值认识论为指导，根据档案主管部门和单位自身需要，全面评估工程项目档案的价值，积极推进工程项目档案鉴定工作，实现档案的有序分类保存。

第三，基于档案价值实现论，有助于正确处理各种价值关系，推进工程项目档案价值的充分实现。首先，妥善处理好工程项目档案管理中当前与长远、局部与整体、保密与开放的关系，在服务好工程项目建设与运营现实需要的同时，积极积累具有长远利用价值的档案，并按要求移交档案馆；在重视对本单位提供档案利用服务的同时，尽力为参建单位申报各项奖项提供服务，并为工程项目档案社会价值的实现创造条件；规范工程项目档案的定密与解密工作，

[①] 张斌. 档案价值论[M]. 北京: 中央文献出版社，2000: 137-152.

适时扩大档案开放利用范围，建设单位档案工作者应严格按照保密规定保管工作者涉密档案，对可提供利用的档案积极主动推送、提供利用。其次，建设单位档案工作者应当以辩证的思维认识时间对工程项目档案价值的影响，正确判断不同档案的时效性，积极识别工程项目档案的潜在利用需求，提前准备好相关工程项目档案信息资源为审计、工程奖项申报等工作服务，避免本应被适时利用的工程项目档案因提供过晚而不能及时发挥价值。最后，建设单位档案管理部门应确保必要的设施设备配备，主动对接工程项目档案利用需求，为工程项目档案的安全保管和高效利用创设必要条件。

2.5 档案记忆观

2.5.1 档案记忆观的理论内涵

关于"档案是记忆"的论述，最早出现在1950年第一届国际档案大会上，法国国家档案局时任局长夏尔·布莱邦（Charles Braibantl）发出"档案是一个国家的'记忆'"倡导。1992年，联合国教科文组织发起"世界记忆项目"，旨在促进人类珍贵历史档案、文献遗产的保护与利用，档案的记忆价值得以彰显。经过数十年的发展，"档案是记忆"逐渐成为一种新的档案学理论范式，称之"档案记忆观"。档案记忆观，即从集体记忆、社会记忆视角对档案、档案工作及档案工作者的系统认知，以及从档案学视角对集体记忆、社会记忆及其建构的独特观念。档案记忆观强调档案是一种社会记忆、集体记忆，或者说承载了社会记忆、集体记忆，具有记忆属性和记忆（资源）价值。档案记忆观有着丰富的思想内涵，主要具体如下四点内容。

第一，档案是建构社会记忆的不可替代要素。档案作为一种固化信息，是承载社会记忆的工具与传递社会记忆的媒介，对社会记忆具有建构作用。[①]这一功能主要源自其承载着一定的文字、图像等记录符号。所有档案文献的最终目标都是长时间地传播和保存信息，实现记忆的传承，这也决定了档案作为一项客观存在及其在社会记忆体系中的独特地位。

第二，档案工作是建构社会记忆的受控选择机制。在档案记忆观下，档案馆被视为记忆的存储库和唤醒人们相关记忆的场所，但受权力的控制，档案馆对社会记忆予以选择性保存。按照文件生命周期理论和文件连续体理论，档案工作从档案馆阶段向前延伸至文件形成

之初，因此，不仅是档案馆在权力控制之下选择性地建构社会记忆，而且整个档案工作是建构社会记忆的一种受控选择机制。①

　　第三，档案工作者是建构社会记忆的能动主体。从社会记忆理论来看，档案工作者在决定社会是"记忆"还是"遗忘"上扮演着重要角色，并逐渐从"被动的文件保管者"转变为"积极的记忆建构者"，在建构社会和历史记忆中发挥着积极作用和主体意识。②

　　第四，档案记忆促进身份认同。记忆与认同天然相连，"档案与身份认同"是档案记忆观研究的深化。身份认同的本质是确认个体或集体在社会上的身份感、地位感、归属感和价值感。身份认同离不开集体记忆的支持，集体记忆所提供的事实、情感构成其群体认可的基础。以档案为基础的集体记忆是作为群体认知表征的力量之源，档案通过建构集体记忆促进身份认同。③

2.5.2　档案记忆观对工程项目档案管理的指导意义

　　工程项目档案是工业遗产的重要组成，是工程建设项目最为原始、真实与全面的记录载体，能较为客观地反映工程项目在社会、经济、环境、文化、可持续性等方面发生的变化。工程项目档案因其独特的原始记录属性而具有长远的历史文化价值，承载着更为深刻的工业记忆、科技记忆、城市记忆乃至国家记忆。因此，档案记忆观为工程项目档案管理提供了一面"学术多棱镜"，为工程项目档案管理的高质量发展提供新的思维启发和理论指导作用。

　　第一，档案记忆观提供了档案学视角下对工程项目档案作为国家记忆及其建构的独特认知。这有助于丰富工程项目档案管理的理论内涵。工程项目档案是在工程建设活动中直接形成的具有归档保存价值的文字、图纸、图表、声像、电子文件等各种形式的历史记录，记载着工程项目在形态、环境、文化影响上的变化，以及资金投入、科技应用、管理理念与方法的应用情况。因此，收集、整理、保管、挖掘工程项目档案，就是保存与再现我国工业记忆、城市建设记忆、科技记忆与管理艺术，就是保护与传承国家记忆。档案记忆观将工程项目档案管理提升到国家记忆、人类记忆保护与传承的高度，为国家记忆及其构建提供独特视角，深化工程项目档案管理的理论内涵与历史意义。因此，科学做好工程项目档案的收集、征集、保管、保存与开发利用等工作，是推动新时代档案事业高质量发展、国家经济社会快速发展记忆建构的重要手段。

　　第二，档案记忆观从理论上对工程项目档案管理与工业遗产和国家记忆的关系给予了新

① 徐拥军. 档案记忆观的理论与实践[M]. 北京：中国人民大学出版社，2017：92-96.
② 徐拥军. 档案记忆观的理论与实践[M]. 北京：中国人民大学出版社，2017：97-99.
③ 徐拥军. 档案记忆观的理论与实践[M]. 北京：中国人民大学出版社，2017：103-109.

的定位。这有助于促使档案工作者积极参与至工业遗产保护和国家记忆建构，从工业文明的"守护者"转变为积极的"参与者"。其一，以档案记忆观指导工程项目档案管理，可一定程度上确保工业遗产和国家记忆的高质量传承。历经近一个世纪的发展，档案的收集、管理、保存、利用等诸环节已形成较为成熟的模式，且在电子文件(文献)的长久保管、珍贵档案资源的数字化保护、档案数据库的建设、纸质资源与数字资源的共建共享等方面积累了丰富的经验。这些成熟模式和丰富经验可直接用于指导工业遗产和国家记忆的保护工作，有助于工业遗产的高质量传承和工程项目档案国家记忆价值的永续发挥。其二，以档案记忆观指导工程项目档案管理，可一定程度上提升工程档案管理部门及工程建设部门在国家记忆建构中的参与度和存在感，甚至发挥主导作用，使其找到劳动工作更高形态的价值。

第三，档案记忆观的引入提供了利用工程项目档案强化身份认同、促进自我认知的解释链。工程项目建设具有快速改变物理环境和人文环境的功能，改革开放以来，我国城市建设日新月异，广大人民群众在40余年的时间里快速经历农业文明、工业文明、信息文明的转变，一些社会问题也由此出现，诸如进城务工人员建设了城市，但生活习惯的差异一方面让其难以认同自身的新市民身份，另一方面部分市民也仍不接纳他们，甚至部分民生政策也对其区别对待。这与工程项目档案未发挥其建构身份认同的作用有明显关系。以往，工程项目档案仅是工程项目建设过程的记录，主要对工程项目本身发挥价值，未关注到它对人的社会身份建构作用。基于档案记忆观去开发利用工程项目档案，将使工程项目建设者看到自身在社会变化中的位置和作用，使建设者更好地接纳自身身份的转变。

2.6　档案治理理论

在20世纪80—90年代，治理被赋予独特含义并发展出西方治理理论之前，治理长期被作为"统治""管理""处理"等的近义词使用。2013年，党的十八届三中全会首次提出"全面深化改革的总目标是完善和发展中国特色社会主义制度，推进国家治理体系和治理能力现代化"。2014年1月，"档案治理"首次作为一个专门概念出现于档案新闻标题之中[①]；"档案治理"本身作为独立的档案学术研究对象，则是在2017年开始兴起并得到持续关注的。

---

① 　孙钢. 推进档案治理体系和治理能力现代化——2014年国家档案局档案馆（室）司工作重点[J]. 中国档案，2014（1）：35.

2.6.1　档案治理理论的内涵

（1）档案治理

晏秦认为，档案治理是以实现档案领域善治为目标，由档案部门、社会组织和公民等多个主体协同合作，基于一定的行动规则共同对档案相关事务进行科学、规范管理的活动。[①]金波等比较档案治理与档案管理的异同，认为档案治理是对档案管理的继承与发展，并进一步指出档案治理在理念、主体、过程、内容、手段和目的等方面均与档案管理有所差异（表2-1）[②]。常大伟根据治理理论核心内涵，结合档案工作特性提出，档案治理是在党政机构领导支持下，由档案主管部门主导，各级各类档案机构、社会组织或个人参与，通过一定的制度安排进行合作互动，共同促进档案事业发展和提升档案工作服务社会发展大局能力的过程，是国家治理的有机组成部分。[③]此外，刘东斌提出，档案治理的对象是档案事业或档案事务，即档案行政管理的对象，因此，档案治理即为对档案行政管理的治理。[④]

档案管理与档案治理的区别　　　　　　　　　　　　　　　表2-1

比较维度	档案管理	档案治理
管理理念	国家本位	社会本位
管理主体	档案部门	档案部门、社会组织、公民
管理过程	单向管理	双向互动
管理内容	体制内档案事务	体制内和体制外档案事务
管理手段	档案部门包办	协商合作
管理目的	保障国家利益	保障利益相关者的多元利益

综合以上观点，结合对我国语境下治理的理解，档案治理是指在党的领导下，以档案机构为主导的多元主体，依法协同管理各种档案事务，促进档案事业高质量发展的活动与过程。

（2）档案治理现代化及档案治理体系

档案治理的现代化是档案治理体系和档案治理能力的现代化，档案治理体系现代化是

① 　晏秦. 论档案治理的内涵、特征和功能[J]. 档案管理，2017（4）：4-7.
② 　金波，晏秦. 从档案管理走向档案治理[J]. 档案学研究，2019（1）：46-55.
③ 　常大伟. 档案治理的内涵解析与理论框架构建[J]. 档案学研究，2018（5）：14-18.
④ 　刘东斌. 档案治理概念辨析[J]. 档案管理，2019（1）：47-49.

一种从"档案管理"的传统形态向"档案治理"的现代形态不断变迁的过程。这种变迁过程具体包括五个方面的转变：一是档案管理主体的单一性向档案治理主体的多元化转变；二是档案管理运行模式的强制性向档案治理运行模式的互动性转变；三是档案管理决策过程的权力集中性向档案治理过程的民主性转变；四是档案管理实施方式的控制性向档案治理实施方式的合作化转变；五是档案管理服务利用的封闭性向档案治理服务群体的开放性转变（表2-2）。

档案治理体系现代化的变迁

表2-2

	档案管理	档案治理
参与主体	单一性	多元化
运行模式	强制性	互动性
决策过程	权力集中性	民主性
实施方式	控制性	合作化
服务利用	封闭性	开放性

档案治理能力现代化是档案治理整个过程所具备的能力的现代化，包括档案治理起点、过程和效果的现代化，具体表现为档案治理理念的现代化、档案治理方式的现代化、档案治理效益的现代化。[①]

档案治理体系的构成要素分为三个层次：价值层、行为层、技术层。价值层，即档案治理的价值目标与基本原则，作为方向指引性的概念，在整个基本框架中是以导向性的形式隐性存在的；行为层，即档案治理的实施主体与作用对象，作为实体行动性的概念，在整个基本框架中是以能动性的形式显性表现的；技术层，即档案治理的手段，作为具体方法性的概念，在整个基本框架中是以操作性的形式显性或隐性表现的。由此"价值层—行为层—技术层"三个层面就衍生出"目标、原则、主体、对象、手段"五个维度，分别对应为"善治、法治、共治、分治、智治"五个要素。档案治理体系即是由上述五个基本要素及其相互关系（图2-2[②]）构成的具有一定结构和功能的系统。

①　徐拥军，熊文景. 档案治理现代化：理论内涵、价值追求和实践路径[J]. 档案学研究，2019（6）：12-18.
②　嘎拉森，徐拥军. 档案治理体系的构成要素与实现路径[J]. 档案学通讯，2022（6）：61-69.

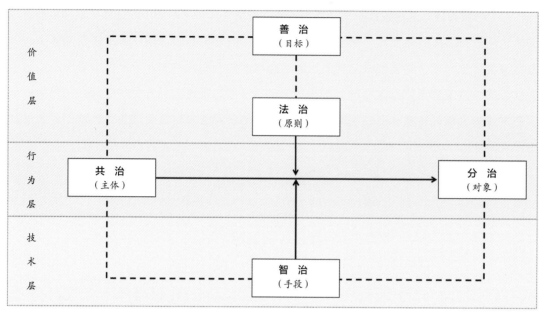

图2-2 档案治理体系五个构成要素之间的关系

2.6.2 档案治理理论对工程项目档案管理的指导意义

第一，档案治理理论有助于工程项目档案工作突破"管理"的狭隘视域。在传统的档案管理视域下，工程项目档案总是面临着管理主体中心化与参与主体多元化，运行模式封闭化、强制化与服务需求开放化、互动化，管理目的单一化与主体利益多元化的矛盾，使得工程项目档案管理效能相对受限，管理能力和管理效率难以高效满足工程项目建设需要。久而久之，工程项目档案管理甚至在一定程度上成为工程项目建设的负担而非臂助。而档案治理理论正是基于处理参与主体多元化、运行模式互动化、决策过程民主化、实现目标共赢需求而产生的，恰恰能使工程项目档案走出传统管理困境。大兴机场工程项目建设指挥部档案工作人员在建设工程初期即认识到大兴机场工程项目可能面临的档案管理困难，便有意识地引入档案治理思维，变革以往不恰当的管理方法，加强与参建单位的协商共治。

第二，档案治理理论有助于指导工程项目档案治理体系建设。档案治理体系是档案治理理论进一步发展和应用的成果，工程项目档案治理体系本身既是档案治理体系的一部分，也是档案治理体系在工程项目领域的具象化。二者在构成要素和关系上大体是一致的。基于档案治理体系各要素间关系的认识，可以指导构建工程项目档案治理体系各要素关系；根据工程项目档案特殊性而调整工程项目档案治理体系时，档案治理理论和档案治理体系是判断工程项目档案治理理念和行为是否科学合理的基准。

2.7 工程项目管理理论

2.7.1 工程项目管理理论的主要内容

推进工程项目档案管理研究，有必要了解工程项目管理的基础情况。工程项目管理是一个专门而复杂的学科，在此主要阐述工程项目管理中涉及工程项目档案管理的主要内容。

（1）工程建设项目的特征

工程建设项目主要具有如下特征：

一是目标的明确性。任何工程建设项目都具有明确的投资与建设目标，包括宏观目标和微观目标。政府有关部门主要关注项目的宏观经济效果、社会效果和环境效果；企业则更多注重实现项目的微观财务目标和与提高企业竞争力有关的非财务目标。

二是目标的约束性。工程建设项目一般受费用、工期、质量、环境等多方面的约束。

三是工程建设项目是一次性项目。工程建设项目勘察设计完成后，应进行现场施工。除非发生意外事件，否则不会重新再重复勘察设计，或改变地点进行重复施工。按照建设程序，设计和施工都是单一性的，项目也无法在建成后发生改变。因此，工程建设项目越是前期工作，越应做好，尤其是项目决策工作更为重要。

四是工程建设项目一般投资大、建设期长、投资回收期长，工程实体自然寿命长。

五是投资的风险性。在工程项目的建设过程中，存在着各种不确定性因素，如地质风险、市场经济风险等。[①]

（2）工程建设项目的建设程序

工程建设项目的建设程序是指项目在建设过程中，所包含的各项工作必须遵循的先后顺序。建设项目的科学管理，首先体现在科学的程序上。建设程序是对基本建设工作的科学总结，是项目建设过程中所固有的客观规律的集中体现。我国现行工程建设主要程序一般分为九个阶段[②]（图2-3）。程序中的每一项工作包均可分解出第二层次的流程，从第二层次的工作包还可以分解出第三层次的流程，甚至继续向下层层分解、逐步细化。

---

① 刘荔娟，王蕾. 现代项目管理（第四版）[M]. 上海：上海财经大学出版社，2016：329.
② 刘荔娟，王蕾. 现代项目管理（第四版）[M]. 上海：上海财经大学出版社，2016：330.

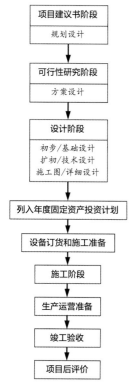

图2-3 工程建设项目的建设程序

项目建议书阶段
规划设计
可行性研究阶段
方案设计
设计阶段
初步/基础设计
扩初/技术设计
施工图/详细设计
列入年度固定资产投资计划
设备订货和施工准备
施工阶段
生产运营准备
竣工验收
项目后评价

（3）工程建设项目管理的概念和内容

工程建设项目管理是以工程项目为对象，在有限的资源约束下，为最优地实现工程项目目标，对工程项目从策划到竣工交付使用全过程实施管理的系统化过程。从管理涉及的领域和工程项目特点看，工程建设项目管理主要涉及以下内容：

——工程项目组织管理及人力资源管理。由于工程项目建设的各个阶段在相关的层级和部门之间存在大量的需要配合、协作或衔接、平衡的工作，需有效地进行组织协调和安排使用社会人力资源。具体包括项目组织的规划设计、组织结构模式及选择、项目管理班子和项目经理的选择等。

——工程项目范围管理。指确保工程项目成功地完成规定的全部工作的界定。具体包括建设项目的批准、范围定义、范围规划、范围变更控制和范围确认等。

——工程项目进度管理。指确保工程项目按期完成的一系列工作过程的日程活动安排。具体包括工程项目活动定义和顺序安排的方法、活动时间估计、进度计划的制定和优化、进度的监测分析与调整等。

——工程项目费用管理。指为确保工程项目的总费用不超过批准的项目总投资限额而进行一系列工作的过程。具体包括项目费用构成、项目的确定、费用估算、费用计划编制、费用监测与控制等。

——工程项目质量管理。在工程项目建设的不同阶段，根据国际和国家有关质量标准和使用功能要求，对工程项目质量进行监督和检查。具体包括质量决策和计划、质量控制方法和质量管理体系构建及运转。

——工程项目信息管理。主要是指对有关项目建设的各类信息快速有效地收集、储存、加工处理、传递与使用等一系列工作。信息管理是工程项目管理的基础工作，是实现项目目标的保证，应确保信息完整、及时、准确、有效。

——工程项目风险管理。是指通过采用科学的方法对工程项目建设过程存在的风险进行识别、分析、评估、应对和监控，选择最佳风险防范措施，保证以较低的投入最大限度地减少或避免风险损失。

——工程项目招标投标与合同管理。主要指围绕项目组织采购的咨询招标投标（造价等）、勘察设计招标投标、监理招标投标、设备招标投标、施工招标投标以及相应的合同订立履行等工作。

——工程项目环境保护管理。工程项目的实施过程和结果存在着对环境不利影响甚至损害环境的情形。其管理的重点在于采取一切积极可行措施，减少或避免项目对生态环境造成的损害，切实保护并促进生态环境良性循环。[①]

2.7.2　工程项目管理理论对工程项目档案管理的指导意义

第一，工程项目管理理论是科学开展工程项目档案全程管理和前端控制的知识基础。工程项目建设和管理是一项极具专业性和复杂性的工作。档案工作者掌握工程项目建设的关键概念和术语、工程项目分类及工程建设顺序、工程项目管理内容等后，可更加清楚地把握工程建设及管理的全过程中工程文件资料的形生规律，正确把握工程建设及管理的阶段动态，加强与工程项目建设人员、管理人员的有效沟通，提前将各阶段的工程文件材料管理要求告知工程项目建设人员、管理人员，评测工程项目档案管理是否与工程项目建设和管理同步，推动工程项目档案全过程管理效能提升。

第二，工程项目管理理论是将档案管理纳入整个工程项目管理的理论依据。这主要表现在两方面：一方面，工程项目招标投标和合同管理、工程项目信息管理是工程建设项目管理的重要内容，这是将档案管理纳入工程项目管理的显性证据，事实上除这两项工作外，工程项目进度管理、费用管理、质量管理、风险管理、环境保护管理等各项工作的开展都离不开档案管理工作，档案管理不仅为这些工作提供管理数据支持和凭证，更是借由科学的档案管理工作，督促、规范各项工作的合规有序开展。另一方面，现代工程建设项目科学、严格的程序性的保证，并不以某组织或某个人的行为为依据，而以特定的工程项目文件材料为有效凭据；一个工程项目能否竣工，工程项目档案的竣工验收是前提。

2.8　各理论之间的关系

工程项目档案管理各理论基础之间的关系如图2-4所示。具体来说可以归纳为三个层次。第一，习近平总书记对档案工作的重要批示指示精神处于顶层指导层次，是工程项目档案管理的根本遵循。第二，工程项目管理理论处于行业规范层次，赋予工程项目档案管理具备基本行业特征。第三，其余五个理论处于专业指导层次，能够为工程项目档案管理工作的

---

① 　刘荔娟，王蔷. 现代项目管理（第四版）[M]. 上海：上海财经大学出版社，2016：335.

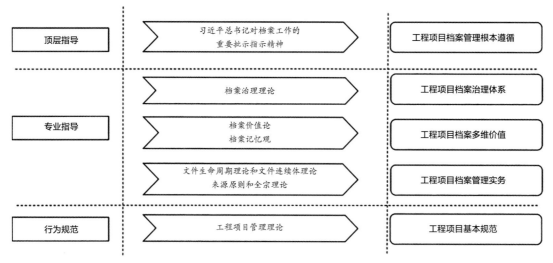

图2-4　工程项目档案管理各理论基础之间的关系

具体开展提供档案学专业理论指导。其中，档案治理理论有助于指导工程项目档案治理体系建设，在工程项目档案管理过程中发挥首位作用；档案价值论和档案记忆观为工程项目档案多维价值的认识与发现提供理论指导；文件生命周期理论和文件连续体理论、来源原则和全宗理论能够为工程项目档案管理实务工作提供方法论指导。

2.9　本章小结

本章主要探讨习近平总书记对档案工作的重要批示指示精神、文件生命周期理论和文件连续体理论、来源原则和全宗理论、档案价值论、档案记忆观、档案治理理论和工程项目管理理论的核心内涵，及对工程项目档案管理的指导意义。具体内容如下：

第一，以习近平总书记对档案工作的重要批示指示精神为根本遵循，有助于正确认识工程项目档案管理的地位作用、目标任务和发展路径，对强化工程项目档案管理的保障措施具有重要指导意义。

第二，文件生命周期理论为工程项目档案管理实行全过程管理、强化前端控制提供理论依据。文件连续体理论为工程项目档案管理开展跨单位共建共享提供理论支撑。

第三，来源原则和全宗理论为科学分析工程复杂的工程项目档案管理现象提供有效方法，是指导工程项目档案资源体系建设的科学工具。

第四，档案价值论包括档案价值本体论、档案价值认识论和档案价值实现论。其中，依托档案价值本体论，有助于帮助工程项目档案管理部门和人员深入分析工程项目档案的客观属性，挖掘工程项目档案利用群体的多元需求；运用档案价值认识论，有助于深入分析工程项目档案的价值，指导工程项目档案鉴定的有序开展；基于档案价值实现论，有助于正确处理各种价值关系，推进工程项目档案价值的充分实现。

第五，档案记忆观提供了档案学视角下对工程项目档案作为国家记忆及其建构的独特认知，可以丰富工程项目档案管理的理论内涵；从理论上对工程项目档案管理与工业遗产和国家记忆的关系给予新的定位，有助于从实践上促使档案工作者积极参与工业遗产保护和国家记忆建构，从工业文明的"守护者"转变为积极的"参与者"；档案记忆观的引入，提供了利用工程项目档案强化身份认同、促进自我认知的解释链。

第六，档案治理理论有助于工程项目档案工作突破"管理"的狭隘视域，对工程项目档案治理体系建设具有重要方法论指导意义。

第七，工程项目管理理论是科学开展工程项目档案全程管理和前端控制的知识基础，亦是将档案管理纳入整个大兴机场工程项目管理的理论依据。

第 3 章

大兴机场工程项目档案管理的实践概述

大兴机场工程项目档案管理的有效开展，首先需要充分掌握大兴机场工程项目本身的特点，准确把握大兴机场工程项目档案管理的特点和需求。本章主要基于文献调研和实践调查，分析大兴机场工程项目的深远政治意义、重大经济意义、先进科技水平及其在全国民航事业发展历程中的标杆性作用，并从支撑工程项目建设运维和管理复杂困难两个维度梳理大兴机场工程项目档案管理的特点，进而从档案的全程管理、智能管理和综合利用三个层面提出大兴机场工程项目档案管理创新的需求。

3.1　大兴机场工程项目概况及特点

3.1.1　大兴机场工程项目概况

大兴机场位于永定河北岸，地跨北京市大兴区礼贤镇、榆垡镇，以及河北省廊坊市广阳区，距天安门直线距离约46公里；距首都机场约67公里，具备发展成为国家级乃至世界级综合交通枢纽的潜在优势，是"国家发展新的动力源"。与此同时，大兴机场工程项目是习近平总书记特别关怀、亲自推动的国家重大标志性工程，被誉为"世界级工程奇迹""共和国超级工程"。从建设动员到选址，再到党中央、国务院最终做出建设的确切决策，前后历经21年，充分体现国家对大兴机场工程项目的高度重视。自2014年12月动工到2019年9月正式竣工、投运，仅用时4年9个月，实现一个世界工程建设史上难以置信的奇迹。大兴机场工程项目建设本着可持续发展的原则，采用滚动发展、分期建设的模式。本期按2025年旅客吞吐量7200万人次、货邮吞吐量200万吨、飞机起降量62万架次的目标设计，建设"三纵一横"4条跑道，用地面积27平方千米。根据公开资料，梳理大兴机场工程项目建设时间轴如图3-1所示。

大兴机场工程项目体量庞大，建设周期长，涉及参建单位众多，包括建设、勘察、施工、设计、监理、供应和咨询单位等，且各专业分包单位数量远多于一般工程。据统计，大兴机场工程项目涉及参建总包单位约160家。这将为大兴机场工程项目档案管理带来相当大的挑战。

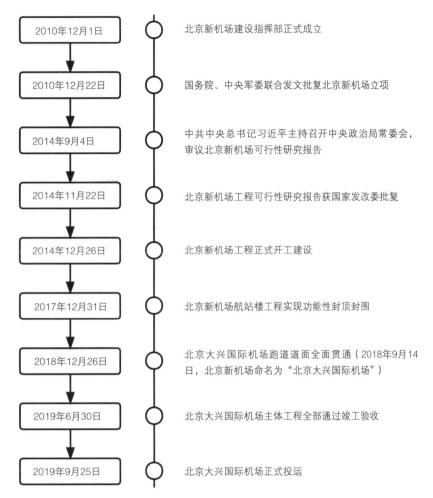

图3-1　大兴机场工程项目建设时间轴

3.1.2　大兴机场工程项目的特点

（1）大兴机场工程项目政治意义深远

第一，大兴机场工程项目凝聚无数劳动者的辛勤付出，是民族精神的彰显。面对建设难度大、标准高且工期十分紧凑的困难情形，大兴机场全体建设者不畏挑战，通过近5年的艰苦努力交出一份令人赞叹的答卷——高质量完成建设和运营筹备任务，并把大兴机场打造成为举世瞩目的"四大工程"。大兴机场的全体建设者，即大兴机场建设指挥部和大兴机场管理中心的全体员工，机场规划设计者、北京新机场建设领导小组、民航大兴机场建设及运营筹备领导小组、首都机场集团有限公司选派（调）人员、同济大学课题组、参建总包单位、监理单位、建设工人等人员[①]，共同参与北京大兴国际机场规划设计、工程建设和运营筹备等大量工作。2019年9月25日，正值中华人民共和国成立70周年之际，习近平总书记于投运仪式上郑重宣布大兴机场正式投入运营，代表党中央向参与机场建设和运营的广大干部职工表示衷心的感谢、致以诚挚的问候。同时，习近平总书记还充分肯定大兴机场出色的规划设计、建筑品质、先进视野，赞扬大兴机场工程项目高度体现了以爱国主义为核心的团结统一、爱好和平、勤劳勇敢、自强不息的伟大民族精神。习近平总书记强调，共和国的大厦是靠一块块砖垒起来的，人民是真正的英雄。[②]大兴机场工程项目的完成，充分显示中国人民能够实现一个又一个"不可能"。

第二，大兴机场工程项目充分体现中国速度、中国智造、中国力量，是大国风范的彰显。大兴机场是一座现代化、高水准的大型综合交通枢纽，在北京市大兴区和河北省廊坊市之间，航站区总建筑面积140万平方米。习近平总书记指出，北京新机场是国家发展一个新的动力源。大兴机场建设标准高、建设工期紧，民航总院项目组勇担重任、攻坚克难、大力创新，按期高质量完成了建设任务。2022年，在北京大兴国际机场投运三周年之际，全国工程勘察设计大师、民航总院总工程师姜昌山表示，大兴机场的横空出世，是我国机场建设史上的里程碑事件。大兴机场投运4年来，充分展现了中国工程建设的雄厚实力，彰显了"中国精神""中国智慧"和"中国力量"。[③]无论是造型设计、施工工艺、交通组织还是技术应用等，大兴机场均代表我国民航基础设施的最高水平，并一举创下多项全球之最。在大兴机场工程项目中，多项先进的新专利、新技术得以研发应用，多项具有前瞻性的新工法、新工艺、新标准陆续出台，使机场建设现代化程度大幅度提升，机场承载能力、系统性和效率都得到极大增强，充分展现中国工程建筑的雄厚实力，充分凸显了大国工匠风范。

第三，大兴机场工程项目对标"四个中心"建设，是中国特色社会主义制度显著优势的彰显。北京是一座国际化特大型城市，具有全国政治中心、文化中心、国际交往中心、科技创新中心"四个中心"的战略地位。全市各项工作都要立足于"四个中心"建设，不断优化提升首都功能，方能更好地担负起首都职责使命。大兴机场作为"新国门"，是服务首都"四个中心"建设的重要支撑（表3-1）。政治中心建设，即严格落实首都功能核心区控制性详细规划，营造安全、高效、有序的政务环境；文化中心建设，即使北京成为彰显文化自信、具有多元包容魅力的世界文化名城；国际交往中心建设，即服务国家开放大局，全面加强设施

① 　沈健. 浅析北京大兴国际机场奋斗者初心和使命的实践[EB/OL].（2019-08-14）[2023-04-13]. http://att.caacnews.com.cn/zsfw/201908/t20190814_2667.html.
② 　新华社. 习近平出席投运仪式并宣布北京大兴国际机场正式投入运营 韩正出席仪式并致辞[EB/OL].（2019-09-25）[2023-06-19]. http://jhsjk.people.cn/article/31373455.
③ 　中国民航网. 北京大兴机场投运三周年 中国机场建设者有话说[EB/OL].（2022-09-25）[2023-04-13]. http://caacnews.com.cn/1/5/202209/t20220925_1353914.html.

和能力建设，系统提升国家主场外交和重大国事活动服务保障水平，将北京建设具有全球影响力的大国首都；科技创新中心建设，即服务于科技创新，使北京成为全球创新网络的中坚力量和引领世界创新的新引擎。

大兴机场工程项目支撑首都"四个中心"建设

表3-1

"四个中心"类型	具体支撑的体现
政治中心	大兴机场建成投运，为尚未开通直达北京航线的国内城市提供新机会，加强全国各地与首都的紧密联系，更好地服务北京首都核心功能，有利于北京建设全国政治中心
文化中心	大兴机场建成投运，为强化北京与全球各地文化交流，搭建便捷的空中桥梁，同时也为中国向世界人民展示悠久历史和灿烂文明提供重要窗口，有利于北京建设文化中心
国际交往中心	大兴机场将进一步拓展北京航线网络布局，扩大国际航线覆盖面、增加国际航线频率，这将使北京能够更好地承担起向世界展示我国改革开放成就的重任，为其紧密国际联系、加强国际合作提供更佳窗口
科技创新中心	大兴机场建成投运，为优势科技创新资源提供应用场景。同时大兴机场集中应用全球民用机场建设领域先进技术和管理经验，全球一流民航科技创新资源正在临空区快速聚集，作为中国民航科技创新前沿，有利于北京建设科技创新中心

（2）大兴机场工程项目经济意义重大

2019年，时任中共中央政治局常委、国务院副总理韩正在大兴机场投运仪式致辞中表示，这一重大工程建成投运，对提升我国民航国际竞争力、更好服务全国对外开放、推动京津冀协同发展具有重要意义。[①]京津冀地区是我国经济最具活力、开放程度最高、创新能力最强、吸纳人口最多的地区之一，是拉动我国经济发展的重要引擎，在国家发展全局和区域协调发展大棋局中处于重要地位。党的十八大以来，党中央精心谋划、科学布局，确立京津冀协同发展重大国家战略，推动京津冀地区发展向着更加均衡、更高层次、更高质量方向迈进。

第一，大兴机场带动临空经济发展向好。航空运输有着贸易距离长、空间广、反应快等特点，机场周边容易集聚起生物医药保税研发、国际供应链集散、高精尖智能制造等产业，形成独特的临空经济形态。临空经济红火，对京津冀协同发展的辐射带动作用潜力大。但是，首都机场容量已近饱和，区域交通轴线基本稳定，空间上很难对接到河北的经济腹地，难以发挥航空枢纽扩散效应。而大兴机场肩负着"国家发展新的动力源"使命，其临空经济区是2016年由国家发展改革委和民航局联合批复设立的临空经济示范区，横跨北京大兴和河北廊坊两地。作为全国唯一同时拥有两省市自贸区政策的优势区域和全国唯一跨省市综保区，大兴机场临空经济区直接辐射范围约4.67万平方公里，覆盖北京核心区、天津北部及河北北部，直接辐射人口约8500万人，间接辐射人口超过6000万人，总计超过1.45亿人[②]。同

---

① 　中华人民共和国中央人民政府. 习近平出席投运仪式并宣布北京大兴国际机场正式投入运营[EB/OL]. [2023-04-13]. http://z6b.cn/cNxtH.

② 　鲍南. 协同发展：插上临空经济"金翅"[N]. 北京日报，2021-09-19（8）.

时，临空经济区（大兴）管委会着力加强组织建设，搭建临空经济区协同发展委员会，有效统筹区内各方力量，共谋发展。横空出世的世界级航空枢纽——大兴机场，汇聚、整合、重组人流、物流、商流、资金流、信息流等充沛的资源要素，推动京津冀区域经济结构优化、转型升级，是京津冀临空经济发展的新动力引擎。

第二，大兴机场临空经济区拉动京津冀经济新增长。大兴机场临空经济区战略定位为国际交往中心功能承载区、国家航空科技创新引领区、京津冀协同发展示范区，将充分利用北京大兴国际机场"国家发展新的动力源"优势，最大限度释放国家服务业扩大开放综合示范区、自由贸易试验区政策红利，搭建京津冀协同发展高水平对外开放平台，将自身建设成为推动京津冀高质量发展的战略增长极。[①]同时，大兴机场这块"金字招牌"吸引国内外多家企业落户临空区，临空经济带繁荣向好。目前，大兴临空区累计注册企业达2961家，其中外资53家，累计投产企业8家，包括波士顿咨询有限公司等四家税源千万级以上企业。作为大兴机场主基地航空公司，中国南方航空股份有限公司（简称"南航"）北京分公司也在货运上发力，昆明的鲜花、广东的荔枝纷纷借助南航航班运往北京，北京的平谷大桃则"坐"上飞机飞往广州、深圳等南方城市。疫情防控期间，南航专门推出"疫苗安心送"专属产品。据统计，截至2022年9月底，南航从大兴机场出发，已向全球16个国家和地区运输超过1.4亿剂疫苗。基于"国家发展新的动力源"定位，大兴机场逐渐成为周边区域经济发展的强劲推力。到2025年，大兴机场预计将使其周边区域高新产品进出口额达到约3000亿元，并为周边区域带来1800亿元的经济贡献。[②]

第三，国际航空总部园经济为周边地区带来外溢效应。2022年10月31日上午，位于大兴机场临空区东片区的国际航空总部园正式开建，地上、地下总建筑面积超20万平方米，由七大主体建筑组成，包括4幢商务办公楼、1幢商业服务楼、1幢酒店服务楼和临空区招商展示中心，预计2024年建成后，能够实现政务办公、高端商务办公、临空区规划展示、招商展示、酒店、社区服务、企业集聚等复合功能。这座投资32亿元的总部园被寄予厚望。据大兴机场临空区（大兴）管委会相关负责人介绍，未来，国际航空总部园将成为服务北京大兴国际机场、实现区港融合的重要抓手，助力临空区建设成为创新、开放、可持续的国际一流高品质航空城。[③]总部园经济对一个区域的经济转型升级、科技创新、人才引进、资源聚集、税收贡献等诸多方面都具有促进作用。

---

① 智库观中国：建设大兴机场临空经济区 高质量服务京津冀协同发展[EB/OL].（2022-04-12）[2023-04-13].
https://news.cctv.com/2022/04/12/ARTISrTHtovvipbxDlDieaXS220412.shtml.
② 李博. 大兴机场：当好"国家发展新的动力源"[N]. 北京日报，2022-09-25（1）.
③ 方彬楠，陆珊珊. 大兴新机场：临空经济再筑"新跑道"[N]. 北京商报，2023-01-20（3）.

（3）大兴机场工程项目科技水平先进

习近平总书记强调，要把大兴国际机场打造成为国际一流的平安机场、绿色机场、智慧机场、人文机场，打造世界级航空枢纽，向世界展示中国人民的智慧和力量，展示中国开放包容和平合作的博大胸怀。大兴机场始终牢记习近平总书记嘱托，并通过先进科技的创新应用，实现"四型机场"示范建设，践行新时代民航机场高质量发展要求。[①]

第一，以安防科技打造"平安机场"。大兴机场始终秉持"安全隐患零容忍"理念，综合运用各种安防科技，以最强担当、最高标准、最严要求、最实措施打造平安机场。其中，地面活动引导与控制自动化技术、鸟击防范技术、隔震技术、救援技术、安全运行管理平台开发技术等，均处于世界领先水平，如大兴机场首创国内全向跑道构型拥有世界最高等级的地面活动引导与控制自动化系统（A-SMGCS），即便是在航班高峰期或是天气条件恶劣的情况下，也能精准捕获每架飞机的实时位置，并通过引导等进行精准指挥。[②]此外，在大兴机场工程项目中，多项隔震技术均属国内首创，隔震装置的应用也十分广泛。整个航站楼总共使用1152套隔震装置，包括铅芯橡胶隔震支座、滑移隔震橡胶支座和粘滞阻尼器等，防震能力非常强。[③]

第二，以绿色科技构筑"绿色机场"。首都机场集团有限公司秉持绿色理念，先后发布《北京新机场绿色建设纲要》《绿色施工指南》《绿色航站楼标准》《民用机场绿色施工指南》等多项"绿色制度"。2023年7月，基于大兴机场工程项目档案相关资料，北京新机场建设指挥部以北京大兴国际机场建设项目申报第十一届中华环境奖，最终荣获优秀奖（环境管理类），成为民航机场行业首个获此荣誉的单位。首都机场集团有限公司副总经理、北京建设项目管理总指挥部总指挥宋鹍表示，首都机场集团的建设项目把深入贯彻落实习近平生态文明思想和关于大兴机场的系列重要指示批示精神贯穿到机场规划设计建设运营全过程。[④]在从设计建设到运营管理的全生命周期绿色理念的支持下，大兴机场综合运用各种绿色科技构筑绿色机场，发挥国家绿色建设示范区功能，打造世界水准绿色"新国门"。**绿色建筑设计方面**，大兴机场100%为绿色建筑，70%三星级绿色建筑，80%以上二星级绿色建筑。其中，航站楼综合采用各类创新型节能举措，航站楼节能率30%，单位面积年能耗＜29.51千克标准煤/平方米，成为全国首个通过节能建筑AAA级评审的建筑。**绿色建设方面**，航站区工程多个标段先后获得"住建部绿色施工科技示范工程""全国建筑业绿色施工示范工程""国家AAA级安

---

① 邱超奕. 这座四型机场，不一般[N]. 人民日报，2021-11-17（18）.
② 同上.
③ 徐姚. 北京大兴国际机场：世界最大单体隔震建筑[N]. 中国应急管理报，2019-09-28（6）.
④ 国际空港信息网. 大兴机场指挥部荣获第十一届中华环境优秀奖[EB/OL].（2022-06-30）[2023-07-21].
http://www.iaion.com/pp/114353.html.

全文明标准化工地"等称号。大兴机场"凤凰展翅、逐梦蓝天"的背后是卓越的绿色环保理念的全面践行，是以新技术运用推进节能减排，以噪声、污水防治保障周边生态环境权益，以绿色建设运营树立行业环保标杆的成功实践。**绿色运行方面**，大兴机场高效推进特种车辆"油改电"，在全球枢纽机场中，首次实现场内清洁能源通用车辆比例100%；[①]大兴机场建成全球在机场领域最大的多能互补耦合式地源热泵系统，供能面积达到257万平方米。[②]

第三，以智能科技建设"智慧机场""人文机场"。40多项国际、国内第一，103项技术专利，65项新工艺，国产化率达到98%，工程验收一次合格率100%，13项关键建设指标全部达到世界一流。[③]大兴机场以人本设计为主线，全面应用云计算、大数据、移动互联网、人工智能等技术，构建稳定、灵活、可扩展的数字平台，实现多方协同、信息共享、智能运行、智慧决策，打造智慧机场。其中，**平台信息化方面**，在民航局运行数据共享平台上，大兴机场数字化能力指数排名第一，数据共享质量全国第一。**手段智能化方面**，实现各类交通与航班信息综合处理，减少各节点等待时间；全面整合货运物流服务，建成覆盖全业务链的货运信息管理平台和无纸化电子货运生产管理系统。**目标智慧化方面**，借助云计算、大数据、物联网、人工智能等新技术，实现离港控制系统、行李安全检查系统、安防视频管理系统、生产运行管理系统与安检信息管理系统一平台集成，实现一体化协同。**感知无纸化方面**，全流程信息化跟踪，自助值机设备覆盖率达到86%，自助托运设备覆盖率达到76%。旅客只需要通过人脸识别，即可完成从购票、值机、托运、安检、登机等各出行流程，"一张脸走遍机场"。[④]

（4）大兴机场工程项目是标杆性工程

截至2022年6月，我国民航旅客运输量已经连续18年稳居全球前两位。在不断扩大机场规模、优化硬件设施的同时，促进智能科技应用、贯彻绿色建设理念、牢筑安全保障、提升人文气息等方面也持续向好。其中，枢纽机场是指空运区位好、业务繁忙、容量大，且明显具有中转功能的机场。[⑤]大型枢纽机场既是国家综合实力的重要体现，也标志着国家民航事业的发展水平。表3-2列举了我国部分机场工程建成投运的标志性作用，而作为国际航空枢纽建设运营新标杆、世界一流便捷高效"新国门"的"头号工程"大兴机场，标志着我国正式踏上民航强国建设新征程，是我国全面推动民航事业高质量发展的标杆工程。

首先，民航强国建设的本质是高质量发展，建设大兴机场为民航高质量发展提供生动案

① 张真齐. 中国民航业多途径攻克"绿色发展"新课题[N]. 中国青年报，2021-09-16（12）.
② 张真齐. 大兴机场做好节能"加减法"[N]. 中国青年报，2022-04-14（11）.
③ 朱竞若，赵展慧. 北京大兴国际机场正式投运——高科技触手可及[N]. 人民日报，2019-10-07（2）.
④ 同上.
⑤ 刘明. 构建枢纽机场研究[J]. 经济问题探索，2007（2）：1-4.

例。"既要高质量建设大兴国际机场，更要高水平运营大兴国际机场"。这是习近平总书记的殷殷嘱托，也是大兴机场谋求高质量发展的根本遵循。大兴机场以最先进的建设理念、最广泛的高新技术应用、集成度最高的综合交通架构、最便捷的用户体验，使我国民航基础设施建设在世界范围内达到"领跑者"水平。大兴机场建成投运，使北京地区新增航站楼面积70万平方米、跑道4条、机坪机位343个，到2025年大兴机场国际航班占比将达到30%。不仅有效缓解首都机场安全运行压力，还能大幅提升北京两个机场的国际航班比例，为我国国际航权谈判争取更大的话语权。建设民航强国需要不断强化"八个基本特征"[①]，其中建设布局功能合理的国际航空枢纽及国内机场网络是重要目标和任务。目前，北京地区已拥有全国10%的航空运输市场。大兴机场的建成，有助于构建京津冀世界级机场群，为北京航空枢纽增强国际竞争力和大型网络型航空公司逐步成长为"世界级超级承运人"创造条件，拓展中国民航发展空间，能够进一步加快民航强国建设进程。

我国部分机场工程建成投运的标志性作用　　　　　　　　　　　表 3-2

建成投运时间	机场工程	标志性作用
1958年	北京首都国际机场	中华人民共和国时期首个投入使用的民用机场
1991年	深圳宝安国际机场	深圳特区和浦东新区开发开放的标志性工程
1999年	上海浦东国际机场	
2008年	北京首都国际机场3号航站楼	保障第29届奥林匹克运动会的标志性工程

其次，大兴机场在运营管理方面同样展现出卓越水准。在"四型机场"建设方面，大兴机场主动攻坚克难，破解航空运输的痛点、难点，探索"四型机场"的方法、指标和技术体系，努力成为"四型机场"的标杆，并积累丰富的可迁移性实践经验。在综合交通架构方面，大兴机场建成集多种交通方式于一体的综合交通换乘中心，使得高铁、城铁、地铁等公共交通与航站楼无缝衔接，换乘效率极高。在中转效率方面，大兴机场4项中转时间等指标均居世界前列。其一，依其大型国际枢纽机场定位，大兴机场拥有将近80个近机位；其二，航站楼各功能区纵向布局并可因需切换；其三，即便是从航站楼中心到最远的登机口，旅客仍仅需步行500余米；其四，第一批入港的行李能够在13分钟内到达旅客手中。总体而言，大兴机场坚持以质量和效率为导向，全面增进空域资源供给、航权时刻供给、航空运力供给、综合交通供给，着力优化生产要素配置，增强供给有效性，不断满足广大人民群众对航空出行的多样化需求。

---

① 冯正霖. 推动民航高质量发展 开启新时代民航强国建设新征程[J]. 人民论坛，2018（5）：6-8.

3.2 大兴机场工程项目档案管理的特点

3.2.1 工程项目档案强力支撑大兴机场建设运维

（1）见证大兴机场工程项目高质量建设

数量庞大、门类多样、专业性强的工程项目档案，是大兴机场建设及其管理活动全方位、全过程的真实记录，是承载大兴机场工程记忆的重要载体，展现大兴机场工程项目技术水平，见证大兴机场工程项目高质量建设。

这一点可见于大兴机场文件材料的收集范围：

——反映大兴机场工程在研发、生产、服务、经营、管理等各项活动和基本历史面貌的，对大兴机场工程各项活动、机场建设、社会发展和历史研究有利用价值的文件材料；

——大兴机场工程在各项活动中形成的对维护职工权益具有凭证价值的文件材料；

——大兴机场工程重大事项、重要活动、重要会议的相关资料；

——大兴机场工程重大改革改制，政策实施相关资料；

——大兴机场工程需要贯彻执行的有关机关和上级单位文件材料，非隶属关系单位发来的需要执行或查考的文件材料；

——社会中介机构出具的与大兴机场工程有关的文件材料；

——大兴机场工程所属单位报送的重要文件材料；

——有关法律法规规定应归档保存的文件材料和其他对大兴机场工程各项活动具有查考价值的文件材料；

——其他对大兴机场工程工作具有查考价值的文件材料。

（2）保障大兴机场工程项目全过程管理

从大兴机场正式开工建设到正式通航，不仅对工程建设质量、进度要求较高，对文件材料的形成、收集、归档要求也很高。其原因在于，档案是对大兴机场工程项目进行过程检查、质量评定、项目交接、竣工验收和项目运营维护等全过程管理的依据，是其工程结算、审计、维修保障以及后期改造的重要凭证。

在招标投标、合同签订阶段，便需要建立招标投标、合同管理台账，根据合同内容对参建单位建档工作进行追踪，以合同为抓手明确档案来源和类型。在合同签订后，需要主动向参建单位开展档案工作技术交底，尤其是设计、监理、施工单位、设备制造和供应单位。由于建设周期较长，大部分参建单位的资金流向方式主要是阶段付款，因此，大兴机场在施工阶段以阶段支付申请书等为手段同步检查参建单位文件材料形成和管理的同步性，本着"资金花在哪里，档案就产生在哪里，有资金的地方就应该有对应文件产生"的思想，从财务管理和档案管理两个维度进行工程项目档案管理。合同完工结算时，需要根据大兴机场工程项目阶段付款和档案检查情况，对合同工程建设项目档案进行全面检查。按照完工结算付款要求，建立多方多审档案管理机制，通过付款确认签字明确各方档案管理责任，在确保大兴机场项目档案的齐全性、完整性和准确性方面发挥重要作用。在2019年召开的大兴机场工程竣工验收协调会上，北京市档案局就工程竣工档案专项验收工作提出相关要求和建议，为下一步继续抓好工程档案监督指导工作，确保档案工作与工程建设同步推进打下坚实基础。①

总而言之，工程项目档案管理是打造"四个工程"的重要一环，在工程项目管理中发挥重要作用。齐全、完整、准确和系统的工程项目档案，能够为机场审计、督查提供完整的证据链，同时通过档案信息流向打破各业务系统之间的壁垒，实现业务文件和数据的整合、共享，从而实现应归档文件和数据的传递，提高工程项目档案的管控和利用效率。通过早介入、早发现、早提醒，可及时发现、解决档案工作中存在的疑难问题。

（3）便于大兴机场基础设施的后期建设和维护

大兴机场工程建设期间所形成的档案，在机场基础设施的后期建设和维护中，可发挥系列重要作用，具体表现在：

第一，提高机场基础设施后期建设和维护的效率。大兴机场工程项目档案记录工程建设过程中的各种信息，包括设计方案、施工进度、质量检验、材料选用等。这些信息不仅可以为机场的日常运营提供参考，还可以成为机场后期建设和维护工作的基础资料——提供各类历史数据，从而提高后期机场基础设施建设和维护的效率。特别是，通过档案信息化建设，大兴机场工程项目建设和运营过程中产生的档案能够得到数字化和结构化处理，有助于档案数据快速检索调阅与溯源分析，进一步提高后期基础设施建设和维护的效率。

第二，降低机场基础设施后期建设和维护的成本。大兴机场工程项目档案使后续工程人员可以更好地了解整个工程项目的历史和特点，从而可以充分借鉴先前成功经验，避免重复犯错，减少试错成本。如在后期基础设施建设和维护项目中，通过对过去类似土地地质条件的处理方案的查阅，能够快速确定合适的基础处理方法，避免不必要的重新勘察，从而降低重复性工作导致的人力、物力、财力等方面成本支出。此外，在基础设施设备更新维护时，及

---

① 冷旭川. 北京加强大兴国际机场工程档案监督指导[N]. 中国档案报，2019-04-11（1）.

时了解先前设备型号和更新方案，也能够更好地进行设备的选购和维护，从而避免出现设备不兼容、配置不合理等问题。

第三，保障机场基础设施后期建设和维护的安全。大兴机场工程项目档案不仅记录项目的设计和施工过程，还蕴含着丰富的安全管理信息，能够为后续的工程运营提供重要的安全保障。如工程项目档案中详细记录大兴机场各设施设备的结构、使用寿命和维护历史等信息，面对机场基础设施设备逐渐老化、损耗等问题，维护人员能够通过档案全面了解设施的状态和维护需求，进行有针对性的检查和维护，及时发现潜在安全隐患，避免因设施故障导致的安全事故。与此同时，工程项目档案中的安全记录和事故处理过程，也可以为事故调查提供重要线索和经验教训。通过对类似事故的档案分析，可以找出事故的原因、责任和改进措施。这样的经验教训对提升后续工程项目的安全性和应急响应能力至关重要。

3.2.2　大兴机场工程项目档案管理复杂困难

（1）档案数量庞大，类目繁杂、专业性强

第一，档案数量庞大。档案管理活动贯穿于大兴机场工程项目立项、勘察、设计、施工、竣工验收等各个环节，所有能够反映与项目有关的重要职能活动、具有查考利用价值的各种文件均需归档。大兴机场一期工程项目累计形成档案约10万卷，这在民航史上也是史无前例的。作为一项具有政治意义深远、经济意义重大、科技水平先进的标杆性工程，大兴机场工程项目建设过程中产生的档案数量远超其他一般工程项目。

第二，档案类目繁杂，专业性强。从档案的载体来看，既包括纸质档案，也包括音频档案、照片档案、视频档案、光盘档案，还包括大量数字形式的档案；从档案的门类来看，大兴机场工程项目档案既包括民航专业工程档案，也包括社会公共类工程档案。具体而言，大兴机场工程项目档案主要包括前期综合文件，飞行区、航站区、货运区工程项目档案，房建、市政、绿化工程项目档案，弱电信息系统及航站楼民航专业设备项目档案，特种车辆采购项目档案等。总之，大兴机场工程项目集科研、规划、设计、建设和运营管理于一体，其档案和工程技术高度融合，纸质、声像、软件、数据与实体密不可分，档案构成多样化特征明显，专业性突出。于档案工作者尤其是建设单位档案工作者而言，如何对形成于不同环节的不同载体、门类的海量档案进行有效管理和充分利用，是一项较大的现实挑战。

（2）归档单位众多，档案管理周期长、整体性强

第一，归档单位众多。大兴机场工程项目档案的归档单位主要可分为两类。一类是指挥

部内部，主要形成关于建设项目质量、进度、安全、资金等管控文件；另一类是外部机构，占比最大的是参建单位形成的各类文件材料。[①]在这两类文件管理过程中，参建单位形成的文件管控是难点。因工程体量庞大、专业类别多，大兴机场工程项目建设涉及参建单位众多，包括建设、勘察、设计、施工、监理、供应和咨询单位等，且各专业分包单位数量远多于一般工程。据统计，大兴机场工程项目涉及参建总包单位约160家，分包单位500余家，这些参建单位均会产生大量档案。与此同时，大兴机场工程项目地理位置上横跨北京市和河北省两地，且航油工程管线途经天津市，由京津冀三地政府和临时机场办公室等协调监督，并领导水、电、气、城市道路等多类市政设施建设公司参与建设，同时保障运筹工作中各类行政审批事宜。该项目政府、法人以及各参与单位之间关系复杂，多种交通系统复杂交错，不同行业之间壁垒较高，不同投资主体和参与单位之间的权责关系交错复杂，同样给工程项目档案管理带来挑战。

第二，档案管理周期长。大兴机场从建议提出到确定选址，再到党中央、国务院决定建设，前后历经21年，单论从2014年12月开工建设到2019年9月正式建成投运，大兴机场工程项目建设用时便将近5年。在这期间，从工程规划立项、设计施工到竣工验收、结算的整个建设过程，都会源源不断地产生档案。指挥部档案工作从2011年指挥部行政办公室设立开始正式启动，至今仍在持续，档案管理周期漫长。

第三，档案管理整体性强。从空间上看，大兴机场工程项目是一个系统化的整体，民航、房建、水利、国土、市政等各门类档案之间具有内在的有机联系，这要求大兴机场工程项目档案管理应具有整体性，使之形成互相关联、互相影响的立体交联结构。从时间上看，大兴机场工程项目调度运行的连续性，决定其形成的档案必须具备完整性和连续性。

（3）部分参建单位档案意识淡薄，档案管理水平参差不齐

第一，部分参建单位档案意识较为淡薄，重视工程管理、轻视档案管理。特别是在工期紧、任务重的情况下，部分参建单位更加重视施工、投资等工作，易忽视对这一过程中产生的工程项目档案进行科学管理。这主要体现在档案工作队伍配置薄弱、档案管理制度建设不够完善、档案管理责任不够明确、轻视工程项目过程文件记录管理等方面。如在档案工作队伍配置上，部分参建单位的档案工作者人数较少、工作能力不强，甚至缺少专门的档案工作者，进而导致档案工作有所滞后。根据《北京市城市建设档案管理办法》（北京市人民政府令第129号），各参建单位须在项目竣工验收后6个月内将档案移交给总指挥部。但在实际操作过程中，部分参建单位的工程建设档案存在移交不及时的问题，其原因通常是手续不完备、

① 王海瑛. 财务视角下重大建设项目档案的管控研究——以北京大兴国际机场为例[J]. 四川档案，2022（4）：35-36.

资料原件套数不够、优先本单位利用等。

第二，由于地域差异、单位性质不同等原因，各参建单位档案管理水平参差不齐。大兴机场工程项目的参建单位来自全国各地，且性质各异、管理模式不一，故其档案管理水平参差不齐。一些综合实力强、管理规范严格的单位，档案管理水平相对较高。部分外地单位的档案工作者对北京地区档案管理的制度、流程不够精通熟练，导致档案整理管理存在差异。另一方面，部分参建单位的档案工作人员流动性大、离职率高，需要进行经常性的新手培训，而新工作者适应工程建设档案管理要求亦需要一定时间，不利于提升档案管理效率。多种不利因素叠加下，部分建设项目档案专项验收无法按时推进。

3.3　大兴机场工程项目档案管理的创新需求

3.3.1　加强档案全程管理，提高档案管理效率

工程项目建设过程本质上是信息流贯穿业务流始终的过程。信息流贯穿于工程项目建设全过程，档案记录信息流运动的全过程，同时也规划和调节工程项目的方向和效率，使资金流顺畅流通。[①]因此，应加强工程项目档案形成和流转的全程管控，提高档案管理效率。

第一，档案管理常态化。即把工程项目档案管理视为日常工程项目管理的一部分，融入工程项目建设全流程，实施常态化管理。如在工程施工阶段，档案管理部门应主动参与扩建指挥部项目建设例会，并联合监理单位不定期对施工单位档案收集情况进行现场检查督导，要求档案管理不合规范的单位按照整改意见及时整改，以全面了解档案管理进度等情况，对各参建单位档案管理进行有效监督。工程验收阶段，在档案专项验收前开展预验收，发现问题及时指正，确保档案资料符合上级主管部门要求，为工程竣工验收及工程项目档案顺利移交创造条件。在工程结算阶段，明确规定以档案移交作为结算工作的前置要件，不仅有助于顺利推进档案移交工作，同时也能为结算提供充足的依据、为国家审计创造条件。

第二，档案工作前置化。即依据"前端控制"理论，将档案的形成与收集环节前置。如在合同中增设档案专项条款，明确参建单位档案管理职责、档案移本期限及档案移本套数，并明确违约惩罚措施；在工程开工进场前，组织各参建单位档案工作者进行全面交底，详细

---

① 　王海瑛. 财务视角下重大建设项目档案的管控研究——以北京大兴国际机场为例[J]. 四川档案，2022（4）：35-36.

说明档案收集、归档整理、验收、移交的各项要求，并由交底各方签字确认。[①]

第三，档案管理流程化。即把工程项目档案工作分解为若干简单、明了、易学、易记、易用、易查的流程。无论是否具备档案专业基础知识的工程项目档案工作者，只要按照事先制定好的流程执行和操作，就能够完成特定范围内的档案工作。通过流程控制，可以迅速大规模复制出基层工程项目档案管理的行家里手，实现大兴机场工程项目档案工作人才的专业化，加速推动整个工程项目档案管理走向专业化。

第四，档案管理制度化。将大兴机场工程项目档案管理中的成熟经验和方法进行归纳和升华，并转变为不同层次的档案工作制度予以固化，以制度依据指导和规范工程项目档案管理行为，充分发挥其服务工程建设的基础性、支撑性作用。

3.3.2　促进档案智能管理，服务工程项目建设

智能化是提升工程项目档案管理效率的关键举措。传统工程项目档案管理，基本通过人工方式完成，工作效率较低。加快推动工程项目档案管理智能化，摆脱相对落后的工程项目档案传统管理模式，通过档案管理自动化，档案数字化、数据化和档案管理场景化提高档案管理效率，进而实现工程项目管理水平的整体提升。

第一，档案管理自动化。档案管理自动化主要涵盖"收、管、存、用"四个环节的自动化。其中，归档自动化是指在业务信息系统与档案管理系统打通的基础上，信息处理完毕后能够自动识别档案、自动匹配分类、自动归档，不受存储空间限制，提高归档效率；档案统计自动化，强调在档案数据统计过程中，可以省略人工测算的步骤，有效避免收集、整理过程中产生的人为错误。实行档案管理自动化，有助于帮助档案工作者从重复、繁琐的劳动中脱身，减少工程项目档案管理的人力成本。档案管理自动化充分凸显现代档案管理"以人为本"的管理理念，同样是网络时代和信息社会中工程项目档案管理发展的必然趋势。

第二，档案数字化、数据化。首先通过扫描、光学字符识别（OCR）、语音识别（ASR）等数字化措施，将属于大兴机场工程项目归档范围内的纸质档案转换为文件级的档案数字化副本，并获取文本级的数字化内容，形成数字档案资源。然后通过元数据规范描述等数据化措施，将数字档案资源（包括数字化转换形成的数字档案资源和归档电子文件）转换为可供阅读、分析和处理的档案数据资源。[②]通过档案数字化、数据化，达成档案的深度"破析"，使档案能够以数据形式保存、管理、传递和利用，进而有效嵌入大兴机场工程项目的智能建

---

① 卢鸿莉. 建设项目档案的建档管控研究——以成都天府国际机场为例[J]. 四川档案，2021（2）：46-48.
② 钱毅. 破析与融合——分析档案资源形态与语义表现相互作用的U型曲线现象[J]. 档案学研究，2022，187（4）：108-115.

设、智能运行体系，实现档案管理与工程项目建设与运营有机融合。

第三，档案管理场景化。档案管理场景化以档案数字化、数据化为基础，以档案管理自动化为抓手，以业务场景的需求为导向。档案管理场景化要求将档案数据源与大兴机场各业务系统相结合，以支撑档案数据的共享和协同管理，满足大兴机场在建设和运营"智慧机场"过程中在不同业务场景方面的需求。如在安全管理场景中，建立完备的事故调查档案；在设备维护场景中，建立设备维护档案；在规划拓展场景中，建立历史工程档案等。值得注意的是，档案管理场景化中这一概念强调如何将档案信息整合、存储、检索、更新和共享，提高档案管理的效率，以更好地支持大兴机场日常运作和决策。

3.3.3 推动档案综合利用，延伸档案价值链

第一，为机场日常运行和发展决策提供可靠依据。大兴机场工程项目档案本身来源于工程项目的建设与发展过程中，也是大兴机场日常运行的"指南针"与"防火墙"，能够为大兴机场日常运行保驾护航。一方面，可事先抽取部分需要经常用到的重要档案数据进行汇编，并根据实际需要进行资源整合与开发，形成工程项目档案知识库、案例库、方法集、创意集以及能服务大兴机场日常运行决策的编研成果，为大兴机场未来发展出谋划策。另一方面，大兴机场建成后，在其日常运行中难免出现需紧急抢修、故障修复、翻新改造、应急管理等特殊情况，工程项目档案可在其中发挥凭证和参考作用，为工程项目档案的妥善保管、高效检索、便捷利用等提出现实需求。

第二，为机场新建、改建、维护提供安全保障。如大兴机场地下管线工程档案是其地下管线管理的基础和核心。对其地下管线工程档案的综合利用，有助于全面掌握大兴机场地下管线现状情况，可以为地下管线新建、改建、扩建和维护提供详细信息，为规划决策、建设施工、运行管理提供科学辅助。

第三，为其他机场建设提供可供参考的"大兴经验"。大兴机场作为"四个工程"的样板工程和"四型机场"的建设标杆，其规划、设计、建设与运营经验，在全国范围内都是十分先进的。大兴机场工程项目档案作为其工程项目的原始记录，具有可重复利用的重要价值。为此，可以利用现代化管理手段实现对大兴机场工程项目档案的科学管理，积极主动通过档案为其他机场工程项目提供相关信息咨询服务，将大兴机场工程建设经验共享推广至其他机场建设领域，由此推动我国机场工程建设事业实现一体化。

第四，为大兴机场工程项目文化宣传提供生动素材。大兴机场工程项目作为一项举世瞩目的超级工程，彰显了无与伦比的中国特色社会主义制度优势和令世人惊叹的中国速度，凝结了广大劳动者的辛勤付出，是国家社会经济发展的缩影。而大兴机场工程项目档案作为其

光辉建设历程的忠实记录，可为大兴机场工程项目文化宣传提供生动素材。如大兴机场工程项目档案中的一组图纸档案呈现了2014年8月至2019年2月的新机场航站楼进出境的现场布局变化，一幅幅蓝图呈现了场坪路由规划到先期机检点位，乃至调整分区位置等新机场建设的复杂历程，观之可使人感受到建设者的艰辛和不断向善向好的昂扬斗志。[①]应对此类工程项目档案深度开发利用，充分彰显大兴机场独特的建筑魅力与深厚的文化底蕴。

3.4 本章小结

本章节主要探讨三方面内容：

第一，大兴机场工程项目的概况与特点。大兴机场工程项目是习近平总书记特别关怀、亲自推动的国家重大标志性工程。大兴机场工程项目体量庞大，建设周期长，涉及参建单位众多，包括建设、勘察、施工、设计、监理、供应和咨询单位等，且各专业分包单位数量远多于一般工程。大兴机场工程项目政治意义深远、经济意义重大、科技水平先进，是标志我国全面推动民航事业高质量发展的标杆性工程。

第二，大兴机场工程项目档案管理的特点。一方面，大兴机场工程项目档案强力支撑大兴机场建设运维。大兴机场工程项目档案源于大兴机场工程项目的建设过程，是对其建设全过程的原始记录。大兴机场工程项目档案见证其工程项目高质量建设，保障其工程项目全过程管理，同时也便于后期大兴机场基础设施建设和维护。另一方面，大兴机场工程项目档案管理复杂困难，具体表现为：档案数量庞大、类目繁杂、专业性强；归档单位众多，档案管理周期长、整体性强；以及参建单位档案意识淡薄、档案管理水平参差不齐等。

第三，对工程项目档案管理创新的需求。首先，加强档案全程管理，包括档案管理常态化、档案工作前置化、档案管理流程化、档案管理制度化等，以提高档案管理效率。其次，促进档案智能管理，包括档案数据化、档案管理自动化、档案管理协同化等，以服务工程项目建设。最后，推动档案综合利用，延伸档案价值链——为机场日常运行和发展决策提供可靠依据，为机场新建、改建、维护提供安全保障，为其他机场建设提供可供参考的"大兴经验"，宣传大兴机场工程项目建设的历程与文化。

---

① 　钢铁凤凰振翼启航[N]. 中国国门时报，2021-07-06（4）.

第 4 章

大兴机场工程项目档案治理体系建设

　　工程项目档案治理体系是基于档案治理体系提出的,是档案治理理论在工程项目档案工作中的建构性应用。指挥部能够有效协调大兴机场工程较长建设周期内诸多参建单位间的复杂档案业务关系,关键性的一点在于建立了有效的工程项目档案治理体系,发挥好档案治理体系在"四个体系"中的首位作用。本章将阐释大兴机场工程项目档案治理体系的必要性、内涵及构成要素,并剖析大兴机场工程项目档案治理体系的建设运行情况。

4.1 工程项目档案治理体系建设概述

《"十四五"全国档案事业发展规划》提出"全面推进档案治理体系建设"的任务目标[①]，并将其列于"四个体系"建设之首。此后全国各地均将档案治理体系建设列为地方"十四五"时期档案事业发展规划的重点任务之一。不少学者还探讨了企业档案治理体系建设[②]、高校档案治理体系建设[③]和乡村档案治理体系建设[④]。可见，加快档案治理体系建设，推进档案事业高质量发展已成共识。

4.1.1 工程项目档案治理体系建设的必要性

建立工程项目档案治理体系源于工程项目档案工作的内在现实需求。首先，工程项目归档单位众多，工程建设单位、勘察单位、设计单位、施工单位、监理单位都会形成大量工程建设或管理文件，并在各单位之间频繁流动，形成过程和交接关系复杂。其次，工程项目专业性强，档案数量庞大，载体类型多样。再次，工程项目档案管理周期长，参建单位档案工作者流动性大，管理水平参差不齐。在此背景下，各单位依据来源原则和文件生命周期理论，使用传统"单一分管"工程项目档案管理模式，管理本单位形成的工程建设文件和档案，已不再适应工程建设提质增效的要求。

全球治理委员会认为"治理"是"各种公共或私人的个人和机构管理共同事物的诸多方式的总和，是使相互冲突的或不同的利益得以调和并且采取联合行动的持续的过程。"[⑤]学界一般认为，治理的特征包括治理主体的多元性，治理客体的扩展性，治理方式和过程的法治性、多

① 中办国办印发《"十四五"全国档案事业发展规划》[J]. 中国档案，2021（6）：18-23.
② 李红梅. 船舶集团联合重组背景下档案治理体系构建[J]. 中国档案，2022（8）：60-61.
③ 楼蔚文，赵爱国. 数据治理的系统性探索——以高校档案治理体系构建为例[J]. 档案管理，2023（2）：97-99.
④ 许娜，任越. 面向乡村建设行动的乡村档案治理体系研究[J]. 档案与建设，2022（4）：44-47.
⑤ 李辉，任晓春. 善治视野下的协同治理研究[J]. 科学与管理，2010，30（6）：55-58.

样性和协同性，治理目标的共赢性等。这些治理特征能够直接针对性地解决工程项目档案管理存在的困难。工程项目档案应放弃以具体形成单位为来源，转向以具体工程项目为来源，走出"单一分管"的桎梏，走向工程项目参建单位的"多元共治"。具体而言，各参建单位在同一工程项目内形成的所有工程项目档案构成一个全宗，作为多元主体协同共治的客体；以《档案法》和相关法规制度为准绳，采用多种治理方式和技术协同共治，最终保障工程项目档案完整与安全，服务工程建设需要，实现各个参建单位的共同利益。故此，基于工程项目档案管理的实际需要，工程项目档案管理有必要引入治理思想和档案治理理论，构建工程项目档案治理休系。

4.1.2　工程项目档案治理体系的内涵及构成要素

（1）档案治理体系的内涵

一般认为，治理体系是指规范社会权力运行和维护公共秩序的一系列制度和程序。[1]若只是简单地把档案治理体系理解为有利于加强和改进新时代下档案工作的各项制度的总和叠加，则是对档案治理体系内涵的狭隘和滞后理解，不利于建构起系统、整体、协同的档案治理新格局。实际上，有效的档案治理体系需要回答"谁治理、治理什么、治理朝着什么方向、应坚持什么原则以及要达到什么目标"等问题。[2]因此，档案治理体系是一套由档案治理组织、档案治理功能目标、档案治理运行方式及档案治理制度保障等要素有机构成的复杂协作系统，档案治理体系的有效运行需要各构成要素有机结合，综合发力。

（2）工程项目档案治理体系的内涵

工程项目档案治理体系是档案治理体系在工程项目档案管理中的具体化，是工程项目治理体系的重要组成部分、国家档案治理体系的重要组成部分。参考档案治理体系的内涵，我们认为，工程项目档案治理体系是工程项目各个参建主体在党的领导下，运用法规制度及现代化技术等，协同开展工程项目档案管理，服务好工程项目建设的体制机制制度的总和。

（3）工程项目档案治理体系的构成要素

嘎拉森、徐拥军根据档案治理主体的多元化、运行模式的互动性、过程的民主性、实施方式的合作化等特点，将档案治理体系的构成要素划分为三个层次：价值层—行为层—技术层。并从这三个层面解析出档案治理体系的"目标、原则、主体、对象、手段"五个构成维度。在

---

① 俞可平. 衡量国家治理体系现代化的基本标准——关于推进"国家治理体系和治理能力的现代化"的思考[J]. 党政干部参考，2014（1）：3.

② 徐拥军，熊文景. 档案治理现代化：理论内涵、价值追求和实践路径[J]. 档案学研究，2019（6）：12-18.

此基础上，对应地提出"善治、法治、共治、分治、智治"五个要素，即档案治理体系的目标是善治，档案治理体系的原则是法治，档案治理体系的主体是共治，档案治理体系的对象是分治，档案治理体系的手段是智治。[①]

这一认识，也适用于工程项目档案治理体系。工程项目档案治理的"善治"目标，即社会各方面（包括人民群众）满意的工程项目档案工作；"法治"原则，即实现依法治档，依法开展工程项目档案工作；"共治"主体，即建设单位、勘察单位、设计单位、施工单位、监理单位，以及档案主管部门、城建档案管理部门等各负其责、紧密协作，共同管理工程项目档案；"分治"对象，即借助信息技术等手段对档案治理对象的具体需求进行精准把握，根据不同来源、门类、载体、专业的工程项目档案的特性，分别采取不同的管理方法；"智治"手段，即运用现代数字技术、智能技术管理工程项目档案。

以下将分3节来具体阐释大兴机场工程项目档案治理体系：大兴机场工程项目的档案组织体系，这是档案治理体系的主体维度；大兴机场工程项目的档案制度体系，这是档案治理体系的原则维度；大兴机场工程档案治理实践，阐述大兴机场档案治理主体如何在法治原则下，灵活运用治理手段治理大兴机场工程项目档案，实现治理目标。之所以对大兴机场的档案治理主体和档案治理原则——档案组织体系和档案法规制度体系进行专门的详细介绍，是因为档案治理主体和档案治理原则是工程项目档案治理体系中的重要自变量，最能体现出各种不同工程项目档案治理特色的元素。而目标、手段和对象则大同小异，是工程项目档案治理体系中的因变量，随着主体和原则的要求变化而变化。

4.2　大兴机场工程项目的档案组织体系建设

大兴机场工程项目的档案组织体系是为承担该工程项目档案工作任务，服务和支撑工程项目建设和管理而设计和建设的。其架构、职权与大兴机场工程项目的组织体系具有直接而紧密的关系。

---

① 嘎拉森，徐拥军. 档案治理体系的构成要素与实现路径[J]. 档案学通讯，2022（6）：61-69.

4.2.1　大兴机场工程项目的组织体系

大兴机场工程作为一个超大型的世纪工程，参与主体众多，包括各级政府、行业主管部门、建设单位、各类参建单位、第三方服务单位等，总体上形成国家—民航局—首都机场集团有限公司—北京新机场建设指挥部—参建单位、第三方服务单位的组织层次（表4-1），这些主体之间通过行政隶属关系、产权关系、业务指导关系、委托关系或合同确立相互关系。

（1）大兴机场工程项目的领导组织

大兴机场工程作为国家大型重点工程，受到国家及地方各级部门的支持和管辖。综合考虑空域运行、地面保障、服务便捷、区域协同、军地协调等各方面因素，经过多轮摸排优化选址（图4-1），最终经过专家评估论证，确定大兴南各庄为首选场址。这一场址位于北京中轴线的延长线和北京城市副中心与河北雄安新区两地连线的中间位置。加上落实军民航融合规划，大兴机场工程属于一地两省市三方共管。大兴机场的领导组织包括决策层、领导层、统筹层和协调层共四个层次。

大兴机场工程项目的组织体系　　　　　　　　　　　表 4-1

类型		机构
领导组织	决策层	国务院和中央军委
	领导层	北京新机场建设领导小组
	统筹层	民航局、北京市政府、河北省政府及北京新机场建设指挥部
	协调层	各部委及其相关部门、北京市、廊坊市、大兴区
建设组织		北京新机场建设指挥部
参建单位	勘察单位	中国MHJC建设集团有限公司、北京市KCSJ研究院有限公司、北京市DZGC勘察院等
	设计单位	中国MHJC建设集团有限公司、中国DZGC设计院、中国ZYGJ工程有限公司、北京市SZGC设计研究总院有限公司等
	施工单位	北京CJ集团有限责任公司、北京JG集团有限责任公司等
	监理单位	北京XD工程管理咨询有限公司、北京HC建设监理有限责任公司、中QJF建设咨询有限公司等

图4-1 2011年3月28日，专家论证大兴机场选址现场

其中，决策层是指国务院与中央军委，是大兴机场这个"新国门"工程中的最顶层决策机构。2012年12月22日，国务院与中央军委在《国务院、中央军委关于同意建设北京新机场的批复》中批复了民航局、北京市、河北省共同提出的《关于建设北京新机场的请示》，同意建设北京新机场。2014年9月4日，习近平总书记主持召开中央政治局常委会会议，审议可行性研究报告并充分肯定工程必要性，亲自决策建设北京新机场，明确指示要求年内开工建设，2019年建成通航。

领导层是指北京新机场建设领导小组。《国务院、中央军委关于同意建设北京新机场的批复》中提出由国家发展改革委牵头，成立北京新机场建设领导小组（图4-2），国家发展改革委会同自然资源部（原国土资源部）、生态环境部（原环境保护部）、水利部、民航局，北京市和河北省人民政府，以及中央军委联合参谋部、空军参与。领导小组主要责任包括研究审定大兴机场总体规划、主要建设目标和建设过程中的相关重大事项；协调大兴机场前期工作和建设过程中的重大问题，包括部门与部门、地方与地方、政府与企业之间以及涉及军方设施迁建的问题；研究解决北京新机场建设指挥部、有关部门和地方难以解决或存在分歧的重点难点问题。

统筹层是指民航局、北京市政府、河北省政府，及北京新机场建设指挥部共同构成的"3+1"工作机制。该机制成员在北京新机场建设领导小组的领导下，定期召开工作协调会，并视情况邀请其他有关单位参加，具体实施、推进大兴机场建设各项工作。在联席会议机制内

图4-2 2013年2月26日，北京新机场建设领导小组成立

确实无法解决的问题，及时上报领导层、决策层协调解决。民航局分别与北京市政府、河北省政府建立工作沟通协调机制，进一步加强协调力度、提高沟通效率。与此同时，民航局、北京市政府、河北省政府各自成立了大兴机场建设领导小组及其办公室，负责本区域内大兴机场外围配套设施的建设，以及土地环保、综合交通、水、电、气、热等机场保障体系方面的建设。

协调层是指具体参与协调相关事宜的政府部门，包括各部委及其相关部门、北京市、廊坊市、大兴区各部门。协调层的设置为大兴机场各项具体事宜的协调审批极大提高效率。

（2）大兴机场工程项目的建设组织

大兴机场建设内容包括民航工程和非民航工程。民航工程主要包括机场主体工程、空管工程、航油工程和航司基地工程。非民航工程包括配套房建工程，水、电、燃气等市政配套工程，市政道路、高速公路、高速铁路、城际铁路、轨道交通工程等。以上工程有着不同的投资主体，相应地都设有各自的建设管理机构。其中机场主体工程的项目法人为首都机场集团有限公司，建设组织（建设单位）为北京新机场建设指挥部。其他工程另有其他的项目法人及其成立的建设组织。

（3）大兴机场工程项目各参建单位

大兴机场体量巨大、工期紧，参建单位众多，包括工程勘察、设计、施工、监理、材料设备供应、咨询、安监、质监、安保等单位。参建单位是工程的直接实施者，是大兴机场工程勘察、设计、建设过程的重要参与者，也是对工程最终呈现成果起到关键作用的单位。因此，指挥部始终严格把控参建单位的工作质量、进度，确保工程目标顺利实现。

机场勘察是工程准备阶段的重要技术准备工作，包括测量、勘探、试验和研究评价等具体工作，主要是为查明工程项目建设地点的地形地貌、地层土壤、岩性、地质构造、水文条件和各种自然地质现象，进而为机场规划、设计、施工建设提供科学、可靠依据。大兴机场工程勘察工作，按照飞行区、航站区及配套房建工程、工作区的划分招标，由不同勘察单位几乎同时开展勘察，为机场规划设计打好基础。后期为配合机场建设，还进行过数次部分区域的补充勘察。

机场设计是施工招标的依据和前置条件。大兴机场规模宏大、工程交叉、设计条件复杂，客观条件的制约使其无法实现全场一次性同步完成设计。按照总进度计划安排，为满足各工程分阶段开工的需要，民航局创新工作方式，将机场工程设计分为飞行区、航站区、工作区、生产辅助设施四个批次，分阶段完成设计和审批工作。

对于施工、监理工作，大兴机场将工程划分为不同的标段进行招标。其中，飞行区分为4个监理标段、28个施工标段；航站区分为4个监理标段、8个施工标段；配套工程分为市政工程、场站工程、房建工程和绿化工程，市政工程分为2个监理标段、8个施工标段，场站工程分为2个监理标段、4个施工标段，房建工程分为3个监理标段、8个施工标段，绿化工程分为1个监理标段、7个施工标段；机电设备工程分为3个监理标段、8个施工标段；弱电信息分为1个监理标段、19个招标项目和2个招商项目。

总体而言，大兴机场工程项目包含勘察、设计、施工、监理等约160家总包单位、500余家分包单位，其他设备、服务供应商若干。

4.2.2　大兴机场工程项目组织体系与档案组织体系的内在联系

第一，多层级领导组织体系获取高效、准确信息的需求，要求档案组织的扁平化。大兴机场工程项目的领导组织纵跨四个层次，分别负责协调处理决策工程项目建设中遇到的相关问题。这些领导组织多以联席会议或一对一沟通机制的形式存在，需要大量及时、精确的信息作为决策辅助，作为工程项目信息汇集地的档案组织就要能够高效、准确地提供相应档案信息。要提高档案信息提供效率和质量，档案组织就要做扁平化设计。指挥部档案管理组织始终保持二级对接，相关档案信息需求直接联系行政办公室，行政办公室居中协调，能直接处理的直接解决；解决不了的直接联系相关档案信息需求的档案责任归属部门，及时快速地完成"问题提出—信息反馈"的服务闭环。

第二，参建单位众多和工程项目的一次性特点，促使档案组织体系采用档案服务外包和授权管理方式建设。工程项目体量庞大，参建单位众多，每个参建单位都会形成大量工程文件档案材料。仅依靠指挥部档案管理部门自身的力量来管理全部档案，难以实现。与此同时，工程项目的一次性决定指挥部不需要长期聘用大量的档案工作者。因此，开展档案服务外包并适当授权给参建单位，由其做好相应的档案管理（如验收准备工作）工作就成了较好的档案人才队伍建设方式。

第三，工程项目的重大性和复杂性，造就档案组织的多样性。与机关档案工作只有自身内部的档案组织不同，工程项目参建单位多，档案专业性强，因此，工程项目档案组织体系须包含各参建单位档案组织。大兴机场工程项目作为国家重大建设项目，档案主管部门和业务管理机构必然加大对其的监督检查指导频次，乃至出台专门规定办法指导相关问题的处理。以上因素共同造就大兴机场工程档案组织的多样性。

4.2.3　大兴机场工程项目档案组织体系

根据大兴机场工程项目及其组织体系的特点和要求，大兴机场工程项目档案组织体系由4类组织构成（表4-2）。

（1）指挥部工程项目档案管理组织

《北京新机场建设指挥部建设工程项目档案管理办法》规定，指挥部行政办公室是建设工程档案的归口管理部门，各部门设兼职档案资料管理人员，负责本部门的档案资料相关工作，并建立与行政办公室的对接联系机制。指挥部设15个部门（其中10个职能部门，5个工程部门），行政办公室有3人负责档案工作（1名兼职工程档案工作者，2名文书档案工作者），其他部门分别有1名中层管理人员和1名兼职档案工作者负责档案相关工作。这31名专兼职档案工作者负责指挥部工程项目档案的主要管理工作，是大兴机场工程项目档案管理的核心力量。

大兴机场工程项目档案组织体系   表 4-2

类型		人员
指挥部工程项目档案管理组织	归口部门	行政办公室，专兼职档案工作者3人
	财务部	部门档案工作分管领导，兼职档案工作者1人
	采购合同部	部门档案工作分管领导，兼职档案工作者1人
	招标采购部	部门档案工作分管领导，兼职档案工作者1人
	审计监察部	部门档案工作分管领导，兼职档案工作者1人
	其他部门	各部门档案负责人1人，兼职档案工作者1人

续表

类型		人员
参建单位档案管理组织	勘察单位	资料员
	设计单位	资料员
	施工单位	资料员
	监理单位	资料员
第三方档案服务团队		A公司档案服务团队，人数不固定
档案主管部门和业务指导部门		国家档案局、北京市档案局、北京市城市建设档案馆、民航局档案馆、首都机场集团有限公司档案馆等

行政办公室的档案工作职责主要包括：依据国家相关法规、规范、标准，制定指挥部工程档案管理的相关制度、标准；负责汇总和管理指挥部各部门、各参建单位归档的工程建设各阶段形成的文件材料；负责监督、检查、指导各参建单位的工程档案管理工作，并对其提出归档要求；负责定期对参建单位档案资料管理人员进行业务指导和法规培训；负责指导、检查指挥部兼职档案资料管理员的相关业务工作；负责在工程竣工验收前，提请市城建档案馆、民航局档案馆、产权单位等对工程档案进行预验收，并参与工程竣工预验收活动；负责组织与工程验收同步进行的档案资料的验收工作；负责组织向市城建档案馆、民航局档案馆、产权单位等移交工程竣工档案及其他有关工作。

各部门兼职档案工作者的档案工作职责主要包括：负责所管工程项目前期文件资料的收集、整理（立卷）、归档、移交等工作；指导所管工程项目的施工单位有关施工方面文件资料的收集、整理（立卷）、归档、移交等工作；负责跟踪所管工程项目的工程信息，并及时将相关信息反馈给行政办公室和相关部门。主要包括项目批准立项后的开工时间、工程进度情况、工程预验收计划及时间、总验收计划及时间等信息；负责与行政办公室沟通、协作，定期归档和移交文件资料，并确保其完整、准确。

其中，财务部兼职档案工作者负责收集、整理、保管基本建设项目财务档案，按《财务档案管理办法》《财务档案整理实施细则》要求及时将财务档案整理归档；配合修订《财务档案管理办法》。采购合同部兼职档案工作者负责非工程类合同、招标投标资料收集、整理和归档工作。招标采购部兼职档案工作者负责招标项目前期资料办理、招标投标资料及非招标采购资料、暂估价招标资料等本部门资料档案收集，按《北京大兴国际机场档案整理操作手册》要求整理完毕后归档移交行政办公室或A公司档案服务团队。审计监察部负责审计档案、纪检档案和廉洁档案的收集、整理、归档工作。审计档案按要求向行政办公室移交，纪检档案和廉洁档案则在部门内保管。

（2）参建单位档案管理组织

参建单位的档案管理组织包括勘察、设计单位成立的档案管理组织和人员，监理单位的档案管理组织和人员，施工单位的档案管理组织和人员以及其他参建单位的档案管理组织和人员。各参建单位的档案管理组织分别负责做好所承揽的工程项目标段的档案管理工作。并且《北京新机场建设指挥部建设工程项目档案管理办法》已对其档案工作职责做出明确规定。

各参建单位的档案工作职责主要包括：根据指挥部工程档案管理要求，完成各自职责范围或合同规定的竣工文件的编制和工程文件资料收集、整理（立卷）、归档工作；负责档案资料管理人员上岗前培训，确保档案资料管理人员持证上岗；当更换档案资料管理人员时，须提请指挥部行政办批准后方能变更；负责提供符合档案管理规范要求的档案资料存储空间（库房），确保未移交的各类档案资料的完整和安全。

勘察、设计单位的档案工作职责主要包括：配备专职档案资料管理人员，制定相应的岗位职责，建立与指挥部相关部门的对接联系机制；负责将与项目有关的勘察、设计文件资料收集、整理（立卷）、归档、移交；对勘察、设计单位应签认的工程资料签署意见；工程竣工验收时，出具工程质量检查报告。

监理单位的档案工作职责主要包括：配备专职档案资料管理人员，制定相应的岗位职责，建立与指挥部相关部门的对接联系机制；负责将与项目有关的监理文件资料的收集、整理（立卷）、归档、移交工作；监理单位除应向指挥部提交其监理业务范围内的竣工档案资料，同时还应负责监督、审查各参建单位在施工阶段的文件资料管理情况和所提交工程竣工档案的质量，并对审查结果签署意见；负责在工程预验收前向北京市城市建设档案馆报送工程竣工档案，并取得工程档案验收认可文件；负责与工程验收同步的档案资料的验收工作；负责协助指挥部向相关单位（北京市城市建设档案馆、民航局档案馆、产权单位等）移交工程竣工档案。

施工单位的档案工作职责主要包括：实行项目负责人或技术负责人专项专人负责制，项目部配备专职档案资料管理人员，逐级建立健全施工档案资料管理人员岗位责任制；建立与指挥部相关部门的对接联系机制；负责施工文件资料的收集、整理（立卷）、归档等工作；工程竣工后，负责将全部施工文件资料向指挥部移交；配合指挥部做好竣工档案的验收工作；实行总承包的工程项目，总包单位负责收集、汇总各分包单位形成的工程档案；分包单位各自负责对所分包项目的工程文件资料的收集、整理（立卷）、归档工作。在工程竣工后，分包单位应按照合同约定的时限、套数和标准，将工程档案向总包单位移交；总包单位负责对分包单位移交的工程档案进行审查，审查合格后方可办理移交手续，全部工程档案汇总齐全后向指挥部移交。

（3）第三方档案服务团队

指挥部工程项目档案工作者较少，且多数为兼职，难以完成数十万卷档案的档案整理和数字化工作，为此行政办公室创新工作理念、严格资质把关，招标引入A公司档案服务团队，高峰时30余人，一般情况下4～6人，负责提供档案整理服务、档案数字化服务和档案管理咨询服务。服务团队人数根据档案工作实际需要动态调整。

（4）档案主管部门和业务指导部门

大兴机场工程项目档案接受国家档案局、北京市档案局等档案主管部门的档案执法检查和业务指导；接受北京市城市建设档案馆、民航局档案馆、首都机场集团有限公司档案馆的业务指导和培训，并按规定移交工程项目档案。

4.3 大兴机场工程项目的档案制度体系

指挥部坚持将打造"四个工程"作为大兴机场工程项目建设的基本要求。因此，大兴机场工程建设和管理中的各项工作始终按照高标准、严要求，以对各项法律法规的遵循和制度规范体系建设作为工作的起始点。

4.3.1 严格遵守档案法律法规，依法依规开展各项工作

首先，指挥部要求各部门及参建单位认真学习对标《档案法》《中华人民共和国建筑法》《中华人民共和国环境保护法》《中华人民共和国招标投标法》《中华人民共和国合同法》等各项与工程建设、档案管理相关的法律，各项工作要严格按法律要求开展，依法形成和管理各类档案资料。

其次，要掌握法律法规的最新修订情况，充分把握法律法规更新对工程建设工作的影响，及时按照法律要求调整。以《档案法》为例，2020年《档案法》修订发布后，2021年行政办公室邀请国家档案局、北京城市建设档案馆的专家到指挥部开展两次"新《档案法》宣贯学习培训会"，分批次组织专兼职档案工作者和参建单位档案资料员进行学习。

最后，行政办公室、采购合同部、招标采购部审查与各参建单位签订的合同中是否按相关法律要求，将档案工作要求纳入合同之中。

4.3.2 广泛搜集相关单位管理制度，参照执行相关标准制度

行政办公室作为工程项目档案工作归口管理部门，严格遵循《档案法》等各项法律法规开展工作，积极搜集国家档案局、北京市档案局、民航局、首都机场集团有限公司发布的与

建设工程项目档案资料管理有关的规范标准制度文件，如《北京市重点建设项目档案管理登记办法》（京档发〔2011〕14号）、《市政基础设施工程资料管理规程》DB11/ T808—2011、《建筑工程资料管理规程》JGJ/T 185—2009、《民用机场建设项目民航专业工程文件归档要求及档案整理规范》等，积极学习相关主管部门的各类工程项目档案管理制度，并将这些制度下发至各参建单位，要求其参照执行。

4.3.3　建立健全档案管理制度，加强自身制度建设

北京新机场建设指挥部制发的档案管理制度　　　　　　　　表 4-3

发布/更新时间	制度名称
2011年7月15日	《北京新机场建设指挥部文书档案管理规定》 （新机指发〔2011〕43号）
2011年7月15日	《北京新机场文件材料归档范围和文书档案保管期限规定》 （新机指发〔2011〕43号）
2012年4月17日	《北京新机场建设指挥部招标采购技术文件资料管理办法》 （新机指发〔2012〕23号）
2012年7月23日	《北京新机场建设指挥部建设工程项目档案管理办法（试行）》 （新机指发〔2012〕36号）
2016年8月23日	《北京新机场建设指挥部建设工程项目档案管理办法》 （新机指发〔2016〕87号）
2017年11月1日	《北京新机场建设指挥部财务档案管理办法（2017）》 （新机指发〔2017〕110号）
2021年7月26日	《北京新机场建设指挥部财务档案管理办法》 （新机指发〔2021〕67号）
2021年9月13日	《北京大兴国际机场档案整理操作手册》
2022年9月8日	《北京建设项目管理总指挥部建设工程项目档案管理办法》 （京建总指发〔2022〕34号）

　　根据工程项目建设和档案管理需要，指挥部不断建立健全档案管理制度（表4-3），相继出台《北京新机场建设指挥部文书档案管理规定》《北京新机场建设指挥部招标采购技术文件资料管理办法》《北京新机场建设指挥部建设工程项目档案管理办法》《北京新机场建设指挥部财务档案管理办法》《北京建设项目管理总指挥部建设工程项目档案管理办法》《北京大兴国际机场档案整理操作手册》等制度。

　　为适应新形势新条件下的档案管理需要，指挥部还会适时更新或废止一些不符合当前管理需要的制度，使指挥部的档案法规制度体系始终贴合机场工程建设管理的需要。如《北京新机场建设指挥部建设工程项目档案管理办法（试行）》在2012年7月印发试行，2016年8月即进行修订，更新附件技术规范，2020年12月再次进行修订，并正式印发《北京新机场建设指挥部建设工程项目档案管理办法》。北京新机场建设指挥部划入北京建设项目管理总指挥部

后，2022年9月再次更新《北京建设项目管理总指挥部建设工程项目档案管理办法》。由此可见，指挥部不仅高度重视档案制度体系建设，而且在建设工程项目档案管理的长期实践中提升管理能力和制度建设能力。

4.4　大兴机场工程项目档案治理实践

4.4.1　善治目标追求满足各方面需求

档案治理的目标主要回答"为谁治理"的问题。目标体现价值理念，价值理念是行为活动的先导。档案治理的目标应该是善治，善治即以人民为中心为价值理念、以人民满意为评价标准的治理。大兴机场建设的出发点是满足人民群众的美好需求，回馈人民群众的发展期待，给人民提供更多更好的出行选择，给人民提供更高生活质量，给人民提供更好发展机会。因此大兴机场工程建设被奋力打造成"人文机场"，机场的设计、建造、运营、维护、保养、改建、升级等都以增强人民群众的幸福感获得感为目标。大兴机场工程项目档案管理的善治实践表现在以下方面：

首先，确保工程项目档案齐全完整真实可用，做到为"为民服务"。大兴机场工程2014年开始建设，但2011年该项目还未立项、指挥部刚刚建立时就已经设置专人负责档案工作，收集重要会议文件和记录、立项申报等文件材料，制定指挥部档案管理制度体系。综合管理部档案工作分管领导接受访谈时回忆称，"档案工作是大兴机场工程最早开始的工作，也是最晚结束的工作，目标就是把这一伟大工程完整记录、收集、留存好，既是为工程建设查证服务，更为今后国人了解大兴机场建设留下真实原始记录，服务好国家建设和人民群众的需要"。大兴机场工程从立项初至今正常运营的档案都被完整保存下来，部分工程档案已顺利通过验收移交北京市城市建设档案馆，还有小部分正在整理等待验收移交。大兴机场工程项目档案是党领导人民建设富强、美好新中国的生动记录，是新时代的红色档案。大兴机场工程项目档案人言语质朴、工作敬业，忠诚地履行着习近平总书记"特别是要把蕴含党的初心使命的红色档案保管好、利用好，把新时代党领导人民推进实现中华民族伟大复兴的奋斗历史记录好、留存好，更好地服务党和国家工作大局、服务人民群众"①的重要指示精神。

---

① 中国档案资讯网. 国家档案局印发《通知》要求认真学习贯彻习近平总书记对档案工作重要批示[EB/OL].（2022-08-03）[2023-10-17]. http://www.zgdazxw.com.cn/news/2022-08-03/content_323587.htm.

其次，以工程项目档案安全管理保障工程安全，保护人民安全。人民群众对美好生活的需求以安全为前提。指挥部致力于强化工程项目档案载体内容安全管理，保障工程项目建设和运营安全，对人民群众生命财产安全负责。为保障档案载体安全，2015年，指挥部依据档案保管相关规定，配备约240平方米档案资料专用库房；2019年2月，根据档案实际存放需求，改造大兴机场管理中心地下室，新增140平方米用作补充库房；2019年4月，经沟通协调，大兴机场货运综合楼预留出1000平方米作为档案库房（现北京大兴国际机场使用，存放档案）。同时，指挥部严格要求各参建单位尚未向指挥部移交档案前，须严格按照档案保管要求设置档案资料室，确保专人保管；定期巡查保证档案资料室符合防潮、防水、防火、防盗、防震、防阳光照射、防高温、防尘、防污染、防有害生物（霉，虫，鼠）等基本要求。为保障电子档案和数字档案安全，指挥部档案管理系统采用内网部署，与互联网物理隔离；强化档案管理系统的安全防护能力，指挥部档案管理系统满足二级等保要求。为防止档案泄露损害相关权益，指挥部档案管理系统按角色分类赋予不同的档案利用权限，利用权限外的工程项目档案都要按要求进行审批。这一系列的档案安全保护措施，保证大兴机场工程项目档案实体和信息的安全完整，确保工程项目建设和运营需要时，档案可查、可信、可用，从档案的视角促进工程项目安全建设、安全运营，默默守护人民群众安全。

最后，积极开发利用工程项目档案，满足各群体利用需求。大兴机场工程作为建成投运规模最大、集成度最高、技术最先进的一体化综合交通枢纽，克服建设标准高、施工难度大等诸多困难，产出众多先进工艺、先进技术，涌现出众多先进人物，指挥部和众多参建单位为申报各类奖项，领导层科学决策等，均需提供或查阅大量工程项目档案原件。指挥部行政办公室在遵循档案利用规范要求的前提下，一视同仁地热情服务于本单位和各参建单位的用档需求。据不完全统计，大兴机场项目已获得省部级以上集体荣誉60余项（如全国五一劳动奖章、鲁班奖、詹天佑奖、绿色建筑创新奖、国际卓越项目管理（中国）金奖、中国钢结构金奖杰出工程大奖、中国交通运输协会科技进步奖二等奖等），个人荣誉上百人次（如全国绿色建筑创新一等奖、工程建设科学技术进步奖、全国民航科技创新拔尖人才等）。为满足社会公众对大兴机场的需求，指挥部在工作任务繁重、人员力量有限的情况下，积极开发工程项目档案，拍摄《大工告成：北京大兴国际机场》等专题纪录片3部，出版著作近10部，布展红色旅游线路7条，2019年以来接待各类参观调研团100余团次。大部分调研考察人员均会咨询工程档案管理相关事宜。

4.4.2 法治原则打造档案精品样板工程

档案治理体系中的法治原则是指档案机构和相关部门从国家治理现代化和依法治国的战略高度，将法律化的治理规则应用于档案事业，制定并运用符合广大人民群众根本利益的一整套"良法"，将档案治理所涉及的方方面面纳入制度化和规范化的治理轨道，妥善解决由不同主体依据自身利益需求产生的档案治理问题，以达成治理目标[①]。

首先，指挥部坚持贯彻"合法法规"理念，始终注意将工程建设过程中可能涉及档案管理的问题，严格按照国家档案法律法规和上级有关部门规章制度处理。

其次，指挥部不断加强工程项目档案管理制度建设，出台一系列内部管理制度文件，使工程项目档案管理规范化、标准化有了切实而明晰的操作指南。在充分调研、协调的基础上，指挥部对档案管理制度文件先后进行多次修订、更新。对于各参建单位的档案管理目标和要求，指挥部经与各参建单位协商、谈判，将其明文写入合同、协议之中，使双方明确自身的权利和义务。

最后，指挥部切实加强监督检查工作落实档案管理规章制度。行政办公室每月巡回检查各标段工程档案资料工作，检查内容包括各标段工程落实国家档案法规和指挥部档案管理制度情况，工程项目资料形成与工程项目进度匹配情况等，并出具档案工作检查单；在每周监理例会上，各标段工程资料员都要汇报上周档案资料工作情况，行政办公室每周要形成《本周档案工作总结》；各标段工程档案资料移交时，行政办公室和A公司档案服务团队都要检查工程档案整理规范情况；指挥部还经常接受国家档案局、北京市城市建设档案馆、民航局档案处、集团公司档案馆等检查指导。

正是基于上述法治原则和实践经验，指挥部顺利打造出大兴机场精品档案和样板档案，成为全国各地工程档案管理学习的目标。

4.4.3 主体共治发挥多元主体协同优势

如前文所述，在大兴机场工程项目的组织体系和档案组织体系中，由国家发展改革委、空军、民航局、北京市及河北省政府，乃至地方各部门共同构成的跨层级的领导组织，共同对一个工程项目进行领导，数百家总包、分包单位共同建设一个工程内的部分模块。若沿用以往的"单一分管"管理思维开展管理，容易患"多头领导"之弊，工程项目建设无法推进，工程项目档案管理工作也难以开展。这是因为，由指挥部档案管理部门、参建单位档案管理部门、第三方档案服务组织，以及档案主管部门与业务指导部门等构成的工程项目档案组织体系，各主体的性质和职能、目标和利益有所不同，"单一分管"模式下各主体优先完成本组织目标，基于本组织目标下发档案管理要求，基层组织面对多维目标要求无所适从，最终导致工程项目档案管理的总体目标难以有效实现。

---

① 嘎拉森，徐拥军. 档案治理体系的构成要素与实现路径[J]. 档案学通讯，2022（6）：61-69.

因此，大兴机场工程从一开始就摒弃"单一分管"管理思维，采用以民主协商、互动协作、开放包容的"多元协同"理念，各领导组织以联席会议机制、一对一沟通机制将相关主体组织到一起，以问题为导向共同商讨解决方案，这样就能高效解决遇到的诸多困难。

工程项目档案组织体系亦是如此，指挥部行政办公室是建设工程档案的归口管理部门，不仅仅是作为管理者，更多是以协调者身份开展具体工作。以工程项目档案验收为例，行政办公室档案工作者参加各项目（包含分部分项验收）的竣工验收会议。一般情况下，在竣工验收会议召开前，工程部门、监理单位、施工单位会组织质量验收，档案工作者提前对各参建单位档案资料进行检查审核，为后期竣工验收做好准备。同时，定期邀请北京市城市建设档案馆相关专家前往工地现场开展相关培训或行政办公室组织人员携带样本档案前往北京市城市建设档案馆进行学习。考虑到大兴机场涉及的总包单位、分包单位较多，档案种类较多，因此，行政办公室档案工作者会分门别类制定每一类档案的归档标准，同时选出1~2家总办单位进行重点指导，先试点，再推广，打造优秀样本标段，待城建档案馆、集团公司检查合格后，再逐步推广，这样可避免各参建单位重复劳动，减少人力、物力成本，高效精准编制工程项目档案，有效解决了参建单位不明晰档案验收标准的问题。档案馆也由此实现前端控制，行政办公室由此避免了验收不通过、反复验收或人手不足的问题。可见，"多元协同"理念能充分发挥各个主体的优势，提升档案工作效率和质量。

"多元协同"理念还能打破工程组织与档案组织的壁垒，发挥多业务系统的优势。2019年1月，北京大兴国际机场工程验收管理委员会成立，民航局、北京市住房和城乡建设委员会、北京新机场建设指挥部等通力协作，全力开展工程各项验收工作，为机场建成投运作准备。2019年7月23日，民航局主持召开民航北京信息基础减少及运营筹备领导小组会议，提出全力冲刺，保证2019年9月15日前具备投运条件，加快手续办理。这就要求在一个多月的时间内，完成开航必备的35个项目的正式手续办理。这在以往各管一摊的模式下是完全不可能完成的。为此，北京市住房和城乡建设委员会充分发挥协调能力，统筹建立联合工作平台，将35个项目手续涉及的窗口部门组织到一起，又协调指挥部相关人员准备好相关手续文件，档案工作者准备好相关档案证明材料，采取节假不休、现场办公的方式实现了开航手续的办理。这也反映了多元主体协同共治的优势。

4.4.4　对象分治破局专业人才短缺困境

分治是对档案治理对象实施精准化、精细化治理的举措。档案分治包括借助信息技术等手段对档案治理对象的具体需求进行精准把握，在政策供给等治理策略上及时、精确地将之与需求进行匹配，实现治理目标的过程；以及针对不同门类、载体的档案，采用不同的管理方法。档案分治需要根据不同行业、不同领域内档案治理对象的性质、特点，以相宜有效的治理方式予以精准处理。

　　大兴机场工程项目档案分治主要表现于两个方面。一则，为档案业务精准寻找专业人才负责实施办理。指挥部积极利用档案服务外包，将专业的档案整理、档案数字化和档案管理咨询工作，外包给专业的档案服务团队，将档案管理系统的设计开发工作，外包给软件公司，将档案协调工作，交给行政办公室的档案工作者，让专业的人做专业的事，更好地发挥人才的价值。二则，指挥部针对不同门类、载体的档案出台相应的档案管理办法。2011年以来，指挥部针对工程项目档案、文书档案、财务档案和实物档案管理需求，分别出台《北京新机场建设指挥部文书档案管理规定》《北京新机场建设指挥部建设工程项目档案管理办法》《北京新机场建设指挥部财务档案管理办法》《北京建设项目管理总指挥部建设工程项目档案管理办法》等，《北京大兴国际机场档案整理操作手册》也明确指明实物档案等的具体整理方法，保证不同门类、载体的档案在专业人才有限的情形下都得到规范有效的管理。

4.4.5　智治手段提升工程项目建设效率

　　"智治"即"智慧治理"，强调的是信息技术对于治理的赋能作用。档案智治指的是在信息化建设基础上，档案治理主体通过广泛运用数字技术，推动多元主体协同共治，实现精准、高效档案分治的过程。档案智治涉及档案行政管理、档案业务操作、档案服务利用、档案协商共治四个方面的信息技术赋能，涉及信息交互、信息资源加工、知识服务等类型的关键技术。

　　首先，指挥部于2015年6月搭建北京新机场建设指挥部档案管理系统，后续又开发了该系统的移动版应用。2019年进行接口升级，实现与OA系统单点登录，指挥部各部门特别是工程管理部门可以随时随地在工程项目建设现场调阅查用档案，极大提升档案利用效率和工程项目建设效率。2021年升级档案管理系统，升级为最新版本。

　　其次，指挥部还与A公司档案服务团队合作，进行档案数字化扫描工作，并将扫描的数字化档案挂接到档案管理系统上，使项目管理相关方可以在线利用以前的纸质档案和胶片档案，扩大了可利用的档案资源量。同时，指挥部推动多媒体数据库建设。将已有荣誉档案（实物）、照片档案进行全部数字化处理，并建立多媒体数据库（包含音频、视频等），方便员工查阅、使用。

　　最后，北京新机场建设指挥部档案管理系统，可与集团公司档案馆档案系统数据接口集成相通，可实现指挥部工程项目档案向集团公司档案馆在线移交。北京新机场建设指挥部档案管理系统还为工程管理部门和职能管理部门的工程项目管理系统和财务管理系统等业务系统预留数据接口，这些都可以为今后工程项目档案单轨单套制管理提供便捷条件。

目前，随着档案利用需求和档案工作新形势的转变，工程项目档案需求量和需求模式发生了深刻的变化，需要用新思维打破旧常规。总指挥部转变理念、创新服务，由被动型向主动型转变，由封闭型向开放型转变，由经验型向探索型转变。根据《北京建设项目管理总指挥部全智慧赋能工作方案》，以项目为试点，利用"全要素管控协同平台、BIM应用研究成果库、业务知识库"，逐步推动档案信息化建设工作，搭建全流程线上档案管控，实现资源共享。

4.5 本章小结

工程项目档案治理体系是工程项目各个参建主体在党的领导下，运用法规制度及现代化技术等，协同开展工程项目档案管理，服务好工程项目建设的体制机制制度的总和。工程项目档案治理体系以"目标、原则、主体、对象、手段"为五个构成维度，并分别对应"善治、法治、共治、分治、智治"五个要素。工程项目档案治理"善治"目标，即社会各方面（人民群众）满意的工程项目档案工作；"法治"原则，即实现依法治档，依法开展工程项目档案工作；"共治"主体，即建设单位、勘察单位、设计单位、施工单位、监理单位，以及档案主管部门、城建档案管理部门等各负其责、紧密协作，共同管理工程项目档案；"分治"对象，即借助信息技术等手段对档案治理对象的具体需求进行精准把握，根据不同来源、门类、载体、专业的工程项目档案的特性，分别采取不同的管理方法；"智治"手段，即运用现代数字技术、智能技术管理工程项目档案。

大兴机场工程项目总体上形成"国家—民航局—首都机场集团有限公司—机场建设指挥部—参建单位、第三方服务单位"的组织层次，这些主体之间通过行政隶属关系、产权关系、业务指导关系、委托或合同的签订确立组织关系。大兴机场工程项目的档案组织体系由指挥部工程项目档案管理组织、参建单位档案管理组织、第三方档案服务团队及档案行政机关和业务指导部门共同组成。

大兴机场工程项目各项建设管理行为都以法律规范为基本出发点，在工程项目档案管理中不断遵循《档案法》及相关法律法规，建立健全档案管理制度，与所有参建单位通过合同确立档案业务关系。整个工程项目档案管理在以《档案法》为首、各项档案管理标准制度和合同的良性规范下开展。

大兴机场工程在工程项目档案治理实践上表现为善治目标追求满足各方面需求，以法治原则打造档案精品样板工程，以主体共治发挥多元主体协同优势，以对象分治破局专业人才短缺困境，以智治手段提升工程项目建设效率。

第 5 章

大兴机场工程项目档案资源体系建设

工程项目档案资源体系建设的质量关乎工程项目的高质量和可持续发展。大兴机场工程项目在档案资源体系建设方面取得诸多可供借鉴的创新经验。基于此，本章主要论述工程项目资源体系建设的含义、目的、流程，工程项目文件材料的形成与积累、立卷与归档，工程项目档案的验收与移交、整理与保管等内容，以期全面认识大兴机场工程项目档案资源体系建设的整体图景与微观细节。

5.1　工程项目档案资源体系建设概述

5.1.1　工程项目档案资源体系建设的含义

工程项目档案资源是我国档案资源的重要组成部分，具有建设周期长、参与单位多、文件种类繁杂和档案成套性强等特点[①]。工程项目档案资源来源于工程立项、勘察、设计、施工、竣工验收等各个环节的档案管理活动。工程项目档案资源体系建设就是将工程立项、勘察、设计、施工、竣工验收等各环节的档案收集、整理好，做到应收尽收、应归尽归，保证档案齐全完整的活动。工程项目档案资源体系作为档案资源体系不可或缺的构成部分，应以体系化的思路予以科学构建与持续优化。工程项目档案资源的收集、整理、归档、移交、保管等基础性工作之于工程项目档案资源体系建设具有重要意义。

5.1.2　工程项目档案资源体系建设的目的

（1）保证大兴机场工程项目档案完整齐全，反映工程项目建设全过程

重大工程项目档案如实记录项目建设的全过程，包括各种载体的文件材料，能够为重大工程项目建成投产、运营、管控、维护、保养、改建、升级等活动提供重要的原始依据。大兴机场工程项目档案资源建设体系实质上是从工程项目文件材料到工程项目档案的一体化管理过程，能够客观反映工程项目建设的全生命周期。大兴机场建成投产后，机场开展运营、管控、维护、保养、改建、升级等的各项活动均有赖于在机场建设过程中形成的、具有凭证价值与参考价值的各类工程项目档案资源。

---

① 陈慧，南梦洁，王晓晓，等. "互联网+"工程项目档案管理探析：特征、机遇与挑战[J]. 北京档案，2020（4）：9-13.

（2）为国家和社会积累丰富的档案资源、信息资源和记忆资源

大兴机场工程项目档案价值突出，管理经验长效且丰富。在实际工作中，指挥部高度重视档案管理工作，坚持"四个工程"建设高标站位，明确档案验收标准，确保档案管理可量化、可考核。大兴机场工程项目档案资源体系建设为国家和社会积累丰富的档案资源、信息资源和记忆资源。

一是通过系统性的档案管理，确保大兴机场工程项目的文件材料得以完整形成和准确积累，以充分记录项目各个阶段的建设信息，积累丰富的档案资源。二是实施规范的立卷与归档工作，确保档案的有序整理和归类，使其易于检索和利用。同时，注重大兴机场工程项目档案的移交与接收，确保档案的顺利流转和信息传递，以便后续工作的持续开展。并加强档案资源的保管和数字化转型，以便更好地保护和利用档案信息，实现高效的知识管理和传承，积累丰富的信息资源。通过这些目标的实现，大兴机场工程项目建立起一个完备的档案资源体系，为国家和社会提供丰富的档案、信息和记忆资源，为未来相关领域的发展和研究提供重要支持和参考。

5.2　大兴机场工程项目文件材料的形成与积累

5.2.1　文件材料的形成

其一，大兴机场工程项目文件材料收集范围覆盖项目建设全过程。大兴机场工程项目文件材料的收集范围，是指项目建设全过程中，凡是反映与项目有关的重要职能活动、具有查考利用价值的各种载体的文件，均应收集齐全，归入工程项目档案管理范畴。大兴机场工程文件的归档范围划分为决策立项文件、建设用地文件、勘察设计文件、招标投标与合同文件、开工文件、商务文件、竣工验收及备案文件、项目管理文件、施工文件、信息系统开发文件、设备文件、监理文件行业验收文件、科研文件、涉外文件、生产技术准备和试运行文件、其他文件17种类型，大兴机场工程项目的文件材料收集范围如表5-1所示。具体收集范围参见《民用机场建设项目民航专业工程文件及档案管理规范》、《建筑工程资料管理规程》（DB11 T 695—2017）和国家档案局《建设项目档案管理规范》（DA／T 28—2018）。

大兴机场工程项目的文件材料收集范围　　　　　表 5-1

文件类型	文件材料范围
决策立项文件	项目建议书（代可行性研究报告）、项目建议书（代可行性研究报告）的批复文件、关于立项的会议纪要、领导批示、专家对项目的有关建议文件、项目评估研究资料
建设用地文件	规划意见书及附图，建设用地规划许可证、许可证附件及附图，国有土地使用证，北京市城镇建设用地批准书
勘察设计文件	工程地质勘察报告、建筑用地钉桩通知单、验线合格文件、设计方案审查意见、初步设计图及说明、设计计算书、消防设计审核意见、施工图审查通知书
招标投标与合同文件	勘察招标投标文件、设计招标投标文件、施工招标投标文件、监理招标投标文件、勘察合同、设计合同、施工合同、监理合同、中标通知书
开工文件	建设工程规划许可证、附件及附图，建设工程施工许可证
商务文件	工程投资估算文件、工程设计概算、施工图预算、施工预算、工程结算
竣工验收及备案文件	建设工程竣工验收备案表、工程竣工验收报告、建设工程项目档案预验收意见、《房屋建筑工程质量保修书》《住宅质量保证书》《住宅使用说明书》、建设工程规划及消防等部门的验收合格文件
项目管理文件	项目建设管理组织机构成立、调整文件；项目管理人员任免文件；项目各项管理的管理制度、业务规范、工作程序以及质保体系文件等
施工文件	建筑施工文件，设备及管线安装施工文件，电气、仪表安装施工文件等
信息系统开发文件	设计开发文件、实施文件、信息安全评估、系统开发总结、验收交接清单、验收证书等
设备文件	工艺设计、说明、规程、试验、技术报告；自制专用设备任务书；设计、检测、鉴定、设备设计文件；出厂验收、商检、海关文件等
监理文件	施工监理文件、设备监造文件、监理（监造）工作音像材料等
科研文件	开题报告、任务书、批准书；协议书、委托书、合同；研究方案、计划、调查研究报告等其他文件
涉外文件	询价、报价、投标文件；合同及其附件；谈判协议、议定书等其他文件
生产技术准备、试运行文件	技术准备计划、方案及审批文件试生产试运行管理、技术规程规范试生产、试运行方案、操作规程、作业指导书、运行手册、应急预案等
行业验收文件	项目竣工验收报告、工程设计总结、工程施工总结、工程监理总结、项目质量评审文件等其他文件
其他文件	工程开工前原貌、竣工后照片，工程开工、施工、竣工的录音录像资料，工程竣工测量资料，建设工程概况（建筑工程类），工程建设各方授权书、承诺书及永久性标识图片，建设工程质量终身责任基本信息表

其二，按照国家、行业有关规定，及时收集各类项目文件材料。大兴机场工程项目文件材料根据文件形成的先后顺序或项目完成情况及时收集。引进技术、设备文件由指挥部或接受委托的承包单位随时登记、收集后，再行译校、复制和分发使用。项目前期文件、管理性文件需符合国家有关法律法规、相关行业的规定。工程技术文件需符合国家、行业有关技术

规范和标准的规定。

其三，对文书材料审核进行培训，采用三同步方法形成工程施工文件材料。文书材料的形成时间大约为3~5天，指挥部采取两人配合文字审核、核稿的方式，在文书材料的积累期间进行相关培训活动。指挥部采取"三同步"（同时施工、同时形成、同时收集积累）的方式形成工程施工文件材料，以杜绝后补，及时完整地收集文件材料。

5.2.2　文件材料的编制

其一，总结"样板—各方审核—通过后正式编制"模式。由于大兴机场工程项目档案数量庞大、类目繁杂，归档单位众多、要求不一，大兴机场工程项目档案管理相对复杂、困难。为此，指挥部形成文件材料编制方案，总结出"样板—各方审核—通过后正式编制"的工作模式，以应对多头管理或监管对工程项目档案管理带来的不良影响。如施工单位北京CJ集团有限公司主要面向北京市建设工程质量监督总站、大兴区安全质量监督单位、CJ集团、监理单位、指挥部等开展文件材料形成和积累工作，各单位对技术、安全等方面的文档编制内容的侧重点并不统一。为应对此种情形，指挥部指导北京CJ集团有限公司，以某子项目为试点，参照各单位工程项目档案验收要求，编制两种文件材料形成与积累方案，按照不同单位验收要求编制工程项目档案，通过验收后即以此为示范样板，供其他施工单位，其他分项工程、子工程参照编制。

其二，前期统筹规划文件材料的形成、编制以制作模板，明确人员入场后的职责和标准要求。根据施工图、施工合同和业主部门的要求，指挥部对档案形成范围、编制格式等进行统筹规定，并制作完成相应模板，便于档案工作者明确自身工作职责和标准要求。大兴机场工程项目文件材料的编制工作基本一次成型、没有返工，节约大量工程项目档案编制时间和成本。

其三，借助工程资料管理平台开展文件材料编制。北京CJ集团有限公司成功研发具有软件著作权的工程资料管理平台，这一平台的优化版本在大兴机场工程项目中首次投用。具体而言，工程资料管理平台是一个可视化平台，其总控电脑可监控每台电脑工程资料的填写状况并检查其正确性。若文件材料内容正确，经审核通过后可打印生成正式的报验文件。若文件材料内容不正确，或审核不通过，该平台会向客户端反馈"不合格"结果。另外，该平台会提前将需要分包填写的模板文件推送至相关单位，其他不需要填写的表格则处于"不可见"的状态。该平台极大提高了大兴机场工程项目文件材料的形成效率。

其四，编制《北京大兴国际机场指挥部档案分类方案》进行档案分类。结合大兴机场建设工程实际情况，指挥部从档案的阶段、主体、内容出发，编制《北京大兴国际机场指挥部档案分类方案》，以便对工程建设过程中产生的档案进行统一分类、系统整理和综合管理。大兴机场工程项目档案共分为6级类目，一级类目为大兴国际机场全宗号——0182，二级类目为文书档案、合同档案、会计档案、基建档案、设备档案、音像档案、实物档案。其中，基建三级类目分别用大兴机场工程建设开发建设A期、B期表示。基建四级类目分为基建文件、监理文件、施工文件3类。基建五级类目分为飞行区、航站区、货运区工程、工作区房建工程、市政工程、弱电信息工程、绿化工程7类。基建六级类目分为飞行区工程监理文件、航站区监理文件、工作区房建施工文件、绿化工程施工文件等14类。

5.3　大兴机场工程项目文件材料的立卷与归档

　　总结提炼大兴机场工程项目文件材料的立卷与归档的流程，可为其他重大工程项目探索构建工程项目文件材料的立卷与归档提供参照。基于文件全生命周期理论，本书将大兴机场工程项目文件材料的立卷与归档流程概括为：材料策划——管理制度、标准编制——分包进场人员培训——材料编制过程中不定期指导和检查——形成后对档案进行审核——归档——不通过后回到上一步——归档后及时立卷——立卷培训——制作样板——样板审核通过后推行——立卷后由第三方档案服务团队二次审核——通过后按时移交（图5-1）。

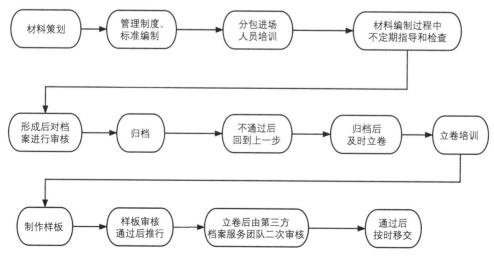

图5-1　大兴机场工程项目文件材料立卷与归档流程

5.3.1　文件立卷的管理

（1）文件材料收集覆盖工程建设全过程

指挥部自建立起即开始会议文件、材料收集及预立卷整理工作，从大兴机场工程立项之日起，即开展工程项目档案文件的收集整理工作，并覆盖工程建设的全过程和各阶段。收集整理的文件主要包括立项决策文件、建设规划用地文件、勘察设计文件、招标投标及合同文件、开工文件、商务文件等诸多类型。

（2）根据类别运用不同组卷方法进行分类组卷

大兴机场工程项目管理文件按事由结合时间顺序、建设程序、专业、形成单位等组卷，其中：

——招标投标与合同文件按照招标的标段、合同组卷；

——勘察设计文件按照阶段、专业组卷；

——施工文件按照单位工程、分部工程或装置、阶段、结构、专业组卷；

——信息系统开发文件按照应用系统组卷，设备文件按专业、系统、台套组卷；

——监理文件按照监理的合同标段、事由结合文种、单位工程、分部工程、专业、阶段组卷；

——生产技术准备和试运行、竣工验收及备案文件按照工程阶段、事由结合时间顺序组卷。

（3）按照规定开展案卷排列与案卷编目

按照《北京建设项目管理总指挥部建设项目档案管理办法》，在单位工程内，案卷按照基建文件（包括工程准备阶段文件、竣工验收文件、行业验收文件等）、监理文件、施工文件和竣工图进行排列。卷内文件的排列方法包括：

——决策立项文件、项目管理文件、生产技术准备和试运行、竣工验收及备案文件按照主题、事由排列；

——监理文件按照依据性、工作性文件顺序排列；

——施工文件按照综合管理、施工技术支撑、施工（安装）记录、检测试验、评定验收排列；

——信息系统开发文件按照需求、设计、实施、测试、运行、验收排列；

——设备文件按照质量证明、开箱验收、随机文件、安装调试、检测试验和运行维修排列，竣工图按照专业、卷册号、图号排列；

——案卷封面内容包括名称、案卷题名、编制单位、技术主管、编制日期、保管期限、密级、保存档号、共X册第X册等；

——名称的第一行填写"北京大兴国际机场",第二行填写建设项目名称(有变更名称时在管理卷中附上相应证明材料);

——案卷题名的第一行填写基建文件、监理文件、施工文件、竣工图中的一种,第二行填写案卷所属专业名称,如建筑与结构工程、幕墙工程等。

(4)参照纸质档案的分类方案进行电子档案整理

大兴机场工程项目电子档案的保管、有效性保证、鉴定和利用符合《纸质档案数字化规范》(DA/T 31—2017)的规定。

5.3.2　文件归档的管理

(1)归档文件要求

归档的大兴机场工程项目档案的正本为原件(如产品合格证必须为原件);若工程项目档案中出现复印件时(无原件),在复印件上加盖原件保存单位的公章,注明复印日期并由经手人签字,确保与原件一致;工程项目名称统一为"北京大兴国际机场……工程";各单位的工程项目档案须编制总目录卷。

(2)归档方法

第一,参照上级标准,确保文件材料归档符合有关规定。指挥部的工程项目档案归档验收工作同时接受北京市城市建设档案馆和首都机场集团有限公司档案馆等上级单位指导,上级单位均出台了相应档案归档移交制度。指挥部对标上级单位的档案工作制度办法,探索制定契合自身业务需求的档案管理制度,尽可能地确保大兴机场工程项目文件材料归档工作符合上级单位要求。此外,在实践工作中存在的非原则性分歧,指挥部则通过开会协商、备考表说明、请示汇报等方式予以解决。

第二,工程项目档案分类、及时归档。大兴机场工程项目档案按照《建筑工程资料管理规程》规定,将合同标段工程划分为若干个单位工程和分部工程,实行分类、分区、分柜存放。此外,及时归档是大兴机场工程项目档案归档的重要要求。如审计监察部会详细列出审计档案更新清单,做到随时归档,并每月整理一次。

第三,财务档案按照工程项目档案、日常业务档案分类管理,采用"三统一"的方法整理立卷。指挥部自2012年起即制定《财务档案管理办法》,并在2021年进行修订,重点增补《财务档案整理实施细则》,并由行政办公室负责统筹协调组织财务部移交财务档案。指挥部《财务档案管理办法》第十一条指明"财务档案范围包括会计档案(含电子会计档案)、财务管理档案两部分",具体涉及会计凭证、会计账簿、财务报告、其他会计材料和其他非会计档案归档范围的文件材料。《财务档案管理办法》及《财务档案整理实施细则》颁布的目的在于提升财务档案管理制度的可操作性,促使会计工作人员兼职、高效开展档案管理工作,促进财务管理工作的精细化、标准化以及财务档案的完整收集、安全保管与便捷利用。根据新修订的财务档案管理制度,大兴机场工程项目的财务档案管理分为两种形式。一是工程项目档案中竣工决算部分的档案待竣工决算后完成,将获得批复后统一移交指挥部的工程项目档案一并交付集团档案馆保存;二是日常业务经费档案每年移交至集团档案馆保存。此外,财务部档案工作者接收财务档案后进行档案分类、编号索引、编制清单,并将其置于统一标准制作的案卷内。财务档案的整理立卷一般采用"三统一"的方法,即分类标准统一、档案形成统一、管理要求统一,并分门别类按照各卷顺序编号。

第四,指挥部工程项目管理系统与档案管理系统进行接口集成,逐步实现档案管理全流程电子化。指挥部于2020年立项启动工程项目管理系统(以下简称PMS)二期项目,在2021年投入使用。该系统有关财务档案管理的流程主要涉及合同签批、资金支付等。PMS系统实现与国家税务部门网站、网上银行的集成关联,通过对电子发票、银行电子回单进行自动扫描、验证、审批并实现银企直联,能够有效减少原始凭证的流转和管理,在很大程度上简化纸质档案的形成及管理流程。此外,考虑到一期系统存储的重要核算数据与二期系统相关数据的对接,PMS系统在设计时预留相关接口,有助于加快实现财务管理档案线上归结与管理,助推档案管理走向全流程电子化。

(3)归档时间

大兴机场工程项目文件材料归档时间如表5-2所示。

大兴机场工程项目文件材料归档时间   表5-2

文件类型	归档时间	具体说明
管理性文件	按年度归档	同一事由产生的跨年度文件在办结年度归档
施工文件	在项目完工验收后归档	建设周期长的项目可分阶段或按单位工程、分部工程归档
信息系统开发文件	在系统验收后归档	—
监理(监造)文件	在监理(监造)的项目完工验收后归档	—
生产准备、试运行文件	在试运行结束时归档	—
竣工验收文件	在验收通过后归档	—

5.3.3　电子文件的归档管理

第一，利用档案管理系统归档电子文件，有效控制电子文件的形成与流转。档案管理系统支持多种归档文件整理方式、多全宗管理、跨库检索查询等功能，并实现与在线OCR、全文检索、双层PDF/OFD、数据交换、图形图像处理等技术的集成。该系统具备电子文件管理及归档功能，并能够对项目电子文件形成与流转实施有效控制，保障其真实、完整、安全、可用；能够在项目电子文件形成、流转过程中及时跟踪、检查和补充与项目设计、设备、材料、施工等变更相关的项目电子文件及其元数据。

第二，电子文件归档由档案管理部门检验，并填写《电子文件归档登记表》。工程项目电子文件形成部门负责电子文件的归档工作；档案管理部门负责项目电子文件归档的指导、协调和电子档案接收、保管、利用等工作。工程项目电子文件归档时由档案管理部门进行检验，并填写《电子文件归档登记表》（参见《电子文件归档与电子档案管理规范》GB/T 18894—2016）。档案检验合格后，方可办理交接手续。

第三，电子文件采用物理归档方式，纸质档案与电子档案之间建立索引关联。大兴机场工程项目电子文件归档一般采用移动硬盘作为物理归档载体，电子文件格式为具有检索功能的双层pdf格式。纸质文件归档时采取在线归档或离线归档的方式向档案管理部门移交经过整理的项目电子文件，并在内容、格式、相关说明及描述上与纸质工程项目档案保持一致，且二者建立索引关联。此外，大兴机场工程项目电子文件采用符合国家标准或能够转换成符合国家标准的文件格式，以便满足信息共享和长期保存需求。

第四，电子文件归档移交确保数据完整。大兴机场工程电子文件主要采用在线归档方式，在归档移交过程中同时将元数据一同移交归档，从而确保电子文件数据的完整性。采用离线或手工归档方式时，通过多人监督确保电子文件在归档移交过程中不被非法更改。归档电子文件不得加密，原加密的电子文件须在解密后方可归档。

第五，未来利用云空间实现工程项目档案数据集中存储。目前，大兴机场工程项目相关的文书档案均已上传至档案管理系统保存，工程项目档案则在档案管理系统中录入条目。待大兴机场工程项目档案收集齐全完整后，将在集团公司档案管理系统进行挂接存储。客观而言，大兴机场工程项目的施工图、竣工图档案数字化扫描后容量较大，而总指挥部档案管理系统服务器的内存空间相对有限，只能挂接案卷目录，无法挂接档案原文。此外，在各类手续办理、合法证件办理、审计检查、改扩建、运维以及申报奖项等时，纸件原件无法实现同一时间多维度使用。因此，原有系统难以满足大兴机场工程项目档案的长期保存需求。为解决这一难题，总指挥部拟计划于2024年建设信息资源数据库，全部实现大兴机场工程项目档案数据的云空间存储。即通过将整合信息资源，利用云平台，建立各类档案的案卷级、案件级数据库，将全部工程项目档案原文电子版挂接至档案系统，建立全文数据库。同时，打破信息孤岛，实现档案系统与总指挥部其他系统数据关联，实现大数据联通，同一时间多维度使用。

5.4　大兴机场工程项目档案的验收与移交

大兴机场工程项目档案接收和归档的数量庞大，面临档案工作者数量不足、专业知识相对欠缺等现实难题。为此，指挥部行政办公室采取公开招标的方式，引进A公司档案服务团队，与其共同完成工程项目档案接收工作。当前，大兴机场工程项目档案的验收与移交主要存在如下困难：一是行业档案验收要求工程项目前期文件齐全完整，部分文件材料依赖于相关部门协作，以完成收集整理工作；二是指挥部掌握的各类文件材料在未归档前，散落至各部门，保管分散；三是部分工程由于设计变更等因素，无法及时出具竣工图，导致工程项目档案难以齐全完整地接收进馆。

大兴机场工程项目档案的验收与移交工作主要分为两部分：一是指挥部在充分明确上级单位对档案验收的要求后，细化分解出各参建单位的档案验收标准和内容，并告知各参建单位。参建单位按要求整理后，提请指挥部对该工程项目进行档案验收。二是检查档案的完整、准确、系统、规范的情况，开展预验收和行业验收，通过验收后移交给北京市城市建设档案馆、集团档案馆。按照大兴机场工程建设与运营筹备综合管控计划、投运方案要求，将"6月30日竣工""9月30日投运"确立为工程项目档案验收的两个关键时间节点，明确在2019年12月30日前完成大兴机场全部工程项目档案的接收进馆工作。

5.4.1　档案验收的关键程序

大兴机场工程项目档案验收关键程序如图5-2所示。

图5-2　大兴机场工程项目档案验收关键程序

（1）审核验收申请报告

指挥部接收到参建单位档案验收申请报告后，开始启动专业工程项目档案验收程序，并于10日内作出申请报告审核答复。专业工程项目档案验收申请报告主要内容包括：

——工程项目建设及档案管理概况；

——保证工程项目档案完整、准确、系统、规范所采取的控制措施；工程项目文件材料的形成、收集、整理与归档情况；竣工图的编制情况及质量状况；

——档案在项目建设、管理、试运行中的作用；

——（上一阶段）存在的问题及解决措施。

（2）检查验收问题和整改情况

指挥部针对检查中发现的问题提出整改要求，明确整改方案和整改期限，并形成初验会议纪要。初验后，施工单位组织力量对初验发现的问题逐条进行整改，整改完毕后，撰写整改报告。监理单位对整改过程认真进行监督，并确认每个问题均已整改落实后，方能在整改报告上签署意见同意竣工验收，由此努力确保工程实体质量问题在初验阶段得以全部解决。

（3）工程项目档案现场验收

指挥部检查工程项目档案，主要采用质询、现场查验、抽查案卷等方式。抽查重点为工程项目前期管理性文件、监理文件、隐蔽工程文件、竣工文件、质检文件、重要合同、协议、会计文件等，以及与工程项目有关的各类照片、音视频文件等。

（4）召开专业工程项目档案验收会议

专业工程项目档案验收会议的议程主要包括参建单位汇报建设概况、工程项目档案管理情况；监理单位汇报工程项目档案质量的审核情况。

验收组对工程项目档案质量的综合评价主要分为三个步骤：一是了解大兴机场工程项目建设概况，明确大兴机场工程项目从建成投产、运营、管控、维护、保养、改建、升级等建设情况。这是梳理工程项目在建设全过程中所产生的档案资源类型和数量的前期工作。二是项目档案管理情况，包括基础管理工作，项目文件材料的形成、收集、整理与归档情况，竣工图的编制情况及质量，档案的种类、数量，档案的完整性、准确性、系统性、有效性及安全性评价，档案验收的结论性意见。三是对发现档案质量存在的问题、提出整改要求与建议。验收组形成并宣布工程项目档案验收意见，包括必改项和建议项。

（5）限期整改与复查、追责

工程项目在每个阶段验收中出现的问题均在下一阶段验收前完成整改。

5.4.2　档案验收与移交的阶段

指挥部将工程项目档案验收与移交划分为如下三阶段：档案验收与移交前期、档案验收与移交中期、档案验收与移交后期（图5-3）。

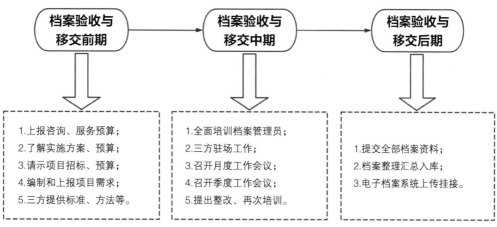

图5-3　大兴机场工程项目档案验收与移交的阶段

（1）第一阶段：档案验收与移交前期

——向指挥部财务部上报竣工验收后工程项目档案咨询、接收服务预算。

——调研多家第三方服务机构，了解项目实施方案及预算。

——上报指挥部办公会，请示批准项目采用招标方式筛选具有实力的第三方服务机构、请示批准项目预算。

——结合项目实际情况编制工程项目档案咨询方案、接收项目招标需求，上报招标采购部。

——确定第三方服务机构后，由其安排组织相关专家按照招标文件要求，提供工程项目中涉及的文书、图纸、图表、声像、合同、电子光盘等各门类档案的分类标准、整理标准、编号标准、组卷装盒标准、移交办法等。

（2）第二阶段：档案验收与移交中期

——指挥部根据《建设工程文件归档整理规范》GB/T 50328—2014、《民用机场建设项目民航专业工程文件及档案管理规范》①、《电子档案移交与接收办法》（档发〔2012〕7号）等相关制度标准，为大兴机场工程项目各参建单位档案管理员提供全面培训，并针对不同建设方提供针对性的专项业务培训。

——A公司档案服务团队全面进场，采用驻场方式工作，遵循各门类档案的分类标准、整理标准、编号标准、组卷装盒标准、移交办法等；根据工程项目总量，指挥部对A公司档案服务团队实施人员进行任务下发、责任到人，明确项目完成时间；指挥部对已建设完工的项目进行档案逐盒检查接收，同时及时沟通各参建单位对已完工的项目进行登记，根据先后顺序、移交数量，随时增加调配档案接收人员的数量，确保大兴机场工程项目档案有序移交、检查、接收、归档。

——指挥部召开月度工作会议，根据大兴机场工程项目档案接收过程中遇到的问题提交工作月报，协调各参建单位项目负责人、档案工作者、A公司档案服务团队共同解决问题，确保大兴机场工程项目档案接收工作的高效、顺利进行。

——指挥部召开季度工作会议，发现问题、记录问题、提交工作季报，解决大兴机场工程项目档案移交接收过程出现的深层次问题，组织人员演练大规模档案集中接收预案，为第三季度集中大量接收档案做好准备工作。

——统计已接收大兴机场工程项目档案的数量，针对前期不符合要求的参建单位集中提出整改意见，并对各参建单位专兼职档案工作者进行再次培训，贯彻落实工程项目档案移交接收的科学奖惩机制。

（3）第三阶段：档案验收与移交后期

——指挥部要求所有参建单位完成全部工程项目档案的移交，针对部分档案整理、移交进展缓慢的参建单位，指挥部组织相关专业人员开展工作指导，提升大兴机场工程项目档案的移交效率与质量。

——指挥部要求A公司档案服务团队按照工程项目档案的存储要求，对所有已接收档案进行整理、汇总、入库、上架，并按照国家档案局发布的电子档案整理归档标准开展工程项目电子档案的系统上传和挂接工作。

---

① 民航局综合司，广东民航机场建设有限公司. 民用机场建设项目民航专业工程文件及档案管理规范. [G]. 1版. 广东: 广东民航机场建设有限公司，2014.

5.4.3　档案验收与移交的保障

（1）组织协调保障

指挥部领导小组负责对行政办公室负责人、A公司档案服务团队负责人、各参建单位项目负责人进行总体指导，并围绕大兴机场工程项目档案验收工作开展组织协调，及时解决阻碍项目顺利推进的重大问题。

行政办公室负责与各部门档案工作者、各参建单位档案工作者、A公司档案服务团队专家、工作人员进行沟通协调，及时解决大兴机场工程项目档案日常接收归档过程中的问题。

（2）后勤保障

因指挥部地处相对偏远，为保障A公司档案服务团队高效、稳定地开展大兴机场工程项目档案咨询、接收服务工作，考虑到大兴机场地理位置偏远，交通往来不方便，指挥部行政办公室充分考虑A公司档案服务团队的实际需求，在能力范围内，为A公司档案服务团队提供办公场所、办公设备设施、食堂就餐等服务。

行政办公室提供召开动员会、业务培训会的场地设施，提供大兴机场工程项目档案接收实施组的办公场地、桌椅、网络等设施，提供存放档案的库房及密集柜、电子档案光盘的防磁柜。

（3）驻场实施

A公司档案服务团队为保证大兴机场工程项目按时保质保量完成档案接收、归档、挂接任务，采用部分专家驻场的方式，对各参建单位进行档案培训、调研、指导工作，根据调研具体情况安排组织专家开展常态化培训指导。

工作组全部采用驻场方式，全程跟进项目的实施管理工作，必要时加班加点完成大兴机场工程项目档案的检查、接收、挂接工作。

5.4.4　档案验收与移交的内容

（1）检查档案的完整、准确、系统、规范情况

根据《科学技术档案案卷构成的一般要求》GB/T 11822—2008、《建设工程文件归档规范》GB/T 50328—2014、《建设项目档案管理规范》DA/T 28—2018和《重大建设项目档案验收办法》（档发〔2006〕2号）等制度标准要求，结合大兴机场工程项目产生文件材

料的实际情况，检查工程项目及其重要配套工程项目档案的完整性、准确性、系统性和规范性。

第一，检验工程项目档案的完整性。大兴机场工程项目全部单项工程归档率达100%；各单项工程项目档案做到门类齐全、内容完整；设计、施工、监理等单位及时按规范手续向指挥部提交工程项目档案；确认工程项目前期管理文件材料、设计文件材料、施工文件材料、监理文件材料、竣工图等齐全完整。

第二，检验工程项目档案的准确性。一方面，仔细核对大兴机场工程项目档案，查看文字材料是否如实准确地反映实物，各种试验结果、验槽记录是否达到设计要求，隐蔽材料是否准确，测量成果各个点的坐标是否有误差等，确保各种施工记录的准确性。另一方面，重点审查图纸标注是否正确。设计变更详尽准确反映在图纸上，做到图物相符。一是清楚落实变更条款的采用情况；二是找准图纸上变更的部位；三是标注的方法要正确，统一标注规范，标注后的图纸与实物相符，便于日后查考利用。

第三，检验工程项目档案的系统性和规范性。工程项目档案的系统性和规范性即制定切合实际的大兴机场工程项目档案分类编号方案或说明；工程项目档案组卷编目合理、规范、有序，符合国家或行业标准要求；检索工具系统、规范，能满足档案利用者的需要；采用先进技术和设备，实现档案信息化管理；档案管理基本情况统计全面、准确等。

（2）组织档案机构和专家开展预验收

第一，主动联系档案机构和专家。根据北京市工程项目联合验收有关规定，指挥部主动联系北京市档案局、北京市城市建设档案馆等单位寻求工作指导。

第二，指挥部在组织工程竣工验收前，以书面申请形式，提请北京市城市建设档案馆、中国民用航空局档案馆、产权单位对工程项目档案进行预验收。

第三，依据北京市城市建设档案馆、中国民用航空局档案馆、产权单位出具的工程项目档案预验收认可文件，指挥部组织各参建单位，邀请相关专家到场指导、检查，依据验收内容对工程项目档案进行预验收（图5-4）。

第四，质监单位对工程项目档案整理的齐全、完整、真实性进行检查。

第五，指挥部验收人员和专家针对不符合验收标准的文件材料提出整改意见，以"整改事项告知单"的形式告知各参建单位。各参建单位依据"整改事项告知单"上的需整改事项和要求，在规定期限内完成项目整改，并形成书面形式的"完成整改项目报告单"报送指挥部备查。

图5-4 新机场航站楼核心区工程项目档案预验收

（3）成立工程项目档案验收组进行验收

指挥部在项目竣工验收3个月之前，成立工程项目档案验收组（以下简称档案验收组），完成大兴机场工程项目档案验收。

第一，成立工程项目档案验收组。档案验收组成员由北京市城市建设档案馆、中国民用航空局档案馆、产权单位、指挥部、勘察设计单位、监理单位、施工单位等人员组成。

第二，针对中小型或零星的工程项目，档案验收组成员可作适当调整，可由产权单位、指挥部及对应的勘察设计单位、监理单位、施工单位等人员组成，必要时可邀请北京市城市建设档案馆、民航局档案馆相关专家加入验收组。

第三，依据国家、行业标准和预验收认可文件，档案验收组对大兴机场工程项目档案作进一步检查、审核，重点检查预验收时要求整改的项目。

第四，档案验收组组长负责汇总专家组成员对大兴机场工程项目档案的检查、审核结果，出具工程档案竣工验收意见，并由专家组组长及全体成员签字确认。

（4）竣工验收后单独采用行业验收

行业验收（图5-5）由民航管理部门组织，工程建设、设计、监理、施工、勘察、质量监督单位及其运行管理部门参加。

第一，行业验收的主要依据。行业验收的主要依据是国家及行业相关法律、法规、规章、技术标准与规范；建设项目的批准、核准、备案文件；经批准的工程初步设计、设计变更及经审查的施工图设计等文件；国家及行业相关技术标准与规范不适用或不涵盖的，以招标文件、合同约定或主要设备的技术规格说明书。

第二，行业验收的内容。行业验收的内容包括工程项目是否符合批准的建设规模、标准；工程质量是否符合国家和行业现行的有关标准及规范；工程主要设备的安装、调试、检测及联合试运转情况；航站楼工艺流程是否符合有关规定、满足使用需要；工程是否满足机场运行安全和生产使用需要；工程项目档案收集、整理和归档情况；有中央政府直接投资、资本金注入或以资金补助方式投资的工程的概算执行情况。

图5-5 北京新机场飞行区工程竣工验收会

第三，行业验收预备会。民航管理部门组织召开行业验收预备会，研究确定行业验收委员会的组成和行业验收方案。行业验收方案主要包括行业验收的分组、各组人员组成及验收范围。运输机场工程行业验收一般按照飞行区工程、航站楼工程、空管工程、公安安检应急救援工程、供油工程的现场实体检查及工程项目档案结算等专业类别进行分组。各专业验收组根据工程的实际情况制定各组的行业验收方案及验收检查单。

第四，验收动员大会。民航管理部门组织召开行业验收动员大会，会议内容包括工程建设情况汇报，如建设、勘察设计、施工、监理、质量监督单位的汇报。宣布验收工作安排、验收委员会人员组成、各专业验收组人员组成及各专业验收组验收范围等事项。各专业验收组按照制定的行业验收方案及检查单进行工程现场检查，并形成各专业验收组书面检查意见。

第五，验收委员会会议。民航管理部门组织召开验收委员会会议，会议主要内容包括各专业验收组长向验收委员会汇报现场检查情况，讨论并形成行业验收意见。民航管理部门组织召开行业验收总结大会，并宣读行业验收意见。

（5）明确移交期限、数量、程序

第一，大兴机场工程项目档案的参建单位须在项目竣工验收后6个月内完成档案移交，主要移交电子格式的案卷目录、卷内目录。

第二，大兴机场工程项目档案的移交数量具有明确规定。一是各参建单位（第三方）将档案移交指挥部时，需移交纸质档案4套（1正3副），数字化后的档案级电子光盘、磁盘、硬盘5套。二是指挥部将档案移交集团公司时，需移交纸质档案1正（原件）1副（复印件）共2套（20卷以上需含总目录卷），数字化后的电子光盘或磁盘2套。三是指挥部将档案移交运行管理单位时，原则上移交2套档案副本、2套电子版光盘。

第三，大兴机场工程项目档案移交时，办理工程项目档案交接手续，具体包括档案移交的内容、数量、图纸张数等；填写《项目档案移交书》（图5-6～图5-8）、编制《指挥部项目档案案卷目录》，一式两份，且需双方签字盖章、留底备查。指挥部向城建档案管理部门移交建设工程项目档案时，须遵循城市建设档案管理相关规定（图5-9）。

项目档案移交书（供参建单位使用）

工程名称		合同号	
开工日期	年　　月　　日	竣工日期	年　　月　　日

　　　　　　根据相关规定向 ＿＿＿＿＿＿移交 ＿＿＿＿＿＿工程档案，档案资料共计＿＿卷（＿＿套），电子版档案＿＿套。其中单套文字材料＿＿卷，竣工图＿＿卷，照片档案＿＿册/＿＿卷，附工程档案资料案卷目录一份。

移交单位移交意见（公章）： 　　移交人： 　　审核人： 　　年　月　日	建设单位 负责部门审核意见（公章）： 　　审核人： 　　负责人： 　　年　月　　日
监理单位审核意见（公章）： 　　审核人： 　　负责人： 　　年　月　日	建设单位 档案部门接收意见（公章）： 　　接收人： 　　负责人： 　　年　月　　日

图5-6 《项目档案移交书》(供参建单位使用)

项目档案移交书（供各职能部门使用）

项目名称	

　　__（移交部门名称）__ 向 _____ 移交 ____（项目名称）__

项目档案，档案资料一式_____份，（_____正_____副共计

册），电子版档案____套。__（何种格式：比如U盘、光盘、硬盘）__

个（张），附档案资料目录清单一份。

　　　移交单位：（章）　　　　　　　　　　　　接收单位：（章）

　　　移交人：　　　　　　　　　　　　　　　　接收人：

　　　年　月　日　　　　　　　　　　　　　　　年　月　日

图5-7 《项目档案移交书》(供各职能部门使用）

项目档案移交书（供甲方委托的第三方单位）

项目名称	
（移交单位） 按相关规定向 （接收单位） 移交 （项目资料名称） 档案资料，档案资料共计____卷/册（____卷），电子版档案____套。 （何种格式：比如U盘、光盘、硬盘） 个（张）， 　　附：档案资料目录清单一份。	
移交单位移交意见（公章）： 　移交人： 　审核人： 　　　　　　　　　　　　　　　年　　月　　日	
建设单位 负责部门审核意见（公章）： 　审核人： 　负责人： 　　　　　　　　　　　　　　　年　　月　　日	
建设单位 档案部门接收意见（公章）： 　接收人： 　负责人： 　　　　　　　　　　　　　　　年　　月　　日	

图5-8 《项目档案移交书》(供甲方委托的第三方单位使用)

图5-9　北京市城市建设档案馆检查配套区市政工程项目档案

5.4.5　电子档案的验收与移交

（1）明确电子档案移交的基本要求

指挥部在移交大兴机场工程项目电子档案前，确保电子档案数据的准确性、完整性、可用性和安全性，在检验合格后方可移交。项目电子档案的移交主要采用离线方式进行；电子档案元数据与电子档案一起移交，并采用基于XML的封装方式组织档案数据；电子档案移交的主要流程包括组织和迁移转换电子档案数据、检验电子档案数据、移交电子档案数据等。

（2）确立规范化电子档案接收流程

指挥部接收工程项目电子档案包含六个步骤（图5-10）。其中，检验电子档案是重中之重，这一阶段接收的工程项目电子档案数据的准确性、完整性、可用性和安全性将与后期管理、保存阶段的电子档案质量密切相关。只有对大兴机场工程项目电子档案资源的"四性"进行全面检验，且通过检验合格后方可接收。除此步骤之外，大兴机场工程项目电子档案的接收

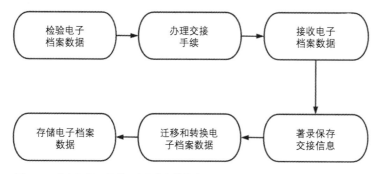

图5-10　大兴机场工程项目电子档案接收步骤

还包括办理交接手续、接收电子档案数据、著录保存交接信息、迁移和转换电子档案数据、存储电子档案数据等。

（3）签订移交清单

大兴机场工程项目电子档案的移交与验收，遵从《电子文件归档光盘技术要求和应用规范》（DA/T 38）和《磁性载体档案管理与保护规范》（DA/T 15）等有关规定。在电子档案检验合格后办理交接手续，填写《电子档案移交与接收登记表》，由交接双方签字（可采用电子签名格式）、盖章，并各自留存一份。

5.4.6　档案验收与移交的经验

第一，定期实地指导监督，明确档案全流程工作内容。指挥部各级档案工作者定期组织现场调研和检查，对监理单位、施工单位等进行监督，确保大兴机场工程项目档案验收过程全透明。对标"样板工程"和"6月30日"竣工目标，公开招标具有工程项目档案管理资质和经验的第三方服务机构，协助开展大兴机场工程项目档案竣工验收相关工作，制定大兴机场工程竣工验收工作推进情况表（表5-3）和项目档案移交书。具体工作包括：

一是对各参建单位工程项目档案工作现状进行调研；

二是根据档案法律法规、政策要求和标准规范等，明确大兴机场工程项目档案的收集、归档整理、移交与接收等要求；

三是将大兴机场工程项目档案进行数字化扫描，并将数据上传至档案管理系统；

四是完成大兴机场工程竣工档案验收相关工作。

大兴机场工程竣工验收工作推进情况表 表 5-3

填表单位	北京新机场建设指挥部	填报时间	...
竣工验收工作情况	...		
存在的问题和困难	...		
下步工作计划措施	...		

注：请各工程部门填写并于每周四16:00前反馈行政办公室

第二，加大人力物力投入，成立工程项目档案验收组。指挥部完成机场工程项目档案咨询服务合同的内部传签后，正式启动第三方档案咨询服务工作，全面开展档案收集、审核、整编、参与验收等相关工作。根据实际工作需要，大兴机场工程项目档案验收组分为4组。其中，一组负责整理建设单位前期文件，包含招标、合同、财务、工程准备阶段等文件；二组负责整理文书档案，同时完成数据系统挂接工作；三组负责调研5个工程部门档案工作现状，调研"6·30"竣工项目以及各工程项目档案移交情况，做到全流程跟踪督促指导；四组明确档案接收单位及标准，并将人员分派至5个工程部门，负责对各工程部门在档案资料归档过程中遇到的问题进行现场指导。

第三，明确档案接收标准，有序推进档案验收移交。一是针对民航专业工程，指挥部认真研读中国民用航空华北地区管理局下发的《民航华北局关于北京大兴国际机场民航专业工程档案验收方案》，并对相关监理单位和施工单位档案项目负责人和档案工作者进行培训，确保民航专业工程项目档案资料实现及时顺利归档、验收与移交。二是针对市政、房建工程，依据北京市《市政基础设施工程资料管理规程》（DB11/T 808）、《建筑工程资料管理规程》（JGJ/T 185）及《建设项目档案管理规范》（DA/T 28—2018）等进行档案接收标准及要求的汇总整理（表5-4）。

第四，强化中期监督管控，严把档案验收质量。一是对档案工作者进行科学统筹培训。指挥部对参建单位进行培训，邀请相关专家开展现场指导，实行"循环培训"方式。二是加强监督管理力度。指挥部定期现场检查大兴机场工程项目档案工作、检查档案验收移交进度，具体由专家领导现场开展检查验收，与北京市城市建设档案馆、集团公司确认移交事宜，并组织项目团队核心成员周例会。大兴机场工程项目档案于2019年圆满完成行业验收和总验终审验收。

不同类型工程的档案接收标准   表 5-4

工程类型	接收标准
民航专业工程	《民用机场建设项目民航专业工程文件及档案管理规范》
市政、房建工程	《市政基础设施工程资料管理规程》（DB11/T 808）
	《建筑工程资料管理规程》（JGJ/T 185）
	《建设项目档案管理规范》（DA/T 28—2018）

第五，档案验收结果与工程尾款挂钩。依照国家法律法规、基本建设程序运作，强化廉洁风险防控机制以及工程合同要求，大兴机场工程项目档案验收作为竣工结算的一个重要环节，有赖于通过制度强化约束各参建单位按照规定整理档案，确保大兴机场工程项目档案规范、齐全、完整。此外，指挥部在合同支付细则中注明，档案验收完成后，由档案管理部门签字后再支付结算款、质保金、审计尾款。

第六，委托专业第三方开展档案验收。指挥部通过委托专业的第三方档案服务团队，对大兴机场工程的档案管理工作进行优化，有效提升档案收集、整理的质量与效率，为顺利完成工程项目档案联合验收奠定扎实基础。此外，在加大工程项目档案工作管控力度方面，指挥部通过组建专门的档案竣工验收信息交流群，及时回应并解决监理单位、施工单位档案项目负责人面临的急难问题。

第七，坚持工程项目档案接收"抓早抓小"。根据北京市工程项目档案联合验收的有关规定，避免大兴机场工程项目档案集中批量移交给档案接收单位造成的压力，指挥部创新采用"竣工一个""归档一个""移交一个"的工程项目档案接收模式，为确保档案及时顺利移交至各级接收单位发挥重要作用。

5.5 大兴机场工程项目档案的整理与保管

5.5.1 档案整理的基础要求

其一，大兴机场工程项目档案的类别代码为JJ。细分为四类：一是航站区及附属工程（代码01）；二是跑道、站坪、路桥、滑行道、楼前道路（代码02）；三是办公用房（代码

03）；四是住宅（代码04）。

其二，大兴机场工程项目档案编号规则为"全宗号—档案门类代码·年度—保管期限—工程分类代码·项目编号—案卷号"。如"0182—JJ·2020—Y—04·001—0001"表示基建档案住宅类第1卷。

其三，指挥部编制项目档案案卷目录（表5-5），并参照《全宗卷规范》（DA/T 12—2012）有关规定建立项目档案管理卷。

指挥部项目档案案卷目录

表 5-5

盒号	案卷题名	编制单位	编制日期	页数	备注
1	北京大兴国际机场急救中心、急救病房及后勤用房工程（门诊楼等3项）建设工程规划用地测量成果报告书	北京新机场建设指挥部	20190822	6	……
……	……	……	……	……	……
……	……	……	……	……	……

5.5.2　电子档案的管理要点

大兴机场工程项目电子档案的管理符合以下要求：

第一，项目电子档案的保管、有效性保证、鉴定和利用符合《电子文件归档与电子档案管理规范》（GB/T 18894—2016）的规定。

第二，建设单位建立工程项目档案管理系统，管理项目全部电子档案。系统具备接收登记、分类组织、鉴定处置、权限控制、检索利用、安全备份、统计打印、移交输出、系统管理等基本功能。

第三，接入内部网的工程项目档案管理系统，建立操作日志，通过身份认证、访问控制、信息完整性校验、防火墙、入侵检测等技术手段和管理方法确保档案数据得到有效保护，防止因偶然或恶意的原因使网络数据遭到破坏、更改、泄露，杜绝网络系统上的信息丢失、篡改、失密泄密、系统破坏等事故的发生。

第四，项目电子档案保存实行备份制度，重要电子档案异地异质备份。

第五，在计算机软、硬件系统更新前或数据格式淘汰前，档案管理部门将项目电子档案迁移到新的系统或进行格式转换，保证其真实、完整和在新环境中完全兼容。

第六，项目电子档案失去保存价值后，在履行销毁审批手续后，采取有效技术措施进行信息清除工作。属于保密范围的电子档案，其销毁按国家保密法规实施。

5.5.3 档案保管的具体要求

（1）财务档案的保管

财务档案（含会计档案）的保管期限分为永久、定期两类。定期保管期限一般分为10年和30年。可依据《会计档案保管期限表》，准确划分会计档案的保管期限。财务档案的保管期限，从财务年度终了后的第一天算起。采用磁性介质保存的财务档案，定期进行检查和复制，防止磁性介质损坏致使财务档案丢失。重要的电算化会计档案备份两份，清楚标明备份时间、内容、执行人，并存放在不同的地点。

（2）电子档案的保管

各部门选择符合长期保存要求的工程项目电子档案存储方式，归档电子文件的格式转换、元数据收集、归档数据包组织、存储等整理要求，参照《企业数字档案馆（室）建设指南》（档办发〔2017〕2号）、《电子文件归档与电子档案管理规范》（GB/T 18894—2016）、《基于XML的电子文件封装规范》（DA/T 48—2009）、《档案级可录类光盘CD-R、DVD-R、DVD+R 技术要求和应用规范》（DA/T 38—2021）等标准规范执行。

（3）声像档案的保管

音像档案的保存符合防火、防潮、防高温、防尘、防虫霉、防光、防酸碱、防磁的要求。磁性载体的音像档案放入专用防磁柜中保存，并做到垂直放置。对磁性载体上的电子档案每满2年、光盘每满4年进行一次抽样机读检验，抽样率不低于10%。如发现问题及时采取相应恢复措施。应对磁性载体上的电子档案，每4年转存一次，原载体同时保存时间不少于4年。

（4）档案排架的管理

归档文件整理完毕装盒后，按规定存放在专用的工程项目档案库房。为充分利用库房空间，便于存放和查找工程项目档案，在档案库房内安置档案专业密集架存放档案。上架排列方法与本单位工程项目档案归档文件分类方案一致，排架方法避免频繁倒架。库房排架时，每年形成的工程项目档案按"年度—保管期限—机构（问题）"依次上架，每列档案密集架注明所存工程项目档案的类别和编号范围，便于实体管理。

（5）库藏档案的统计

档案工作者定期检查、核对库藏工程项目档案，掌握工程项目档案的库藏量、借出量、阅览量、移出量、销毁量等档案的变化情况，做好工程项目档案的统计工作。

（6）档案库房的管理

建设单位和参建单位为工程项目档案的安全保管提供必要的设施设备，确保工程项目档案安全。建设单位档案库房符合防火、防盗、防水、防潮、防高温、防紫外线照射、防尘、防有害生物（霉、虫、鼠）的要求。档案管理部门建立工程项目档案库房管理制度，加强日常库房管理。

5.6　本章小结

本章主要探讨工程项目档案资源体系建设概述，大兴机场工程项目文件材料的形成与积累、立卷与归档，大兴机场工程项目档案的验收与移交、整理与保管五个方面的内容。创新点主要体现在如下几个方面：

一是指挥部总结形成了"样板—各方审核—通过后正式编制"模式，前期统筹规划文件材料的形成、编制以制作模板，明确人员入场后的职责和标准要求，并积极借助工程资料管理平台开展文件材料编制。

二是采用"三统一"的方法整理立卷，并且指挥部工程项目管理系统与档案管理系统进行接口集成，逐步实现档案管理全流程电子化；电子文件归档移交确保数据完整。

三是指挥部明确档案验收与移交时，定期实地指导监督，创新档案全流程服务工作模式；加大人力物力投入，成立工程项目档案验收组；强化中期监督管控，严把档案验收质量；明确档案接收标准，有序推进档案验收移交；档案验收结果与工程尾款挂钩；委托专业第三方档案服务团队开展档案验收；坚持工程项目档案接收"抓早抓小"。

大兴机场工程项目
档案利用体系建设

工程项目档案的开发利用及其利用体系建设始终是档案业界和学界高度关注的话题。习近平总书记出席大兴机场投运仪式时指出，大兴机场工程充分体现了中国精神和中国力量，向党和人民交上了一份令人满意的答卷。[①]在这份"令人满意的答卷"背后，大兴机场工程项目档案利用体系建设发挥了不可磨灭的重要作用，也积累了丰富的成效与经验。本章重点论述大兴机场工程项目档案利用体系的含义与特点，建设意义与原则，档案利用的用户和对象，档案利用的途径、规范和成效等内容，试图全面探究大兴机场工程项目档案利用体系建设的典型做法与先进经验。

---

① 新华社. 习近平出席投运仪式并宣布北京大兴国际机场正式投入运营 韩正出席仪式并致辞[EB/OL]. （2019-09-25）[2023-06-19]. https://www.chinacourt.org/article/detail/2019/09/id/4488922.shtml.

6.1 大兴机场工程项目档案利用体系建设概述

2007年12月，《国家档案局关于印发〈关于加强民生档案工作的意见〉的通知》（档发〔2007〕12号），首次提出"要着力建立服务人民群众的档案利用体系"。目前，学界尚未明确界定"档案利用体系"的含义。就实践内容来看，档案利用体系主要包括档案开放、档案利用服务、档案资源开发等活动及其管理过程。一套科学的档案利用体系有助于机构或组织更好地管理和开发利用档案信息，提高档案利用效率、发挥档案信息的价值。大兴机场工程项目档案利用体系的建设与完善，不仅为大兴机场的建设和运营提供强有力的支持，也为其他工程项目提供借鉴和参考。本部分重点论述大兴机场工程项目档案利用体系的含义和特点、建设意义和原则。

6.1.1 大兴机场工程项目档案利用体系的含义

工程项目档案利用体系是工程项目建设单位或管理单位为管理和利用工程项目档案，而设计的一套科学、高效、有序的工程项目档案利用机制和相关制度体系，具体包括工程项目档案开放及其管理、工程项目档案借阅及其管理、工程项目档案查询服务及其管理、工程项目档案复制服务及其管理等。一套科学的工程项目档案利用体系有助于指导工程项目建设单位或管理单位更好地管理和利用工程项目档案，提高工程项目档案利用效率并充分发挥其价值，同时保障工程项目档案信息处于安全可控的状态。大兴机场工程项目档案利用体系，是指在大兴机场工程项目建设和运营管理中，围绕档案开放、档案利用服务、档案资源开发等活动开展的实践及其管理过程，具体包括工程项目档案的用户和对象、利用途径和规范、利用成效等内容。

6.1.2 大兴机场工程项目档案利用体系的特点

大兴机场工程项目是我国新时代的一项重要基础设施工程，在其建设和运营管理过程中会形成、留存大量的工程项目档案。如何高效、科学地利用这些档案，为保障大兴机场安全高效运营提供有力支持，是大兴机场工程项目档案管理需直面的问题。在此背景下，大兴机场工程项目档案利用体系应运而生。在其建设与完善过程中，呈现出"四强"特征：系统性和科学性强、共享性和协同性强、服务性和可持续性强、安全性和保密性强。

（1）系统性和科学性强

大兴机场工程项目档案利用体系是由多个部门和单位组成的系统，其中每个环节均有相应的制度和规范发挥支撑作用。同时，该体系设计合理、科学有效，能为大兴机场工程项目档案高效利用提供有力保障。大兴机场工程项目档案利用体系的系统性和科学性强这一特征具体表现为：

第一，大兴机场工程项目档案利用体系的系统性。在建设大兴机场的过程中，工程项目档案涉及诸多领域与环节，包括设计、施工、监理、验收、运营等各个阶段，因此建立一套系统性的工程项目档案利用体系尤为必要。大兴机场工程项目档案利用体系不仅要求对档案的收集、整理、归档等基础管理工作进行规范化和系统化，更需要在档案的利用方面予以系统性设计，包括信息管理、资源共享、技术支持等，由此便于更好地提高工程项目档案的利用效率和质量，促进大兴机场实现可持续发展。此外，大兴机场工程项目档案利用体系强调系统性，主要表现在其并非一套简单的档案管理制度，更是一个由档案管理、信息技术、业务流程等多方面组成的体系。在该体系中，档案管理具体涉及档案的收集、整理、存储和利用等业务流程；信息技术强调为工程项目档案管理提供先进技术支持，如数据库、网络、人工智能技术等，以满足大兴机场工程项目档案的数字化、电子化管理和利用需求；业务流程则强调大兴机场工程项目档案保管利用与信息技术运用的有效结合，确保工程档案利用服务的高效与便捷。

第二，大兴机场工程项目档案利用体系的科学性。科学性主要表现在：坚持从实际出发，建立覆盖所有参建单位的档案利用体系，主动顺应档案价值扩展律，保障各类利用主体的档案利用权限；坚持制度统筹，以科学的档案利用制度统筹档案利用行为管理，使工程档案价值发挥有序、快捷、安全、可控；坚持动态调整，面向工程项目建设运营需要，高度重视档案利用反馈，及时调整利用服务措施和程序，积极应对制度的滞后性。

第三，大兴机场工程项目档案利用体系的融合性。由于大兴机场工程项目档案利用体系系统性和科学性较强，其设计和建设需综合考虑多种因素，以实现各环节之间的协调、配合。在此过程中，需将不同的管理制度、技术手段、服务标准等进行有机融合，形成一个完整的档案利用体系。

大兴机场工程项目档案利用体系的融合性体现在多个方面。如工程项目档案的利用需融合多个管理部门和职能机构，包括档案管理部门、信息技术部门、建设管理部门、质量监管部门等。其次，工程项目档案的利用需与其他领域的信息资源进行深度融合，如机场建设领域的规划设计信息、运营管理领域的航班数据、安全监管领域的安全管理信息等。值得注意的是，还应重点建立一套完善的数据融合与共享机制，保障大兴机场工程项目档案的信息安全。

总之，大兴机场工程项目档案利用体系以其系统性和科学性，以及蕴含其中的融合性，有效地解决工程项目档案管理中存在的诸多难题，为工程项目建设提供典型参考案例，同时也能为其他工程项目的档案管理提供借鉴和参考。

（2）共享性和协同性强

当今社会，信息共享和协同合作已成为现代化管理的重要特征。在大兴机场工程项目档案利用体系建设与完善过程中，共享性和协同性强的特征亦得以凸显。具体来说，大兴机场工程项目档案利用工作借助统一的档案管理平台，实现工程项目档案的信息共享；通过建立协同合作机制，实现各部门之间的信息共享和协同以及工程项目档案的高效管理和利用。这一特征具体表现为：

第一，共享平台建设。指挥部在档案利用体系建设过程中，建立了一个集中、全面、开放的档案管理系统。该系统具有信息共享和协同管理的功能，各相关部门可以通过该系统实现工程项目档案信息的共享和管理，从而提升档案管理效率，避免产生信息孤岛。

第二，跨部门协同合作。大兴机场工程项目档案利用涉及多个部门，需要跨部门的协同合作。在大兴机场工程项目档案利用体系建设过程中，各部门之间通过共享平台开展信息交流和工作协同，逐步建立一套跨部门的工程项目档案管理流程和标准，确保工程项目档案的全面、准确、可用。

第三，利益相关者共同参与。大兴机场工程项目档案涉及行政主管部门、建设单位、勘察单位、设计单位、施工单位、监理单位、第三方检测单位等多个主体。其均可通过档案管理系统共同参与大兴机场工程项目档案的管理和利用，便于开展协同合作和信息共享。

（3）服务性和可持续性强

大兴机场建设的目标是打造现代化、国际化的综合交通枢纽，其工程项目档案利用体系建设必须服务于这一目标。基于此，谈及大兴机场工程项目档案利用体系的特点时，服务性和可持续性强是不容忽视的一点。在工程项目建设完成后，其档案的管理与利用同样重要，原因在于档案记录了工程项目的建设历程和各种技术数据，对于其后续运维具有不可替代的支撑作用。构建具有服务性和可持续性强特征的工程项目档案利用体系，对于保障大兴机场长期稳定运行十分重要。

在服务性方面，大兴机场工程项目档案工作不仅要服务于大兴机场本身，还要服务于北京市及整个京津冀地区乃至全国、全球的民航事业建设和发展。通过对大兴机场工程项目档案的有效管理和利用，有助于提高工程项目建设的效率和质量，为民航事业高质量建设和发展贡献档案力量。同时，随着时间的推移，大兴机场工程项目档案的信息价值将不断提升，由此能更好地服务于未来的民航事业发展需求。除此之外，大兴机场工程项目档案在利用过程中充分考虑用户需求，关注用户服务，在工程项目档案借阅、查询、复制等方面为各类用户提供全方位服务及优质高效的利用体验。

在可持续性方面，主要体现在工程项目档案长期有效的利用和保护上。随着大兴机场工程项目的不断推进，其产生的工程项目档案数量不断增加，这些档案记录了大兴机场工程建设和机场运营、管控、维护、保养、改建、升级等各个阶段的原始信息，具有重要的历史价值和参考价值。因此，在大兴机场工程项目档案利用体系建设过程中，必须对工程项目档案进行安全保护和科学利用，确保其信息的可靠性、完整性不受损害，为未来的民航事业实现高质量发展提供必要的参考和支持。

总的来说，大兴机场工程项目档案利用体系的服务性和可持续性强，不仅表现在可以为工程项目建设和管理单位提供高效、科学、安全的档案管理和利用服务支持，使工程项目信息得以长期保存和利用，为未来的研究和发展奠定基础；还可以促进大兴机场工程项目信息共享和交流，为相关领域决策与发展提供支持。

（4）安全性和保密性强

在大兴机场工程项目档案利用体系中，安全性和保密性是一个非常重要的特征，其目的在于确保大兴机场工程项目的重要信息不被泄露，以保护国家利益和客户隐私安全。这一特征具体体现在：

第一，利用制度和规定。大兴机场工程项目档案利用体系的制度和规定非常严格，对档案的存储、使用、借阅、复制等环节均有详细的规定和流程设计，对于重要的工程项目档案，通常采取封存、授权访问、身份验证等方式进行管理，确保仅授权人员可查阅和利用相关档案，保障工程项目档案安全。

第二，信息安全保障措施。大兴机场工程项目档案利用体系中还包括相关的档案信息安全保障措施。在工程项目电子档案管理过程中，保障信息系统和网络的安全性、稳定性尤为重要。大兴机场工程项目档案利用体系中有关档案信息安全的保障措施包括信息安全管理、数据备份、灾备恢复等。

第三，法律责任和追究机制。大兴机场工程项目档案利用体系在建设过程中，严格落实相关法律法规对档案利用风险的惩戒规定。在档案利用制度及相关合同中明确规定，违反法律的，移交司法机关处理，追究法律责任；造成损失的，由相关人员和单位按合同或有关规定赔偿。

总的来说，大兴机场工程项目档案利用体系建设呈现出鲜明的安全性和保密性特征，这是确保大兴机场工程项目档案安全可控、可持续利用的基础前提。其不仅为大兴机场的建设、管理、运营以及未来发展提供有力保障，同时也有助于实现大兴机场工程项目档案资源的充分利用和信息化建设效能的持续提升。

6.1.3 大兴机场工程项目档案利用体系建设的意义

1958年，全国档案工作会议提出"以利用为纲"的方针，即强调"档案工作应该以多快好省地开展对档案资料的利用工作为纲，充分发挥档案资料在社会主义建设中的积极作用"。[①]在学术界，已有不少学者深入探究工程项目档案开发利用的重要性；在业界，工程项目档案开发利用如火如荼，涌现了一大批典型案例，充分彰显其之于新时代档案事业高质量发展的重要作用与价值。大兴机场工程项目档案利用体系建设，既是充分实现工程项目档案价值的必由之路，也是工程项目档案管理实践的重要环节。具体而言，加强大兴机场工程项目档案利用体系建设，是实现工程项目档案价值的根本途径，发展工程项目档案事业的内在要求，是档案事业围绕中心服务大局的基本任务。

（1）实现工程项目档案价值的根本途径

加强大兴机场工程项目档案利用体系建设，是实现工程项目档案价值的根本途径。2018年1月24日，时任中共中央政治局委员、中央书记处书记、中央办公厅主任丁薛祥到中央档案馆国家档案局调研并发表重要讲话，强调要充分挖掘档案价值，把档案信息开发利用工作与学习宣传贯彻习近平新时代中国特色社会主义思想和党的十九大精神结合起来。[②]工程项目档案是工程项目的历史记录，包含工程建设的各个阶段、设计方案、施工过程、质量检测、验收评估等信息，对工程项目的管理、运营、维护与改进都具有重要的指导作用。对于大兴机场工程项目而言，加强工程项目档案利用体系建设，有助于更好地梳理、整合工程项目档案的信息价值，提高工程项目的管理和决策水平，为工程项目可持续发展提供支撑和保障；同时，也有助于促进工业文化遗产保护和传承，充分发挥工程项目

① 丁华东，黄琳. 中国特色档案利用服务体系的建设与完善[J]. 档案学研究，2022（1）：51-57.
② 赵向华. 丁薛祥同志到中央档案馆国家档案局调研并发表重要讲话[J]. 中国档案，2018（2）：10.

档案的历史文化价值。

一方面，加强大兴机场工程项目档案利用体系建设，有助于更好地梳理和整合工程项目档案的信息价值，提高工程项目的管理和决策水平，为机场可持续发展提供支撑和保障。2014年，北京市南水北调办公室在参加园博园举办的全国科普日活动中，利用工程项目档案举办展览，首次揭开南水北调工程的神秘面纱，参观者高达18万人次。[①]在武汉发生疫情后，武汉市决定紧急建设应急传染病医院——武汉火神山医院，中国中元国际工程有限公司（以下简称中国中元）在78分钟内向武汉市城乡建设局提供了17年前小汤山医院设计图纸等工程项目档案，助力火神山医院在10天时间内神速建成。中国中元相关工程项目档案见证了医疗建筑事业发展的足迹，现已成为医院设计的必备参考和设计新人的"学习教材"，发挥着多种效益。[②]以此为启发，对于大兴机场而言，加强大兴机场工程项目档案利用体系建设，有助于帮助其梳理、整合工程项目档案信息，提高工程项目的管理和决策水平，为机场可持续发展提供支撑和保障。

另一方面，加强大兴机场工程项目档案利用体系建设，有助于深入挖掘并利用工程项目档案的历史文化价值，为文化遗产保护和传承作出档案贡献。2019年4月16日，法国巴黎圣母院（Notre Dame Cathedral）被一场大火摧毁。大火扑灭后，法国总统马克龙表示"将重建巴黎圣母院"。在此之前，瓦萨大学（Vassar College）艺术学院副教授安德鲁·塔龙（Andrew Tallon）生前曾用激光扫描仪完成对巴黎圣母院的扫描工作，创建了一个完美精确的大教堂模型，展现各个角度的建筑全景、3D和细节图片。电子游戏公司育碧（Ubisoft）在其畅销游戏《刺客信条：大革命》（*Assassin's Creed: Unity*）中也收集了教堂的真实模型，游戏艺术家卡罗琳·缪斯（Caroline Miousse）曾花费两年时间对巴黎圣母院的外观进行精雕细琢，每一块石头均是如此。目前，3D数字化重建技术广泛应用于建筑设计、电影工业、摄影成像、线上电商、医疗、考古等领域，上述利用3D数字化重建技术所生成的数字档案，能够为巴黎圣母院的精确重建提供重要参照。皮埃尔·路易吉·奈尔维（Pier Luigi Nervi）是意大利工程师、建筑师，代表作品有罗马小体育宫、皮瑞里大厦、梵蒂冈会堂的内部空间等，而被称为"混凝土诗人"，是20世纪最杰出的结构工程师和建筑师之一。2017年，美国建筑师托马斯·莱斯利（Thomas Leslie）在伊利诺伊大学出版社出版《美的严谨：皮埃尔·路易吉·奈尔维的生产模式》（*Beauty's Rigor: Patterns of Production in the Work of Pier Luigi Nervi*）一书，利用奈尔维档案以及丰富的照片档案和建筑图纸，既全面概述了奈尔维漫长的职业生涯，也回顾分析其建造的罗马小体育宫、旧金山圣玛丽大

---

① 孙昊. 优化手段 全程监督 严把建设项目档案工作质量关[N]. 中国档案报，2014-04-25（001）.
② 王燕民，戴莉，王睿. 档案助力抗击疫情医院建设[J]. 中国档案，2020（3）：22-23.

教堂、联合国教科文组织（UNESCO）总部等著名建筑。比利时航空公司又称萨贝纳航空公司（Sabena），成立于1923年5月，是欧洲著名的航空公司之一，于2001年12月宣告破产，此后当地机场再也未能再现昔日辉煌。破产公告一出，比利时国家档案馆就联系受托人开展清算后档案的保存和移交进馆。20多年来，萨贝纳航空公司的档案曾长期保存于布鲁塞尔机场停机坪附近的一个棚子里。2022年12月20日，萨贝纳航空公司的档案（包括董事会和股东大会的会议记录、会计文件、法律服务档案和人事档案等）被移交至贝弗伦国家档案馆（Rijksarchief Beveren）。该公司形成的档案对于20世纪比利时经济和社会史研究具有重要价值，在未来几年将进一步面向社会公众提供利用。以上述典型案例为启发，不难得出，大兴机场工程项目档案作为国家重大基础设施建设的重要组成部分，记录我国民航事业发展的重要历程，反映我国在中国式现代化国家建设道路上取得的重要成就，对于维护国家荣誉感、传承民族精神、激发爱国情感具有重要意义，同样在文化遗产保护和传承方面具有重要价值。

大兴机场工程项目档案不仅是大兴机场工程项目建设历史的记录者、见证者，也凝聚着所有相关人员的心血和智慧的结晶。从长远的角度而言，加强大兴机场工程项目档案利用体系建设，有利于充分实现大兴机场工程项目档案的历史文化价值。

（2）发展工程项目档案事业的内在要求

建设大兴机场工程项目档案利用体系，是发展大兴机场工程项目档案事业的内在要求。一方面，顺应档案事业的发展趋势，数字技术的广泛应用为工程项目档案开发利用带来更多新的可能。结合档案工作实践的现状来看，"新一代数字和网络信息技术，正在对档案工作的对象、环境、理念、模式等产生深刻的影响，为传统的档案管理、档案资源整合开发和档案利用服务工作注入新的活力。"[①]目前，在档案资源开发中可以应用数据分析技术、数据关联技术、数据发掘技术、数据可视化技术等，在档案利用服务中可以应用数据开放技术、移动服务技术、虚拟现实技术、用户画像分析与智能推送技术等，从而提高档案资源开发的深度、档案利用服务的信息化和智能化水平。[②]《"十四五"全国档案事业发展规划》明确指出，"十四五"时期，新一代信息技术广泛应用，档案工作环境、对象、内容发生巨大变化，迫切要求创新档案工作理念、方法、模式，加快全面数字转型和智能升级。利用数字人文方法与技术创新档案信息资源开发工作，既符合国家的发展规划，也顺应时代的发展趋势；[③]档案

① 张斌，杨文. 中国档案学研究热点与前沿问题探讨[J]. 图书情报知识，2020（3）：28-40+62.
② 常大伟. 理念、制度与技术：治理现代化语境下档案事业高质量发展的三重审视[J]. 档案学通讯，2022（2）：13-19.
③ 赵雪芹，党昭，李天娥. 数字人文视角下的档案信息资源开发问题与对策[J]. 北京档案，2021（1）：18-22.

的开发利用一直是档案领域的核心工作，新兴数字技术创新了档案资源的开发途径与利用方式。[①]在大兴机场工程项目档案开发利用过程中，开发主体积极利用各类数字技术，顺应档案事业的发展趋势，是发展工程项目档案事业的内在要求。

另一方面，开发利用工程项目档案，是对个性化、多样化用户需求的有效回应。大兴机场工程庞大且复杂，其档案用户群体及其利用需求也是个性化、多样化的，为大兴机场工程项目档案利用体系建设带来一定挑战。聚焦于大兴机场工程项目档案利用体系建设，应充分考虑档案用户群体的构成特点、需求特点等要素，从而提供精准化服务。2018年1月，时任国家档案局局长在全国档案工作暨表彰会议上提出，要贯彻以人为本，建立"两个体系"，其中一个就是要建立方便人民群众的档案利用体系。2021年，一项涉及全国524名档案用户的"各级国家综合档案馆用户利用需求调查"发现，档案用户的信息获取渠道趋向网络化、利用内容趋向数字化、利用目的呈现多样化。总体上，用户对档案利用服务提出更加精准性、便利性、全面性的要求。[②]由此可见，在档案事业高质量发展的过程中，用户的档案利用需求也逐渐向"高质量"转型。因此，加强大兴机场工程项目档案利用体系建设，既是对档案用户利用需求的回应，也是推动大兴机场工程项目档案工作实现高质量发展的内在要求。

（3）档案事业围绕中心服务大局的基本任务

档案事业发展取得的历史性成就来之不易，经验值得总结，必须坚持围绕中心服务大局，牢牢锚定"国之大者"，找准服务党和国家工作大局、服务人民群众的切入点和着力点。[③]对于大兴机场而言，加强工程项目档案利用体系建设，是工程项目档案事业"围绕中心，服务大局"，服务机场建设与运营的基本任务。

在大兴机场建设与运营过程中产生的工程项目档案既可以"作为往事记录"再现工程项目建设历史，如施工现场照片、竣工验收会议记录等；也可以"作为往事本身"揭秘大兴机场建设的具体细节，如管理模式、工法工艺等。[④]如仁川国际机场坐落在韩国著名的海滨度假城市仁川西部的永宗岛上，是东北亚地区的大型枢纽机场。根据国际机场协会（Airports Council International，ACI）2005年至2015年的调查，仁川国际机场连续10年获得"全球服务最佳机场"第一名，该机场从机场建设项目开始就规划文件管理工作，充分发挥档案之于机场建设

① 牛力，曾静怡，刘丁君. 数字记忆视角下档案创新开发利用"PDU"模型探析[J]. 档案学通讯，2019（1）：65-72.
② 闫静，朱琳，张臻. 档案用户利用需求及对策研究——基于各级国家综合档案馆用户利用需求问卷调查[J]. 档案管理，2022（2）：93-97.
③ 陆国强. 新时代档案事业发展取得历史性成就[N]. 学习时报，2022-09-26（1）.
④ 徐拥军. 挖掘档案价值 读懂百年党史[J]. 中国档案，2021（3）：74-75.

与运营的重要作用。美国当地时间2023年1月11日凌晨2点左右，空中任务通知系统（Notice to Air Mission Systems，NOTAM）出现中断，美国联邦航空管理局（Federal Aviation Administration，FAA）不得不发出声明，要求航空公司停飞全美所有航班。FAA经长达一周的初步审查后确定，承包商在纠正实时主数据库和备份数据库之间的同步工作时无意中删除了文件，从而导致系统中断。根据11日当天的数据，此次系统中断导致超1000架次航班延误。在上述正反案例的对照下能够发现，档案文件材料是支撑机场建设与运营不可或缺的关键要素。

2000年9月，黎平机场项目立项。该机场在建设过程中，高度重视机场建设项目工程档案工作，为支撑机场建设项目的施工建设及竣工验收、促进技术和生产经营发展、振兴黎平经济等起到十分重要的意义和作用。[①]在调研访谈中，规划设计部、审计监察部、采购合同部、飞行区工程部等部门相关负责人表示，工程项目档案具有极高的价值与作用，在大兴机场建设与运营的过程中科学开展各类工程项目档案的管理与利用工作极为重要。档案工作负责人谈及，总指挥部的领导高度重视发挥工程项目档案工作的价值与功用，在"人文机场"的建设规划中，依托珍贵的工程项目档案资源，紧扣"人文关怀"和"文化彰显"两条主线，宣传大兴机场的人文底蕴。可见，加强大兴机场工程项目档案利用体系建设，是服务机场建设与运营的基本任务。

6.1.4 大兴机场工程项目档案利用体系建设的原则

调研发现，大兴机场工程项目档案利用体系建设主要遵循目标导向、用户为本、资源为王、利用为上、效益为要、安全为基、技术为翼原则，有效确保大兴机场工程项目档案利用工作的质量和效率。

（1）目标导向原则

目标导向原则，强调大兴机场工程项目档案利用体系建设始终明确两个目标。其一，在大兴机场建设过程中，主要通过工程项目档案利用体系建设服务工程建设，提升大兴机场工程建设的效率和质量。其二，在大兴机场工程运行过程中，出于隐患处理和业务需要提供档案原始信息支撑，助推大兴机场安全高效运营。

大兴机场作为首都重大标志性工程，是"国家发展一个新的动力源"，建设过程中的多项工作均坚持目标导向原则，致力于将机场打造成为"共和国超级工程"。如在机场周边的水系

---

① 粟才礼. 试论机场建设项目工程档案的管理[C]//贵州省档案学会. 贵州省档案学会第五次档案学术研讨会论文集. 2003：260-265.

规划设计工作中，通过坚持目标和问题导向，构建机场周边"永定永兴、碧水环绕、圩堤防洪、南北分流、湿地蓄滞、林水相宜"的水系空间布局，打造"凤凰展翅水云间"的自然生态景观。①大兴机场的公共艺术设计，以建设成新时代中国连接世界的"世界上最繁忙的美术馆"（From Airport to "Artport"）为目标，全面推动"人文机场"建设。②在大兴机场备品备件库存管理方面，以降本增效、保障运维、及时高效为目标，以供应链数字化为导向，构建备品备件精细化管理模式。③同样，大兴机场工程项目档案利用体系建设以上述两项目标为导向，明确目标定位，为大兴机场建设与运营贡献档案力量。在一定程度上而言，大兴机场建设过程中形成的工程项目档案"是机场运行、改扩建和技术改造等工作的重要依据，尤其是在巡视、审计、评优、项目后评估等方面均发挥了不可替代的作用。"④

（2）用户为本原则

用户为本原则，强调在大兴机场工程项目档案利用体系建设过程中，始终坚持以用户为中心。2014年，中共中央办公厅、国务院办公厅联合印发《关于加强和改进新形势下档案工作的意见》（中办发〔2014〕15号），提出档案工作"三个体系"，即覆盖人民群众的档案资源体系、方便人民群众的档案利用体系、确保档案安全保密的档案安全体系，强调要建立健全方便人民群众的档案利用体系。《"十四五"全国档案事业发展规划》在"三个体系"的基础上新增"档案治理体系"，同样再次强调要"坚持人民立场。贯彻以人民为中心的发展思想，坚持档案工作为了人民、依靠人民，建设好覆盖人民群众的档案资源体系和方便人民群众的档案利用体系，提高人民群众满意度"。指挥部在提供工程项目档案利用服务的过程中，始终坚持用户为本原则，恪守"以用户为中心"的理念。

一方面，大兴机场作为无愧于时代的"新国门答卷"，始终致力于提供高质量服务。2022年，全新版《北京大兴国际机场服务管理规定》发布，明确九大方面共38项服务管理规则，旨在稳固支持大兴机场持续打造优质服务、全面助力大兴机场服务品牌建设、深化"中国服务"品牌形象。⑤在2020年度首都机场集团管理案例评审中，"大兴机场：乘兴而来 尽兴而归——大兴机场人文机场建设实践"案例荣获一等奖，充分彰显大兴机场人文理念及服务愿景：以人民美好生活向往为中心，以真情服务为基础，以人本设计为主线，以文化浸润为依托，实践

---

① 张君伟. 北京大兴国际机场周边水系规划设计研究[J]. 中国水利, 2020（21）: 71-73.

② 王中. 艺术塑造人文机场——北京大兴国际机场公共艺术实践[J]. 美术研究, 2020（3）: 58-63.

③ 赵亚庆, 田志刚, 罗聪. 数字化转型下机场备品备件库存成本精细化管理策略——以大兴机场为例[J]. 物流工程与管理, 2022, 44（10）: 112-117.

④ 王海瑛. 财务视角下重大建设项目档案的管控研究——以北京大兴国际机场为例[J]. 四川档案, 2022（4）: 35-36.

⑤ 中国民航网. 大兴机场全面"升级"真情服务管理体系[EB/OL]. （2022-11-01）[2023-03-27]. http://www.caacnews.com.cn/1/5/202211/t20221101_1356348.html.

"爱人如己，爱己达人"的人文情怀，让每一位旅客"乘兴而来，尽兴而归"。①大兴机场工程项目档案利用体系建设同样注重以用户为中心，持续提升档案利用服务质量。

另一方面，"以用户为中心"的服务理念是提升大兴机场工程项目档案服务工作水平的重要理念。《"十四五"全国档案事业发展规划》明确强调，"简化档案利用程序，满足人民群众的档案信息和档案文化需求"。在档案学界，相关学者围绕基于社交媒体的档案服务②、"互联网+"环境下的档案信息服务③、用户画像视域下的档案馆精准服务④等开展的研究均强调坚持"以用户为中心"。大兴机场工程项目档案的用户群体涉及勘察单位、设计单位、施工单位、监理单位、社会公众，以及新机场建设指挥部内行政办公室、审计监察部、采购合同部、财务部等职能部门，不同用户群体存在业务型、知识型、文化型等不同类型的利用需求。遵循用户为本原则，方能为不同用户群体提供"定制式"的大兴机场工程项目档案利用服务体验。

（3）资源为王原则

资源为王原则，强调大兴机场工程项目档案利用体系应紧紧围绕资源体系建设成果，最大限度地挖掘档案资源的价值。档案资源是企业、组织、机构赖以生存和持续发展的压舱石，档案资源体系建设是档案利用体系建设的前提和根本保障。没有良好的档案资源体系建设，档案利用体系建设工作就会举步维艰。《"十四五"全国档案事业发展规划》强调，"'十四五'时期，档案作为重要信息资源和独特历史文化遗产，价值日益凸显"。受访人员表示，没有在前端做好工程项目档案资源的收集、整理、保存，档案利用工作就是无源之水、无本之木。

在数字时代，数据作为一种新型生产要素，是数字化、网络化、智能化的基础，已快速融入生产、分配、流通、消费和社会服务管理等各环节。数字转型的背景下，电子文件管理、档案数据、数据归档、元数据管理、档案与数据的协调管理等成为新时代档案事业转型发展的重要议题。如科研档案与科学数据的协同管理等实践工作，进一步扩大、优化档案资源的体系与结构，为档案工作转型升级提供新思维、新路径。坚守资源为王的原则，方能让档案管理部门在守正、拓新的过程中，始终掌握强劲的话语权。指挥部行政办公室档案工作者结合项目验收、项目安全检查等方式，指导、监督各参建单位和其他部门做好工程项目各

① 首都机场集团学习园地.【2020年度人文机场一等奖】大兴机场：乘兴而来 尽兴而归——大兴机场人文机场建设实践[EB/OL].（2021-01-07）[2023-04-13]. https://mp.weixin.qq.com/s/uQDrh-SYf5fNY_bfKigZzQ.
② 熊回香，施旃. 基于社交媒体的档案服务研究[J]. 档案学研究，2016（4）：63-68.
③ 沙洲."互联网+"环境下我国档案信息服务模式变革研究[J]. 大学图书情报学刊，2019，37（2）：51-54.
④ 苏君华，邵亚伟，姜璐. 用户画像运用于档案馆精准服务：现状、业务流程及策略[J]. 档案学研究，2020（6）：92-96.

项文件资料的归档，以及电子文件管理和数据归档工作，为大兴机场工程项目档案利用体系建设打下坚实基础。

（4）利用为上原则

利用为上原则，强调要在遵守相关规定的基础上，最大限度地开放利用大兴机场工程项目档案，这也是大兴机场工程项目档案利用体系建设的重要前提。

一方面，在传统的档案工作中，对档案工作的刻板印象、经济发展水平的制约，思想观念的障碍等多重不利因素，导致档案管理部门相对"重藏轻用"。另一方面，"保密保险、利用危险"的心态，致使部分档案工作者不愿开放利用档案。随着新时代档案事业的发展进步，此类现象已大幅有所改观。《档案法》第二十八条规定，"档案馆应当通过其网站或其他方式定期公布开放档案的目录，不断完善利用规则，创新服务形式，强化服务功能，提高服务水平，积极为档案的利用创造条件，简化手续，提供便利"，对于"不按规定向社会开放、提供利用档案的"的行为，可以"由县级以上档案主管部门、有关机关对直接负责的主管人员和其他直接责任人员依法给予处分"。

档案开放是档案利用的前提，档案利用是档案开放的目的。[①]档案开放也是档案利用体系建设的主要内容之一。为建设好大兴机场工程项目档案利用体系，更好地支撑机场建设与运营，行政办公室定期组织召开档案开放利用座谈会，了解各部门的使用需求。在明确职责、保障档案安全的基础上加大工程项目档案的开放利用。调研过程中，审计监察部、规划设计部等部门谈及，大兴机场工程项目档案基本上不存在借阅困难、不对外开放问题，能够基本满足工程项目档案的利用需求。

（5）效益为要原则

效益为要原则，强调在大兴机场工程项目档案利用体系建设过程中应注重最大限度地发挥档案利用的综合效益。

一方面，对于一个企业、组织、机构而言，只有让领导者深刻认识到档案工作的积极效益，档案工作方能受到重视。大兴机场工程项目档案利用体系建设过程中，注重秉持效益为要的原则，以最大限度地发挥大兴机场工程项目档案工作的价值。在谈及工程项目档案对支撑工程项目建设的成效及社会效益时，受访人员通常结合所在部门的实际工作，深入阐述大兴机场工程项目档案的管理效益、经济效益、社会效益等。如在工程项目数字化交付以及项目管理数字化、智能化过程中，大兴机场工程项目档案数据可发挥举足轻重的作用。

---

① 　邹珮萌，王楠. 法治思维和方式下档案开放利用工作优化研究[J]. 四川档案，2022（5）：30-31.

　　另一方面，提升工程项目档案利用效益是助推档案事业实现高质量发展的内在要求。馆藏档案资源结构的优化、新技术的应用、评价体系的调整等因素，都在一定程度上倒逼工程项目档案工作提升效益。以科技档案为例，早在20世纪90年代，即有学者明确强调管好、用好科技档案以发挥其效益的重要性，并提出科技档案效益的定义。[①]数字化时代，科技档案工作也面临转型发展的趋势和压力，如何在愈发复杂的科研活动和科技项目管理过程中持续发挥效益，仍需在实践中深度探索，这对工程项目档案管理同样具有启发意义。如利用计算机技术、扫描技术、数据库技术、存储技术等，将各种载体形式的工程项目档案转化为数字化形式的档案信息资源，有助于提升工程项目档案的管理与利用效益，同时避免因频繁借阅而致使工程项目档案原件出现破损。[②]对于指挥部而言，建设大兴机场工程项目档案利用体系建设既要追求对机场自身的利益，更应注重宏观层面的社会效益。

（6）安全为基原则

　　安全为基原则，强调在大兴机场工程项目档案利用体系建设过程中应严格遵守档案保密规定，防止失泄密事故发生。

　　坚持安全底线是新时代档案事业高质量发展的最基本要求，我国现行法律法规亦明确强调在档案提供利用工作中加强安全管理的必要性。《档案法》第十九条规定："档案馆以及机关、团体、企业事业单位和其他组织的档案机构应当建立科学的管理制度，便于对档案的利用；按照国家有关规定配置适宜档案保存的库房和必要的设施、设备，确保档案的安全。"《人民防空档案管理暂行规定》第六条规定："人民防空是国防建设的组成部分，人民防空档案内容涉及国防秘密，各级人民防空部门必须按照国家保密法规和人民防空的保密规定，严格制度，确保人民防空档案的机密安全。"[③]鉴于大兴机场工程项目的专业性和重要性，大量工程项目档案属内部保密资料，在提供利用过程中，极为注重秉持档案保密原则。调研发现，大兴机场工程项目档案工作者经常参加档案保密教育，面向用户提供工程项目音像档案、文书档案、电子档案等利用时，会重点强调档案保密要求，并要求其签署保密承诺书。

　　需要注意的是，数字档案资源在保密管理方面具有鲜明特点，即可通过数字化技术实现档案的精细化管理、智能化操作，并在内部授权范围内进行快速共享和传递，这为数字档案安全保密工作带来一定挑战。为此，指挥部在大兴机场工程项目档案利用体系建设过程中采

① 陈昕. 科技档案的效益分析[J]. 科学学研究，1994（1）：74-76.
② 和兴兰. 基建档案数字化工作初探[J]. 北京档案，2019（4）：30-32.
③ 国管局. 国家机关事务管理局人民防空档案管理暂行规定[EB/OL]. （2006-06-29）[2023-06-20]. https://www.ggj.gov.cn/ztzl/dyq/rfflfg/200611/t20061102_15363.htm.

取一系列安全措施，确保数字档案的安全性、保密性。首先，建立权限管理机制，对大兴机场工程项目数字档案的访问、传输等操作予以严格控制，只有经授权的人员方可访问相应的档案资料；其次，采用加密技术对重要的大兴机场工程项目数字档案进行加密处理，确保其在传输、备份和存储过程中不被非法获取和篡改；再次，定期对大兴机场工程项目数字档案进行安全检查和保密审计，及时发现并排除潜在隐患。

（7）技术为翼原则

技术为翼原则，强调大兴机场工程项目档案利用体系建设应依托先进的技术手段，切实提升工程项目档案利用的效率和精度。当今社会处于工业4.0时代，数字技术已成为推动产业升级和管理效率提升的重要手段，大数据、云计算、人工智能、机器学习等先进技术为档案管理与开发利用工作带来新发展机遇。《"十四五"全国档案事业发展规划》基于档案工作全面加快实现数字转型的背景，强调应当"积极探索知识管理、人工智能、数字人文等技术在档案信息深层加工和利用中的应用"。为此，大兴机场工程项目档案利用体系建设有必要借助先进的数字技术手段，以实现更高效、更便捷的工程项目档案利用。

应用数字技术的优势在于，其不仅可提高工程项目档案传输、处理的速度，亦有助于提升工程项目档案利用的精度与质量，便于更好地支持工程项目的设计、建设和维护。在大兴机场工程项目档案利用体系中，档案管理系统可快速完成大量工程项目档案信息的检索与管理，实现工程项目数字档案资源的信息化管理与利用。运用"技术为翼"原则，可有效提升大兴机场工程项目档案利用体系建设的水平与质量，为工程项目顺利推进及管理提供强有力支持。

总体而言，大兴机场工程项目档案利用体系建设过程中所遵循的上述七项基本原则，既是档案工作在新时代追求转型创新和高质量发展的指导原则，也是支撑大兴机场建设与运行中必不可少的指导原则。充分发挥上述七项基本原则对于建设大兴机场工程项目档案利用体系具有指导意义，也是持续提升大兴机场工程项目档案"围绕中心，服务大局"管理效能的应有之义。

6.2 大兴机场工程项目档案利用的用户和对象

明确档案利用规范，有助于档案利用体系建设走向统一、协调与最优化。2017年，国家档案局发布《电子档案利用规范》（征求意见稿），其对电子档案的利用范围、利用方式、利用手续、安全控制等方面提出要求，强调以管理和技术手段保障电子档案利用环节的内容安全。[①]2020年12月，江苏省档案馆出台《关于加强民生档案管理利用工作的通知》，在对民生档案便民利用服务制度进行规范的同时，也为民生档案资源安全管理和有效利用加装"安全锁"。指挥部在大兴机场工程项目档案利用体系建设中同样注重依托管理制度、标准规范，确保工程项目档案利用工作的科学性、规范性。本部分主要论述大兴机场工程项目档案利用规范中的职责主体、用户群体、利用对象。

6.2.1 职责主体

职责主体是指在档案利用体系建设工作中承担主体责任的部门或组织。在大兴机场工程项目档案利用体系中，职责主体为指挥部行政办公室、各单位、各部门内部负责文件归档、保管和利用的工作人员。大兴机场工程项目所涉参建单位众多，包括建设单位、勘察、设计、监理、施工、造价咨询、跟踪审计、代建工程（城际铁路等）、材料设备供货单位等，也涉及指挥部内部各部门，均会生成大量的档案。因此在提供利用时，主要由行政办公室负责统筹管理，各单位、各部门内部负责文件归档、保管和利用的工作人员密切配合。为科学规范、系统齐全、高效有序地做好大兴机场工程项目档案管理和利用工作，行政办公室视档案管理和利用为工程项目建设的一项重要工作，把握源头，明确各参建方职责，着力保障工程项目档案与工程建设同步进行，确保工程项目档案的完整、准确、系统、可用。在上述过程中，行政办公室与各单位、各部门内部负责文件归档、保管和利用的工作人员通力协作，共同组成大兴机场工程项目档案利用体系建设的职责主体。

具体而言，职责主体主要负责建立档案利用制度、提供档案利用服务、规范利用流程、明确利用权限等工作。对于工程项目档案的管理和利用，行政办公室负责依据国家档案局、民航局、首都机场集团有限公司相关规定，制定指挥部建设项目档案管理规定；制定档案工作方案，指导参建单位进行项目文件管理、做好登记、归档交底；审查项目归档文件的完整性、系统性和规范性；提供工程建设项目档案的利用等。在工程建设相关规定方面，行政办公室出台《北京新机场建设指挥部建设工程项目档案管理办法》《北京新机场建设指挥部财务档案管理办法》等制度，有力支撑大兴机场工程项目档案利用体系的规范化建设。在档案管理系统建设方面，行政办公室每季度对档案外包服务团队的绩效情况予以考核，确保项目成果如期交付。

此外，依据相关规定，各单位、各部门需制定大兴机场工程项目档案分类方案和利用规

---

① 于英香，李雨欣. "AI+档案"应用的算法风险与治理路径探析[J]. 北京档案，2021（10）：5-9.

范，以保障本单位、本部门内部的工程项目归档文件材料利用工作正常开展。如审计监察部要负责审计监察活动中形成的文件资料的收集、整理、保管、利用等工作，编制档案目录报行政办公室备案；财务部利用立项审批、招标投标、合同、结算、审计等相关档案编制竣工决算报告。各参建单位负责本单位形成的各类档案的收集、整理、保管、鉴定、统计和利用，编制档案目录报行政办公室备案；其中，施工单位对所承担工程的工程文件资料进行收集、整理、组卷、归档、移交，并对其完整性、准确性、系统性、规范性、可用性进行核验，同时配合指挥部做好工程档案验收工作。

6.2.2 用户群体

于大兴机场工程项目而言，档案的形成者也往往是档案的主要用户。调研发现，建设单位（主要为行政办公室、审计监察部、采购合同部、财务部等内部部门）、勘察单位、设计单位、施工单位、监理单位及社会公众是大兴机场工程项目档案最主要的用户群体（表6-1）。

（1）建设单位

在指挥部内部，行政办公室、审计监察部、采购合同部、财务部等是工程项目档案主要的用户群体。

第一，行政办公室。行政办公室是大兴机场工程项目档案的归口管理部门，也是指挥部内部主要的档案用户群体之一。行政办公室的档案工作者负责工程项目档案的接收、整理、保管、利用等各项工作，并在机场的运营管理中广泛应用档案信息。因此，行政办公室的档案利用需求较为频繁，对于确保大兴机场正常运行和提升服务质量具有重要作用。

行政办公室在日常工作中具有多种档案利用场景。在机场建设过程中，行政办公室常常需要利用所接收的工程项目档案来支持机场建设指挥部的总体工作，及满足相关部门在研发、生产、服务、经营、管理等各项活动中的档案利用需求；在机场设施的维护与保养中，行政办公室协助查阅设备检修记录、巡查报告等档案，对机场设施设备进行安全管理和维护；在机场安全管理中，行政办公室通常定期审阅摄像设备记录和安检记录等档案，确保机场的安全运行。此外，行政办公室还面向审计部门提供必要的工程审计档案，以支持其开展相关审计工作。行政办公室作为大兴机场工程项目档案的主要用户群体之一，能够充分发挥工程项目档案之于支撑大兴机场建设和运营的重要作用。

大兴机场工程项目档案用户群体对比分析　　　　表 6-1

用户群体		利用场景	利用方式	利用特点
建设单位	行政办公室	1.机场设施维护与保养 2.机场安全管理 3.支撑其他部门工作	1.纸质档案利用 2.数字档案利用	1.及时提供服务 2.保障服务质量
	审计监察部	1.纪检工作 2.跟踪审计 3.日常审计 4.国家审计、上级巡察审计、工程结算、决算审计等	1.查阅档案 2.档案数字化 3.档案信息分析	1.针对性 2.保密性
	采购合同部	1.项目招标采购 2.项目非招标采购 3.合同签订阶段 4.工程计量支付 5.工程变更 6.合同履行和纠纷处理 7.竣工结算	1.采购文件、合同文件的归档、保管、利用 2.档案中的数据、信息分析 3.建立合同档案室（以便利用）	1.多样性 2.高效性 3.可靠性
	财务部	1.会计核算 2.资金管理 3.日常财务管理 4.审计、巡察 5.竣工决算及资产移交	1.会计文件的分类、整理和归档 2.数字档案管理 3.财务档案备份 4.跨部门沟通和协作	1.高度机密性 2.灵活性 3.注重应用价值
勘察单位		项目前期的勘察和调研阶段	1.查阅档案中的原始场地信息，如地形地貌、土壤状况等 2.在原有的地勘资料基础上，进行详细勘验，提供建筑承载力依据	1.利用时间集中在项目前期 2.注重数据的准确性和可靠性 3.注重实用性和可操作性
设计单位		1.工程规划阶段 2.设计阶段 3.施工验收阶段	1.档案信息分析 2.档案内容参考	1.多样性 2.综合性
施工单位		1.施工现场勘察 2.制定施工计划 3.制定管理规范	1.档案信息分析 2.档案内容参考	1.注重安全性和规范性 2.注重实践性和灵活性 3.注重协作
监理单位		1.记录施工进度和施工质量 2.了解施工计划和安全措施 3.确保施工进度正常进行	1.查阅工程项目档案 2.落实档案工作责任制 3.审查设计方案、施工图纸等档案内容	1.注重档案的全面性、客观性和独立性 2.注重档案的准确性和完整性
社会公众		1.查询用户档案和数据 2.了解机场建设历史与周边环境	1.在线查阅 2.利用咨询 3.主动服务	1.注重实用价值 2.关注历史价值

行政办公室利用大兴机场工程项目档案的方式较为丰富，涉及传统纸质档案、数字化档案以及电子档案的利用。其中，数字化的工程项目档案和电子档案的利用方式更加高效便捷。通过数字化手段，可将纸质形态的工程项目档案转化为数字形式，以便快速检索、查找、复制和传输。此外，行政办公室通过将数字化的档案与档案管理系统相挂接，可实现对大兴机场工程项目档案利用过程的全面监控和管理。

行政办公室利用大兴机场工程项目档案的特点主要表现在两方面。一方面，行政办公室及时提供的档案借阅服务，满足相关部门在研发、生产、服务、经营、管理等各项活动中的大兴机场工程项目档案需求。另一方面，行政办公室在大兴机场工程项目档案利用方面注重保障服务质量，不断完善档案利用制度和流程，提高档案利用效率和质量，确保利用结果的准确性和可靠性。基于上述特征，行政办公室可为大兴机场建设和各相关部门的工作提供可靠的档案支持和服务。

第二，审计监察部。审计监察部负责指挥部的纪检和审计工作，同时也是档案的主要用户群体之一。根据《中国共产党纪律检查机关监督执纪工作规则》等相关规定，审计监察部自行保管纪检工作中所生成的原始档案，而在日常工作中，审计监察部通常形成、利用各种档案以协助开展相关工作。

审计监察部在日常工作中，根据其不同的职责和任务，利用各类型的档案。在纪检工作中，审计监察部形成并利用各种台账、记录、干部廉政档案、信访举报材料等，以加强廉洁纪律建设，维护廉洁纪律的严肃性和权威性。在审计工作中，跟踪审计和日常审计分别要利用不同类型的档案。其中，跟踪审计对建设项目实施过程的合法性、真实性、规范性进行跟踪审计监督，需要利用工程项目档案、招标投标档案、合同档案、会计档案等；日常审计则对机场的日常财务收支等进行监督，需要利用各种财务收支台账、收支凭证、电子文件等。尤其在迎接国家审计、上级巡察审计以及工程结算、决算审计等工作时，审计监察部需要协助查阅招标投标档案、合同档案、付款凭证等，以确保各项工程管理行为符合规定。

审计监察部作为内部监督机构，其日常工作涉及诸多方面，因此在利用档案方面也具有多样性。除上述在纪检、跟踪审计、日常审计等工作中查阅各类档案，审计监察部也积极推进档案数字化建设，实现数字化档案的高效管理和便捷利用。如在审计过程中，审计人员可以直接在系统上查询和分析数字化档案，更加快捷地获取所需信息，提高了工作效率和精准度。

审计监察部利用档案，其目的在于加强内部监督尤其是审计监督，保证大兴机场项目工程管理和财务收支的合法性、规范性和真实性，维护大兴机场项目工程建设的纪律和形象。因此，审计监察部利用档案呈现出鲜明的针对性和保密性的特征。一方面，审计监察部利用档案具有针对性。由于审计监察部门的工作内容和职责，其在利用档案时更注重针对性和精准性，需从大量的档案中快速准确地查询所需档案信息。因此，审计监察部通常对档案进行分类整理，并建立专门检索机制，以支撑其档案利用需求。此外，对于日常审计工作中的台账、报告等档案，审计监察部还会制定具体的规范和标准，以保证档案的准确性和可靠性。另一方面，审计监察部门利用档案也具有保密性。审计监察部的工作通常涉及重要的财务、管理等信息，因此需对相关档案实行严格的保密措施。在利用档案时，审计监察部严格遵守相关保密法规和制度，对档案进行保密级别的划分和控制，并采取必要的技术和管理措施，以保证档案的安全性和保密性。同时，在档案利用过程中，审计监察部还需确保档案的完整性和可追溯性，以保证审计监察工作的公正性和合法性。

第三，采购合同部。作为大兴机场内部的重要部门之一，采购合同部主要负责项目的招标管理、采购管理、合同管理和工程结算等造价控制工作，同时也负责或参与招标采购管理、非招标采购管理、合同管理、工程计量、支付、变更、结算制度体系的建立与执行。在大兴机场工程建设的整个生命周期中，采购合同部扮演着重要角色，其职责是保证工程项目的招标采购、非招标采购、合同、工程计量、支付、变更、索赔、结算等各业务环节的规范、透明、有效。履职过程中，工程项目档案发挥着重要作用。

在采购合同部的工作中，工程项目档案的利用十分频繁。在项目招标阶段，采购合同部在组织发布招标公告、答疑、澄清、资格预审、开标、评标，形成评标结果、发送中标通知书等过程中均会形成档案。这些档案通常是审计部门查阅利用的重点，处于随时需要备查的状态。其他非招标采购（如竞争性谈判、比选、直采、询价等）过程中形成的档案，作为记录工作成果、成效、过程的主要依据，同样具有较高的利用价值与需求。此外，采购合同部各项工作的顺利开展也有赖于合同档案。在工程结算阶段，采购合同部需利用工程量清单等档案对项目的工程量和成本进行核对和审核。随着数字化、信息化进一步普及、推广，PMS系统中的档案数据和电子文件将被更广泛应用，大兴机场工程项目档案的应用将更方便、高效。在监督、管控、计量支付、合同审核、合同履行和纠纷处理等过程中，利用数字化的工程项目档案也非常便捷。

采购合同部作为大兴机场工程项目档案的用户群体之一，需对采购合同签订过程中产生的采购文件、招标投标文件、合同文件进行整理、归档和保管。这些采购文件、合同文件记录采购的过程和结果，具体包括采购计划、招标文件、答疑澄清文件、资格预审文件、评标报告、中标通知书、合同文本、变更材料、计量支付材料、结算报告等内容。通过对这些合同文件的归档和管理，采购合同部可有效地追溯和控制采购过程中出现的各种问题，确保合同完整执行。同时，采购合同部还可利用档案中的数据、信息，对未来的采购决策提供参考和支持。如在合同签订过程中，采购合同部需对供应商提交的资质文件、招标文件、报价文件、合同文件等进行审核、评审和确认，同时也需在合同签订后开展履约监督和验收等工作。为有效管理这些合同文件，采购合同部建立了合同档案室，采用数字化和纸质化相结合的方式对合同档案进行管理。具体而言，采购合同部在合同签订前，将相关文件按照流程进行编号、整理，并在OA系统中建立相应的条目和文件，同时对合同文件进行备份和存储，便于日后查询利用。

采购合同部利用档案具有多样性、高效性和可靠性的特点。首先，多样性是指采购合同部利用的档案信息类型广泛，包括历史项目的招标投标档案、合同档案、工程量清单等。其次，高效性突出采购合同部的档案信息实现数字化管理和存储，各项档案信息的保管、利用更加高效。再者，采购合同部利用档案的另一显著特点是可靠性。其原因在于采购合同部档案管理的严谨性和规范性使其档案中的信息和数据具有显著的真实性和准确性。如采购合同部的部分档案中涉及的信息和数据较为敏感，因此采购合同部在档案管理方面重点加强档案保密和安全措施，由此确保档案的安全性和完整性。

第三，财务部。财务部是指挥部内部一个重要部门，主要负责大兴机场会计核算，资金管理，日常财务管理，审计、巡察，竣工决算及资产移交等工作。在这些工作中，财务部需大量查阅利用会计档案，包括会计凭证、会计账簿、审计报告、法人证书、投资及资金计划等，以保证财务工作得以顺利开展。同时，财务部也会面向其他业务部门提供利用会计报表、财务报告等档案，支撑相应的决策和管理工作。

在财务部的工作中，利用会计档案的场景十分广泛。首先，在竣工决算时，财务部需查阅会计凭证等档案，以核实项目的成本和决算结果。其次，在审计、巡察等工作中，财务部需根据会计档案核查财务数据的真实性、准确性。此外，财务部还需利用会计档案进行日常的财务管理，如审批报销、预算编制等。

财务部通常采取多种方式管理与利用会计档案。首先，财务部认真开展会计文件的分类、整理和归档，以便于快速检索和利用；其次，基于数字档案管理系统，对重要的会计档案进行数字化管理，提高档案工作效率；再次，定期开展会计档案的备份工作，确保会计档案数据的可用、安全；最后，在会计档案利用工作中加强沟通与协调，努力满足各方的档案利用需求。

财务部利用会计档案的特点主要体现为高度机密性、灵活性和决策性。其中，高度机密性指会计档案的保密性要求较高，财务部通过采用加密、权限管理等措施确保财务数据的安全性；灵活性表现为财务部可根据不同的业务需求，实现对预算审批、资产管理、成本核算等会计档案的快速检索与查阅利用；决策性则表现为财务部通过加强档案数据与其他业务数据的有机结合，形成全面、准确的财务报告和预测数据，对于领导开展决策具有重要参考作用。

（2）勘察单位

勘察单位在大兴机场工程项目档案利用体系中扮演着重要角色。作为工程建设的前期调研和勘察执行者，勘察单位需利用工程项目档案来获取与勘察工作相关的数据和信息，以支持大兴机场工程项目的规划和设计。

在大兴机场建设过程中，勘察单位利用工程项目档案的主要场景集中于项目前期的勘察和调研阶段。勘察单位需查阅档案中关于大兴机场原始场地的信息，包括地形地貌、土壤状况、地下水位等，从而在原有的地勘资料基础上，进行详细勘验，以确定现场的具体地形地貌、水文地质情况，提供地面建筑物有相应的承载力的依据等。这些档案资料对于勘察单位的各项业务工作具有重要参考和指导作用，有助于规避重复勘察工作，提高工作效率。此外，勘察单位通过利用历史勘察报告、研究资料等档案，有助于帮助其总结过去类似工程项目的经验和教训，便于在大兴机场工程项目建设中开展更优化的决策和规划。

勘察单位利用大兴机场工程项目档案的方式多样。首先，通过查阅工程项目档案中的历史勘察报告、数据记录和相关研究资料，可使勘察单位获取前期勘察结果、经验和准确的背景信息，便于其在勘察工作中做出正确判断和决策。其次，勘察单位通过利用档案中的工程图纸、勘察报告等，便于其对现场勘察结果进行对照和验证，确保勘察结果的准确性和可靠性。

勘察单位利用大兴机场工程项目档案具有鲜明的特征。首先，利用时间主要集中在项目前期阶段，且对勘察数据和历史资料的利用需求相对较高，其对于勘察单位开展项目规划和设计具有重要指导意义。其次，勘察单位在利用工程项目档案时重点关注数据的准确性和可靠性，由此确保勘察工作的精度和合理性。此外，勘察单位的工程项目档案利用也呈现一定的实用性和可操作性特征，即将工程项目档案中的信息与实际勘察工作相结合，为项目顺利推进奠定基础。

（3）设计单位

设计单位是大兴机场建设过程中的一个重要主体，也是工程项目档案的重要利用群体之一。设计单位作为工程建设的主要策划者和设计者，需在项目规划、设计、施工和验收等多个阶段查阅利用工程项目档案。在大兴机场建设过程中，设计单位通过获取工程项目档案中的建设规划、勘察设计、招标投标文件等内容，有效保障工程建设过程中的设计质量和施工效率。

设计单位在大兴机场工程规划阶段即开始利用工程项目档案，以便更好地掌握大兴机场工程前期情况，包括了解原始场地的情况、掌握地形地貌、了解工程地质情况等。在设计阶段，设计单位需查阅利用工程项目档案中的建设规划、设计图纸和技术规范等内容，为工程建设提供设计方案和技术支持。在施工验收阶段，设计单位需参考工程项目档案中的相关信息，对施工质量进行评估和验收。

设计单位利用大兴机场工程项目档案通常采用如下形式。首先，设计单位在项目初期开展调研和分析工作，收集有关大兴机场建设的历史信息和相关资料，为后续设计工作做好准备；其次，设计单位通过利用工程项目档案中的施工图纸、规范标准等技术资料，便于制定并优化设计方案；最后，在大兴机场后续的维护和改进工作中，设计单位通过利用工程项目档案中的数据和信息，开展工程项目管理和技术支持等工作。

设计单位利用大兴机场工程项目档案的特征是多样性和综合性。一方面，设计单位通常从多角度利用大兴机场工程项目档案，包括技术规范、工程设计方案、现场施工情况跟踪等，加强对此类档案的查阅利用有助于提升大兴机场的工程设计和施工效率。另一方面，设计单位对大兴机场工程项目档案的利用也具有综合性，原因在于其在档案利用过程中需全面考虑技术、管理、经济等各方面因素的影响，从全局的角度充分发挥工程项目档案对于大兴机场建设的整体支撑作用。

（4）施工单位

施工单位同样是大兴机场工程项目档案的主要用户群体之一。大兴机场工程建设，涉及近千家施工单位同时施工，均需依赖工程项目档案开展相关工作。

在施工前，施工单位通过查阅安全生产所需的施工现场及毗邻区域内的相关资料，能够获取与建筑工程有关的真实、准确、齐全的原始资料。在施工的过程中，也需要依赖档案了解大兴机场工程项目的历史和现状，便于进行施工计划的制定和调整。同时，施工单位需按照相关规定制定工程项目档案管理和利用规范，以确保大兴机场工程项目档案数据的完整性和真实性得到有效保障。

施工单位采取多种方式利用大兴机场工程项目档案。首先，施工单位通过向建设单位申请借阅工程项目档案。收到档案后，施工单位需对档案进行认真审查与分析，以确定其是否契合自身业务需求。利用档案的过程中，施工单位需根据档案内容和要求进行施工，保证施工过程的规范性和安全性。此外，施工单位还可将工程项目档案中的内容进行整合和提炼，以便将其应用于后续工程项目建设，在此过程中需保证工程项目档案信息的准确性和完整性，避免出现误解、遗漏等问题。

施工单位在利用大兴机场工程项目档案方面同样具有一定特征。首先，由于施工单位在大兴机场工程项目中扮演着重要的角色，因此在利用档案的过程须严格遵守相关法律法规和管理规定，保证施工过程的安全性和规范性。其次，由于施工单位的业务需求具有一定的实践性和灵活性，因此其在利用大兴机场工程项目档案的过程中应具有一定的灵活性和适应性，以满足自身实际需求。最后，由于施工单位往往需要与其他单位进行协作，因此其在利用档案的过程中必须要加强与其他单位协同，由此保证施工过程的协作性和整体性。

（5）监理单位

监理单位作为大兴机场建设过程中的一个重要主体，同样需要利用工程项目档案来保障工程质量和工程安全。监理单位在施工过程中需要对施工单位进行监管，包括对施工质量、施工安全、材料选用等方面进行监督检查，因此监理单位需利用工程项目档案来获取相关信息和数据。

在大兴机场建设过程中，监理单位利用工程项目档案的场景同样较为丰富。监理单位可在工程施工中利用档案掌握施工单位的工作进度和质量，及时发现问题并督促施工单位予以整改；同时，监理单位还可查阅相关档案了解施工单位的施工计划和安全管理措施，避免在施工过程中出现任何安全事故。此外，监理单位通过查阅利用工程的设计方案、施工图纸等档案，有助于监督施工单位按照规定有序施工。

监理单位利用大兴机场工程项目档案的方式包括但不限于以下几种。首先，监理单位出于对工程项目各方面开展全方位、多角度监管，需查阅工程项目档案来全面掌握工程进展、问题反馈、质量验收等情况。其次，监理单位出于对设计方案、施工图纸等文件的审查，需借助工程项目档案了解相关文件的审核历史和相关审批意见。此外，在工程质量、安全等方面出现问题时，监理单位需查阅工程项目档案来了解相关责任人、责任范围等信息，以便开展追责。

监理单位作为独立第三方，其利用大兴机场工程项目档案的特点体现在以下几个方面。首先，监理单位在工程项目中具有独立的监督、检查职能，因此其利用档案的方式与施工单位和设计单位有所不同，而是更注重工程项目档案的全面性、客观性和独立性。其次，监理单位需及时发现工程项目中存在的问题并进行有效监管，因此对大兴机场工程项目档案的准确性和完整性有较高要求。最后，监理单位出于对工程项目的各阶段进行全方位监管和管理，需要及时、准确地查阅和利用工程项目档案。

（6）社会公众

社会公众是大兴机场工程项目档案的主要利用群体之一，包括旅客、机场周边居民、政府部门和各类研究机构等。如社会公众在享受大兴机场服务的过程中，形成海量的用户档案和数据；在参与大兴机场的建设和运营过程中，形成大量的具有历史、文化和科学价值的档案数据。这些档案和数据可帮助其了解大兴机场建设的历史、机场运营现状，也可为其开展相关学术研究提供有力支撑。

社会公众利用档案的场景非常丰富。如旅客可通过档案查询自己的历史航班信息、行李安检记录、个性化消费数据、VIP服务数据等，以规划个人行程；指挥部通过利用档案，可帮助社会公众了解机场的安全管理、应急处理和设施维护等方面的现状，同时对政府制定相关政策与规划也具有重要参考价值；研究机构和机场管理部门可利用档案数据分析机场的运

图6-1 2014年12月，机场周边居民参加大兴机场奠基仪式

营情况、用户偏好等信息，对于提升机场服务质量、改善用户体验非常关键。另外，机场周边居民可通过查阅工程项目档案了解大兴机场建设的历史和现状，增进对周边环境的认知和了解（图6-1）。

　　社会公众利用大兴机场工程项目档案的方式较为多元。一方面，社会公众可以通过机场官方网站或移动应用程序查阅自己的档案数据，如航班信息、行李信息、安检记录等，便于旅客及时掌握个人行程和行李信息。另一方面，社会公众也可通过现场咨询、信函、电子邮件、电话等方式向大兴机场提出请求，获取特定的档案数据。如旅客在机场遗失行李后，可向机场提出查阅安检视频档案的请求，以及时寻找遗失物品。同时，指挥部也可主动面向社会公众开放有关大兴机场建设和运营管理过程中形成的工程项目档案，如工程设计文件、运营管理规划等，进而满足社会公众对机场建设和运营管理的认知需求。

　　可以发现，大兴机场工程项目档案对社会公众有较强的实用价值和历史价值。其中，实用价值主要表现在便于旅客掌握个人行程和行李信息，帮助其解决消费纠纷，同时有利于大兴机场运营管理和服务优化；历史价值则主要体现在其真实记录大兴机场建设和发展的完整历程和成果，为后人了解大兴机场发展历史和文化遗产提供宝贵档案资源。

　　总体而言，大兴机场工程项目档案的用户群体主要包括建设单位、勘察单位、设计单位、施工单位、监理单位、社会公众等。此外，行业主管部门在履行相应的监管职责时，也会查阅一些工程项目档案，从而提高监管效能。各用户群体在项目建设过程中会根据自身职能，在对应的场景之下通过相应方式有针对性地利用大兴机场工程项目档案，同时在档案利用过程中呈现不同特征。在未来，随着技术的不断进步和信息化程度的提高，大兴机场工程项目档案的开放利用将更加便捷、高效。在此过程中，指挥部应重视档案管理和档案利用的专业人才培养，建立健全科学的工程项目档案利用评估机制，持续提升大兴机场工程项目档案的利用价值与效益。

6.2.3　利用对象

大兴机场工程项目档案本身即利用的对象。首先，从档案的内容性质看，利用频率较高的有项目管理文件、合同档案、会计档案、施工文件。其次，从档案的载体形式看，在大兴机场工程项目建设过程中产生的大量纸质档案、音像档案、实物档案，及在办公自动化系统、档案管理系统中生成、流转、保管的电子文件与电子档案，都是大兴机场工程项目档案利用体系中极为重要，且利用频率相对较高的利用对象（表6-2）。大兴机场工程项目档案能真实、全面反映大兴机场工程建设的详细情况，对工程质量评定、工程竣工后管理和维护，及对新建工程的准备等，均有重要利用价值。

（1）按内容性质分

按内容性质分，大兴机场工程项目档案主要的利用对象包括项目管理文件、合同档案、会计档案和施工文件。

大兴机场工程项目档案利用对象对比分析　　　　　　　表 6-2

	利用对象	适用场景	资源特点	开发利用方式
按内容性质分	项目管理文件	1.反映各项活动基本历史面貌 2.支撑机场运营和管理 3.旅客服务 4.支撑学术研究	1.数量丰富 2.范围广泛 3.价值重大	1.档案借阅 2.在线查询 3.数字化开发利用
	合同档案	1.合同管理 2.工程结算 3.履约监督	1.多样性和可靠性 2.归档和管理规范性较高 3.注重保密与安全	数字化管理与开发利用
	会计档案	1.日常财务管理 2.审计和税务监管 3.业务决策和风险控制	1.电子形式为主，纸质形式为辅 2.时效性 3.准确性 4.完整性	1.数字化、智能化管理和开发利用 2.与其他档案资源结合利用
	施工文件	1.工程建设与运营 2.技术创新与交流	1.技术性 2.专业性 3.实用性	1.档案查阅 2.信息分析

续表

	利用对象	适用场景	资源特点	开发利用方式
按载体形式分	纸质档案	工程规划、设计、施工、验收等各个阶段	1.直观、稳定性高 2.历史价值高 3.保存期限长	1.档案查询、借阅、复制 2.数字化存储与检索
	音像档案	机场宣传片、专题片制作	1.历史、文化和科技价值 2.生动形象	1.档案借阅 2.在线查询
	实物档案	1.展览 2.爱国主义教育 3.科研	可视化、直观、鲜活	1.档案展览 2.支撑爱国主义教育基地建设 3.数字化扫描
	电子文件与电子档案	1.辅助领导决策 2.支撑业务工作 3.提高办公效率 4.加强信息共享	1.不受时空限制 2.数字化 3.可重复 4.易传递 5.可共享	1.数字化存储与检索 2.细粒度数据内容挖掘分析 3.人工智能分析

第一，项目管理文件。项目管理文件是指挥部在建设项目管理职能活动中以文字、图表等形式保存下来的、具有查考利用价值的各种行政或业务文件材料，包括纸质和电子文件材料。在指挥部，项目管理文件作为主要的利用对象之一，是大兴机场工程项目档案的重要组成部分。

首先，适用场景方面，项目管理文件反映大兴机场工程项目设计、施工、监理、验收、服务、经营、管理等各项活动和基本历史面貌的情况，对机场各项活动、机场建设与管理、旅客服务、社会发展和历史研究具有重要价值和作用。其次，资源特点方面，文书档案的广泛收集和保存为后续利用奠定坚实的基础。最后，开发利用方面，利用者可通过借阅档案原件或复印件的方式使用项目管理文件，也可通过档案管理系统在线查询，而以电子文件形式存在的项目管理文件同样可通过档案管理系统提供利用，使用权限在档案管理系统中完成设置，保证利用过程中电子档案不被非法篡改。在档案工作数字转型的背景下，积极实施纸质档案数字复制件的全文识别，有利于提升大兴机场工程项目档案的检索和开发利用效率。

第二，合同档案。合同档案在大兴机场工程项目中扮演着重要角色，为项目管理和决策提供有力支持。合同档案的适用场景包括合同管理、工程结算、履约监督等方面。在合同管理阶段，合同的立项、谈判、会签以及合同支付等过程均会形成一批档案。这些档案记录合同签订的全过程，包括合同文本、变更材料、计量支付材料、结算报告等内容。合同档案的利用可帮助采购合同部追溯和控制合同执行过程中的各种问题，确保合同的完整执行。此外，合同档案中的数据和信息也能为大兴机场工程项目未来采购决策提供参考和支持。如在合同签订前，采购合同部需要对供应商提交的资质文件、招标文件、报价文件进行审核和评审，合同档案中的信息可作为决策的依据。在合同签订后，采购合同部会根据合同档案进行履约监督和验收等工作，以确保合同的有效执行。在工程结算阶段，合同档案的利用同样非常重要。其中，工程量清单等档案可用来核对和审核项目的工程量和成本；合同档案中的信息和数据便于采购合同部开展工程结算工作，确保结算的准确性和及时性。

大兴机场工程项目合同档案的资源特点主要表现为多样性、可靠性。合同档案涵盖合同文本、变更材料、支付记录等多种信息类型，使得合同档案可灵活运用于不同的工作环节，更好地支持项目管理与决策。此外，合同档案归档和管理规范性较高，有助于确保档案中信息和数据的真实性、准确性；合同档案中的敏感信息也会得到保密和安全保护，由此确保档案的安全性、完整性。

为有效管理和开发利用大兴机场工程项目合同档案，采购合同部建立合同档案室，并采用数字化和纸质化相结合的方式进行管理。具体而言，对合同档案按照流程进行编号、归档，并在数字档案管理系统建立相应的索引关联，从而提高合同档案的检索和利用效率，降低合同档案信息丢失、泄密等风险。

第三，会计档案。会计档案是大兴机场在进行会计核算等过程中接收或形成的，记录和反映机场经济业务事项的，具有保存价值的文字、图表等各种形式的会计资料。为规范管理会计档案的利用，总指挥部会结合工作实际制定专门规章制度，确保大兴机场工程项目建设过程中产生的会计档案得以完整保存和有效利用。如根据总指挥部制定的《财务档案整理实施细则》《财务档案管理办法》，会计档案是财务档案的重要组成范围。其适用场景包括大兴机场日常运营和财务管理、审计和税务监管、业务决策和风险控制等。在资源特点方面，会计档案以电子形式为主、纸质形式为辅，涵盖大兴机场的财务收支、资产负债、成本费用等方面的信息，具有鲜明的时效性、准确性和完整性特征。在开发利用方面，充分利用先进信息技术对大兴机场会计档案进行数字化、智能化管理与利用，同时实现与其他门类档案资源的有机结合，由此构建形成门类齐全、层次完整的大兴机场工程项目档案资源体系，为大兴机场的运营、管理提供支持和保障。财务部受访人员表示，会计档案工作做到精细化、标准化，对于支撑业务工作有重要意义。

第四，施工文件。施工文件是在施工活动中形成的具有归档保存价值的图纸、图表、文字材料、计算材料、证书、声像资料等科技文件材料。在大兴机场工程项目建设过程中形成的施工文件主要涉及施工图纸、工艺方案、技术规范、技术报告、研究论文、测试数据等。这些施工文件完整记录大兴机场工程项目的科技成果、技术经验和专业知识，是项目管理和工程实施的重要依据；完整记录大兴机场工程项目中所采用的先进技术、新材料和工艺，为后续工程建设和运营起到重要参考作用。在资源特点方面，施工文件呈现出鲜明的技术性、专业性和实用性特征，主要表现为其承载大兴机场工程项目中的科技创新、技术进步和基本建设过程，涵盖工程项目中的诸多专业领域，记录工程项目的技术路径、技术难点的攻克过程以及技术方案的优化与应用效果等内容。在开发利用方面，施工文件可为工程师、技术人员、研究人员等群体提供宝贵的参考和借鉴，促进针对工程项目开展技术交流和经验分享，推动工程项目实现创新和可持续发展。

（2）按载体形式分

依据载体形式分，大兴机场工程项目档案主要的利用对象包括纸质档案、音像档案、实物档案、电子档案。

第一，纸质档案。在大兴机场的工程规划、设计、施工、验收等阶段，纸质档案被广泛形成、收集、管理与利用。大兴机场工程项目纸质档案能够实现对原始工程数据和信息的完整留存，可在较长时间内为后续的工程管理和维护提供凭证参考。大兴机场工程项目纸质档案的开发利用方式主要涉及档案查询、借阅、复制和展览。通过建立档案管理系统，工程项目纸质档案可被准确分类、整理和存储，便于相关工程和研究人员后续查阅、利用。

第二，音像档案。音像档案是指以照片、录像带、录音带、影音光盘等声像材料为载体，以影像为主要反映方式，并辅以文字说明的具有保存价值的历史记录。在大兴机场的工程项目规划、建设及其管理活动中，音像档案被广泛形成和使用，并专门制定音像档案保管和利用规定。在资源特点方面，工程项目音像档案可直观反映工程建设过程中的现场情况和工作内容，同时为后续的工程管理和维护提供凭证参考。在开发利用方面，工程项目音像档案主要通过档案原件或复制件借阅、档案管理系统在线查询等方式实现。在指挥部，各部门兼职档案工作者通过建立工程项目音像档案统计台账，对音像档案的生成、保管、利用等情况进行统计，同时重点关注工程项目重要活动及事件、原始地形地貌、工程形象进度、隐蔽工程、关键节点工序、重要部位、地质及施工缺陷处理、工程质量、安全事故、重要芯样等相关音像档案的形成与留存。

第三，实物档案。大兴机场工程项目在建设和运行管理过程中形成的实物档案主要包括具有纪念意义的奖牌、锦旗、奖杯等（表6-3）。大兴机场自投运以来，积极落实"人民航空为人民"的行业宗旨和中国民用航空局《人文机场建设指南》中的建设要求，努力为旅客提供高质量服务体验。在2021年世界范围内机场服务质量奖（ASQ）获奖机场名单中，大兴机场斩获国际机场协会（ACI）官方颁发的"全球最佳机场奖"和"全球最佳卫生措施奖"两项大奖，这已是大兴机场连续第二年获得这两个全球性奖项。此外，大兴机场建设和运营过程中还涌现大量先进个人和先进单位，其荣誉和成就也被大量实物档案所见证。指挥部向中国民航博物馆、中国共产党历史展览馆捐赠的航站楼模型沙盘，也属于珍贵的大兴机场工程项目实物档案。

大兴机场实物档案目录（部分）   表 6-3

件号	获奖单位	实物档案名称	授奖年度	授奖单位	数量	类型
1	北京新机场建设指挥部	2011年度"国门杯"龙舟邀请赛第三名	2011	—	1	奖杯
2	北京新机场建设指挥部	"四好"领导班子-2011	2012	首都机场集团有限公司党组	1	奖牌
3	北京新机场建设指挥部	"四好"领导班子-2012	2013	首都机场集团有限公司党组	1	奖牌
4	北京新机场建设指挥部	"四好"领导班子-2013	2014	首都机场集团有限公司党组	1	奖牌
5	北京新机场建设指挥部	首都国家安全工作先进集体	2015	北京市国家安全工作领导小组、北京市人力资源和社会保障局	1	奖牌
6	北京新机场建设指挥部	"四好"领导班子-2014	2015	首都机场集团有限公司党组	1	奖牌
7	北京新机场建设指挥部	"四好"领导班子-2015	2016	首都机场集团有限公司党组	1	奖牌
8	北京新机场建设指挥部	先进党支部	2016	北京新机场建设指挥部党委	1	奖牌
9	北京新机场建设指挥部	民航机场工程技术研究中心	2017	中国民用航空局	1	奖牌
10	北京新机场建设指挥部	首都机场地区2016年度消防安全工作先进单位	2017	北京首都国际机场地区防火安全委员会	1	奖牌
11	北京新机场建设指挥部	全国文明单位	2017	中央精神文明建设指导委员会	1	奖牌
12	北京新机场建设指挥部	2016年度集团公司科技创新奖	2017	首都机场集团有限公司	1	奖杯
13	北京新机场建设指挥部	全国民航五一劳动奖状	2017	中国民航工会	1	奖牌
14	北京新机场建设指挥部	"四好"标杆领导班子-2016	2017	首都机场集团有限公司党组	1	奖牌
15	北京新机场建设指挥部	中国航空运输协会民航科学技术奖-绿色机场规划设计、建造及评价关键技术研究	2018	中国民用航空局 中国航空运输协会	1	证书

第四，电子档案。大兴机场工程项目电子文件是在数字设备及环境中生成，以数码形式存储于磁带、磁盘、光盘、硬盘等载体，依赖计算机等数字设备阅读、处理，记录和反映项目建设和管理各项活动的文件。据国家档案局2023年4月19日编制并发布的《电子档案管理办法（征求意见稿）》，电子档案是机关、团体、企业事业单位和其他组织以及个人在履行其

法定职责或处理事务过程中，通过计算机等电子设备形成、办理、归档的，对国家和社会具有保存价值的各种信息记录。

大兴机场工程项目档案资源体系中的电子档案具有广泛的利用场景。与传统纸质档案相比，电子档案的利用不受时空限制，可随时随地通过档案管理系统进行访问和共享，大大提高档案信息的利用效率和便捷性。

电子档案作为大兴机场工程项目档案利用的重要对象，其资源特点在于数字化、可重复、易传递和可共享。通过数字化管理和存储，大兴机场工程项目档案信息可被高效分类、整理和检索，便于用户利用。同时，为保证大兴机场工程项目电子档案的可靠性和安全性，在采用在线归档方式时，需保证与档案管理系统衔接的业务系统的可靠性；在采用离线或手工归档时，需要通过多人监督，保证归档移交过程中，归档电子文件不被非法更改。此外，档案管理系统应具备有效接收、管理、利用大兴机场工程项目电子档案的能力。

大兴机场工程项目电子档案的开发利用方式除基本的数字化存储和检索外，还可运用细粒度的数据挖掘分析、人工智能分析技术等辅助领导开展决策。如通过分析大兴机场工程项目档案数据，可挖掘出有价值的信息，如历史项目的成本控制、工期管理等经验教训，用于项目管理决策；采用智能化的分类标注技术，对大兴机场工程项目档案中的文本、图片等多媒体内容进行自动化分析，实现全面、高效的档案信息化管理。指挥部在提供大兴机场工程项目电子档案利用服务时，已基本实现上述数字技术与档案管理的深度融合，并取得显著成效。

综上所述，大兴机场工程项目档案利用体系中的利用对象按内容性质分包括：项目管理案、合同档案、会计档案、施工文件，按载体形式分包括：纸质档案、音像档案、实物档案、电子档案。上述利用对象包括大兴机场从建设规划、设计、施工到验收等各阶段的工程项目档案，其对服务大兴机场建设运营、科学研究、社会服务等有重要作用。

6.3　大兴机场工程项目档案利用的途径和规范

6.3.1　利用途径

大兴机场工程项目档案的利用途径主要包括档案查阅、档案借阅、档案编研、档案展览。

一是档案查阅。档案查阅是档案利用服务的基本形式。大兴机场各部门利用大兴机场工程项目档案时，须经行政办公室领导签批。涉密档案由指挥部保密专员单独保管，利用涉密档案，须经保密委员会领导签批，仅能查阅。

　　二是档案借阅。档案借阅是为外单位、部门的用户提供档案利用服务。外单位借阅人须提供其所在单位介绍信及本人有效证件，由本单位对接人与行政办公室人员对接，并填写档案借阅审批单，档案工作者核对并签字同意，经单位负责人审核并签字同意后，方可借阅档案。指挥部在档案借阅与归还过程中，极为注重档案安全保护和信息保密，避免出现安全隐患。

　　三是档案编研。档案编研是档案利用服务的重要形式之一，指在研究档案内容的基础上对档案文献进行收集、筛选、加工，形成不同形式的出版物，供社会各方面利用的一项专门工作。[①]新媒体时代，新技术地融入使得档案编研工作模式更具丰富化、创新化。行政办公室秉承大兴机场的人文关怀精神，近年来从践行真情服务、弘扬人文精神、塑造城市名片、彰显文化自信等角度开发系列档案编研产品，起到良好的宣传效果。

　　四是档案展览。基于大兴机场"世界一流大型国际枢纽""国家发展新动力源""亚洲门户枢纽"的目标定位，大兴机场行政办公室近年来积极策划、组织多个主题鲜明、内容丰富的档案展览，生动向社会各界宣传展示大兴机场的建设历程、发展成果及其彰显的中国速度、中国力量、中国精神。行政办公室在档案展览策划及布展的过程中，根据大兴机场建设的不同历史阶段，工程设计、建筑施工、物流运营等具体内容及不同受众群体的观赏需求，选择合适的展览主题并筛选出具有较强代表性、典型性的档案信息资源进行展示；注重综合运用图文并茂的展板、数字化多媒体展示、实物展示等手段实现档案展览形式的多元化；通过加强展览现场巡查、安排专人看护等措施确保档案展览安全。

6.3.2　利用规范

　　大兴机场工程项目档案利用规范主要涉及借阅制度、归还制度、权限管理、统计制度。

（1）借阅制度

　　为规范大兴机场工程项目档案借阅行为并维护档案的安全性，指挥部制定并实施档案借阅制度。申请人线下利用档案时，须填写总指挥部档案借阅申请表（表6-4），并按规定的流程进行借阅手续。若申请人在利用档案时违反规定，如拒不按照流程履行借阅手续或造成档案损毁等违纪行为，指挥部将根据情节轻重对其给予相应处罚。对于情节特别严重的行为，将依法追究其刑事责任。

---

① 王英玮，陈智为，刘越男. 档案管理学（第五版）[M]. 北京：中国人民大学出版社，2021：274.

（2）归还制度

归还制度，是大兴机场工程项目档案利用规范的重要构成要素之一。归还制度规定借阅人在利用完大兴机场工程项目档案后，必须按时将档案归还至档案管理部门，并按规定的要求办理归还手续。归还制度的具体内容包括三部分：第一，借阅人应在借阅期满之前归还档案，如有特殊情况需延长借阅时间，应提前向档案管理部门申请，并经审批后方可延长借阅时间。第二，档案管理部门应对归还的档案进行审查和清点，确认档案的数量和状态是否符合借阅记录；若归还的档案出现缺失、损坏等情况，应及时向借阅人追责，同时在档案管理系统中备案。第三，明确档案归还制度的执行责任人和处罚措施，对拖延归还或违规归还的借阅人，应按照规定给予相应的处罚。

（3）权限管理

在大兴机场工程项目电子档案利用中，权限管理是必不可少的一环，其有助于规范档案利用者的行为，最大限度地保障工程项目电子档案的真实性、完整性、安全性和可用性。在大兴机场电子文件管理系统中，权限管理功能相对完善，可对不同主体的档案利用权限和利用范围进行统一设定与分配，从而实现对工程项目电子档案的全面管理和控制。在具体实施中，档案管理部门按大兴机场工程项目档案的密级、内容和利用方式等因素进行权限设置，确保不同主体的利用行为符合档案管理规定，保障档案的安全性和完整性。

指挥部档案借阅申请表　　　　　　　　　　　　　　　　　　表 6-4

借阅人姓名		所属单位及部门	
联系电话		借阅申请日期	
借阅档案内容描述			
利用目的			
保密承诺	我承诺，不对外泄露所查阅档案的相关信息。 　　　　　　　　　　　　　　　　承诺人：		

续表

申请单位部门领导意见	审批人签字（盖章）：	会签单位部门领导意见	审批人签字（盖章）：
行政办公室领导意见			审批人签字：
档案利用统计		借（查）阅　　　人次，调阅案卷　　　卷，文件　　　件，复印　　　页 借出案卷：　　　卷（每卷详细信息）： 档案工作者签字：	
归还档案		归还人签字：　　　　　　　　归还日期：	

（4）统计制度

为更好地管理大兴机场工程项目档案，行政办公室逐步建立完善的档案统计制度。根据该制度，行政办公室制定了档案借阅制度，根据档案的密级、内容和利用方式，规定不同的利用权限、范围和审批手续。如《北京新机场建设指挥部建设项目档案管理规定》规定，档案工作者应建立健全档案统计台账，对档案机构、人员、档案的收进、移出、保管、利用等情况进行统计，做到数字准确、可靠。在每年年底，档案工作者须填报《档案工作基本情况统计表》，报总指挥部综合管理部。此外，各部门的兼职档案工作者、施工单位资料员等也需建立档案统计台账，用于记录档案的收进、移出、保管、利用等情况，并确保数字准确可靠，做到账物相符。

总体而言，指挥部针对工程项目档案利用行为制定了一系列的管理制度和规范。除上述明确的借阅、归还、权限和统计制度外，《北京新机场建设指挥部建设工程项目档案管理办法》对机场工程项目档案的提供利用工作亦指明具体要求，成为大兴机场工程项目档案管理工作的重要指导依据。

6.4 大兴机场工程项目档案利用的成效

大兴机场工程项目档案利用体系建设过程中，形成了一批典型实践案例，其先进经验对我国重大工程项目档案开发利用工作具有重要参考借鉴意义。

6.4.1 典型实践

无论是直接利用工程项目档案，还是基于档案进行开发，指挥部均涌现出一批典型实践案例。基于当前成果，可将大兴机场工程项目档案开发利用的典型实践归纳为七个方面：辅助领导科学决策、申报建筑行业奖项、总结推广工法工艺、支撑办理证件证照、规避工程项目风险、开发档案文化精品、打造爱国主义教育基地等。

（1）辅助领导科学决策

辅助领导科学决策是大兴机场工程项目档案利用体系建设的典型实践做法之一。大兴机场工程项目档案承载的丰富历史数据和相关信息，可辅助领导科学掌握工程项目建设的总体进展，帮助其更好地决策。如出现设计或施工方案上的争议或问题时，领导借助工程项目档案中的历史数据进行比对和分析，可制定更为科学的决策。如在调研过程中，原飞行区工程管理部相关人员表示，飞行区场内维修改造过程中，领导会依据工程项目档案所记录的实际情况做出决策与部署。此外，工程项目档案还囊括施工过程中的验收记录、隐蔽工程记录、技术标准和质量报告等信息，对领导制定和实施工程项目质量监督和管理制度亦有重要参考意义。

（2）申报建筑行业奖项

鲁班奖、詹天佑奖、绿色建筑创新奖、中国建筑工程钢结构金奖、中华环境优秀奖等是我国建筑行业的大奖。近年来，在各项建筑行业大奖申报过程中，指挥部大量利用工程项目档案原件，支撑奖项申报材料，成功获得各类奖项90余项（部分重要奖项见表6-5）。2020

年12月，北京新机场（航站楼及综合换乘中心、停车楼）工程荣获中国建筑行业工程质量最高荣誉——"中国建设工程鲁班奖"（国家优质工程）；2021年4月，住房和城乡建设部举办2020年度全国绿色建筑创新奖新闻发布会，北京大兴国际机场旅客航站楼及停车楼工程16个项目获一等奖；2021年12月，北京大兴国际机场（航站楼及换乘中心、停车楼）工程入选第19届"中国土木工程詹天佑奖"；2023年1月，大兴机场飞行区工程摘取2022—2023年度第一批国家优质工程金奖；2023年6月，大兴机场航站楼工程荣膺国际桥梁与结构工程协会"杰出结构奖"，成为国内第4项获得这一奖项的建筑工程。2023年7月，指挥部荣获第十一届中华环境优秀奖（环境管理类），系民航机场业首次获此荣誉。指挥部领导表示，屡获殊荣的背后，离不开大量的原始工程项目档案的支撑，档案工作功不可没。

其中，"国家优质工程奖"现场复查包括现场实体质量核查和工程档案评审两部分。在北京大兴国际机场供油工程参评"国家优质工程奖"的过程中，中国施工企业协会派出石油化工领域多名专家进行现场复查，从工程竣工后动静设备的运行情况到罐体质量等18个方面进行细致的检查，并审查相关工程档案。经严格审验，评审专家对工程项目质量及其档案管理工作成效给予高度认可，对参建各方同心协力创优的精神面貌给予高度赞扬，专家组认为该工程符合国家优质工程的各项要求，最终高分通过评审。[①]

工程项目档案助力申报的建筑行业奖项（部分重要奖项）　　　　　　表6-5

序号	奖项名称
1	2018年度国际卓越项目管理（中国）大奖-金奖
2	2020—2021年度第一批中国建设工程鲁班奖
3	2020年度全国绿色建筑创新奖一等奖
4	2020年度中国交通运输协会科技进步奖二等奖
5	中国安装工程优质奖（中国安装之星）
6	2021年度中国交通运输协会科技进步奖二等奖
7	第19届中国土木工程詹天佑奖
8	中国钢结构金奖杰出工程大奖
9	工程建设科学技术进步奖特等奖
10	2022—2023年度第一批国家优质工程奖金奖
11	2020年度华夏建设科学技术奖

① 航油北京人. 北京大兴国际机场供油工程喜获国家优质工程奖[EB/OL]. （2023-01-16）[2023-04-13]. https://mp.weixin.qq.com/s/hRBVMHbBENa0sgDyrdlXUQ.

续表

序号	奖项名称
12	国际桥梁与结构工程协会（IABSE）"杰出结构奖"
13	中国航空运输协会民航科学技术奖
14	中国钢结构协会科学技术奖一等奖
15	工程建设科学技术进步奖特等奖
16	北京市结构长城杯工程金质奖
17	北京水利学会科学技术奖
18	第十一届中华环境优秀奖
19	全国文明单位
20	全国五一劳动奖状

（3）总结推广工法工艺

工程项目档案是项目设计、施工、验收、管理等过程中直接形成的原始记录，凝结着工程师的心血和智慧，其具体内容对总结、传承、推广工法等具有不可替代的作用。如某咨询公司在成立四十周年之际，结合"北京新机场项目预可研报告评估会现场""北京新机场项目可研阶段航站楼建筑方案专家论证会现场"等照片档案，梳理该公司参与大兴机场项目决策论证的咨询记忆，总结提炼大兴机场项目立项、可行性研究、初步设计等评估评审工作中的经验，为促进我国民航高质量发展提供生动案例。

在大兴机场配套的轨道交通专线建设中，某集团承担了北京大兴国际机场线一期工程的总体设计任务。该项目为大兴机场的高品质服务提供了重要保障，也获得北京市科委和中国城市轨道交通协会科技进步一等奖、全国优秀工程咨询一等奖、中国勘察设计一等奖、国家优质工程金奖等奖项。该项目取得《路轨共构建造关键技术研究》《时速160km快速轨道交通架空刚性接触网关键技术与应用》等6项科研鉴定，研制《市域快速轨道交通设计标准》（CJJ/T 314—2022）、《市域快轨交通技术规范》（T/CAMET 01001—2019）等三项行业和地方标准规范，对同行建设类似项目具有重要借鉴和参考意义。在此过程中，工程项目档案为其进行工法工艺总结、编撰标准规范，提供基础性支持。

信息设备部、飞行区工程部工作人员接受访谈时表示，在大兴机场建设过程中，施工单位需经常借阅设计图纸、工程图纸等档案资料，对提升其施工进度和质量有重要作用；诸多先进的新专利、新技术得以研发应用，多项具有前瞻性的新工艺、新工法、新标准陆续出台，都离不开工程项目档案的有力支撑。

（4）支撑办理证件证照

规划设计部受访人员在谈及工程项目档案利用时，详细阐释竣工图、竣工验收文件等工程项目档案在办理土地房产确权登记、规划许可证等过程中发挥的关键作用。2019年7月23日至9月15日之间，指挥部在一个多月的时间内，在地方政府、民航局等各级单位的协调之下，充分发挥多元主体协同共治的优势，充分利用好相关的工程项目档案证明材料，顺利完成了开航必备的35个项目的正式手续办理。2023年，大兴机场临空区为全力建设国际一流的高品质航空城，计划推进《北京大兴国际机场临空经济区（北京部分）社会投资仓储物流类项目"一天办N证，拿地即开工"集成办事场景建设工作方案》落地实施，并注重完善智能导办系统、深化关联事项整合，同时全面推进临空区信用管理体制机制建设，开展行政审批相对人信用信息归集与评价管理，构建"制度+平台+人员"保障体系，形成信用分级管理模式，完善人员信息记录档案，着力打造临空区"守信受益，失信受限"的市场环境。[①]在这些过程中，大兴机场工程项目档案发挥了重要作用。

（5）规避工程项目风险

指挥部安全管理等人员通过体验式观察、访谈、档案查阅等研究方法，提炼出北京大兴国际机场安全零事故的实践经验，包括强化机场建设安全隐患排查、健全项目安全隐患档案、明确隐患消除责任及期限、落实闭环管理措施。可见，档案工作与安全生产管理体系密不可分。[②]工程项目档案是最真实、最原始的历史记录，有助于大兴机场规避工程项目风险。

配套工程部受访人员表示，我们到工程建设现场巡查时，都会带着工程设计图和最新变更通知单等档案资料，确保工程项目建设与最新情形一致。

（6）开发档案文化精品

开发档案文化精品，可发挥工程项目档案的历史文化价值。指挥部利用建设过程中形成的珍贵档案，先后编辑出版《以人为本 程序为要 北京大兴国际机场工程安全管理实践》《多维度融合 一体化管理 北京大兴国际机场工程管理实践》《新理念 新标杆 北京大兴国际机场绿色建设实践》《扎根大地的工程哲学 北京大兴国际机场建设的实践逻辑》等系列丛书，呈现大兴机场设计、施工、建设管理等方面的生动细节和创新举措，是利用大兴机场工程项目档案开展编研工作的代表性成果。

---

① 北京大兴机场航空城. 大兴机场临空区蓄力打造国际一流航空城[EB/OL]. （2023-01-04）[2023-04-13]. https://mp.weixin.qq.com/s/qQPKfpJqW6EgDhhs-11F5w.
② 孙嘉，张俊，何长全，等. 大安全观视角下重大工程安全"零事故"的理论和实践研究——以北京大兴国际机场项目为例[J]. 工程研究——跨学科视野中的工程，2021，13（5）：442-450.

2020年9月25日，北京大兴国际机场建成投运一周年。自9月23日开始，中央广播电视总台影视剧纪录片中心推出的三集纪录片《大工告成——北京大兴国际机场》登陆央视多个频道。该纪录片在制作过程中，大量查阅、参考大兴机场工程项目珍贵的文书档案、音像档案和实物档案等材料，通过"倒计时"的叙事手法，依托故事化的形式记录、表达了大兴机场这一"智慧机场"竣工后的"变身"过程，充分展示了中国强大的科技实力、生动彰显了鲜明的时代印记，为世界民航史留下了一份珍贵的影像记录。[①]2021年国际档案日之际，指挥部按照首都机场集团有限公司的统一部署，以"档案话百年"开展系列宣传活动，围绕习近平总书记关于"让历史说话，用史实发言"的重要指示精神，编制专兼职档案工作者的风采宣传册，编辑推出学习《习近平关于档案工作、历史学习与研究、文化遗产保护重要论述摘编》主题征文优秀作品，相关成果得到领导高度赞赏，引起广泛好评。在未来，指挥部将深挖资源，开拓思路，创新形式，结合时代之需、自身之需、公众之需，制作一批批有特色、高质量的档案文化精品。

（7）打造爱国主义教育基地

2019年3月5日，国家档案局发布《国家档案馆爱国主义教育基地工作规范》（DA/T 34—2019），明确指出"国家档案馆爱国主义教育基地"是经各级党委、政府或相关部门批准命名、公开挂牌，由国家档案馆管理，以馆藏档案为主要资源，向社会公众开展爱国主义、革命传统教育和国情、省情、市情、区情、县情教育以及科学文化知识教育的活动场所。2021年7月，在庆祝中国共产党成立100周年之际，中央宣传部新命名111个"全国爱国主义示范基地"，北京大兴国际机场等13家在京单位名列其中。此次命名紧密结合党史学习教育、"四史"宣传教育，突出百年党史重要事件、重要地点、重要人物，突出新中国特别是新时代的大国重器和建设成就。大兴机场是民航全行业首个"全国爱国主义教育示范基地"，充分体现党中央对民航工作的高度重视，对大兴机场建设成就、运营成果的充分肯定，是全体大兴机场设计者、建设者、运营者的荣誉，也是全体民航人的光荣。指挥部依托现有流程布局和文化资源形成"一核汇聚、一轴贯穿、五大分展区阐发、N种爱国场景呈现"的顶层设计思路，将爱国精神融入机场、贯穿旅程。自投运以来，指挥部先后推出或举办"文化长廊"国宝图片展、"国宝之窗"系列展览、"光影之旅"数字展、"伟大征程——庆祝中国共产党成立100周年"红色主题展览等一系列爱国主题教育活动[②]，充分发挥大兴机场传播爱国主义精神、唱响爱国主义旋律的重要作用。如设立展陈柜，展示指挥部成立的文件，大兴机场所获荣誉

---

① 阴丽萍.《大工告成——北京大兴国际机场》：全景切片式揭秘大国工程[EB/OL]. 2020-09-28[2023-04-13]. https://mp.weixin.qq.com/s/L-QMBu20aXPZ38b6eF3sFQ.
② 瞿芃，侯颖. 京津冀协同发展新引擎[N]. 中国纪检监察报，2022-09-26（003）.

的实物档案（奖杯、证书等），向广大人民群众展示大兴机场的建设背景与成就。2023年建军节，大兴机场"凤凰展翅 逐梦蓝天"爱国主义教育基地基本展陈正式开展，通过图片、实物、资料、模型、动态沙盘等丰富的档案资源和多元的表达形式，全面讲述大兴机场建设运营历程与成就。 在这背后，大兴机场工程项目档案发挥着存史资政育人的文化价值、教育价值，为大兴机场建设打造成行走的爱国主义教育示范基地提供宝贵素材。

6.4.2 经验总结

总体而言，大兴机场工程项目档案利用体系建设的先进经验可概括为如下六方面：强化资源体系建设、树立主动服务理念、提高档案信息化水平、创新开发利用形式、扩大宣传力度与广度、加强国际交流与传播，可为其他工程项目提供参考借鉴。

（1）强化资源体系建设

2013年，学者刘鸿浩提出"档案资源建设是档案利用体系的基础"。[①]在一定程度上，大兴机场工程项目档案利用体系建设取得的成果，离不开资源体系建设发挥前端支撑作用。强化档案资源体系建设，不断优化档案资源结构，开放共享档案数据资源，有助于延展档案利用体系的发展路径，为档案利用服务开辟更广阔的天地。在数字人文、知识服务等理念的渗透下，更加精准化、智慧化、细粒度的服务需求对档案资源的组织结构提出更高要求。在守正拓新的过程中，档案管理部门应始终坚守资源为王的原则，不断强化档案资源体系建设，档案利用服务和开发才会有更多的可能。

（2）树立主动服务理念

指挥部行政办公室和档案工作者紧紧坚持"围绕中心，服务大局"，主动提供大兴机场工程项目档案利用服务，充分彰显档案工作的价值与作用。在工程项目档案提供利用服务的过程中，档案管理部门及档案工作者树立主动服务理念，避免档案工作被边缘化。

第一，档案工作者时刻关注用户需求，主动与用户进行沟通交流，了解用户的需求和疑问，并针对性地提供相应的服务和支持。这种主动服务理念可促进用户对档案的认知和理解，提高用户对档案利用的积极性和主动性，从而实现更好的档案利用效果。

第二，档案工作者充分发挥主观能动性，强化自我学习和知识更新，不断提高专业素养

---

① 刘鸿浩. 基于电子政务的档案利用体系建设初探[C]//国家档案局. 档案事业改革与创新——2013年全国青年档案工作者研讨会论文集. 中国文史出版社，2013：245-253.

和服务水平。在档案提供利用服务的过程中，档案工作者应积极探索新的服务模式和服务手段运用，不断契合用户持续变化的利用需求。

第三，档案工作者充分利用现代信息技术手段。可以建立档案信息共享平台和在线服务系统，提供多种多样的服务手段，包括但不限于档案在线查询、预约、借阅等。此外，还可利用社交媒体等新兴媒介进行档案文化宣传和推广，拓展档案服务的受众范围与社会影响力。

总之，树立主动服务的理念，充分发挥主观能动性，加强档案工作与用户的沟通交流，是大兴机场工程项目档案利用体系建设的一个重要经验和启示。这不仅可提高档案利用的效率和质量，还有助于促进档案工作与社会利用需求的有效衔接，实现档案利用与社会效益的双赢。

（3）提高档案信息化水平

提高档案信息化水平，既是数字时代赋予档案工作转型创新的客观要求，同时亦是助推新时代档案事业高质量发展的内在需求。浙江省德清县综合应用卫星遥感、无人机倾斜摄影测量、三维激光扫描和近景摄影测绘等技术，对古建筑的空间位置、尺寸、纹理以及周边环境等信息进行非接触式精确记录，为全县96处古建筑建立"数字身份档案"，率先在全省开启古建筑数字化保护工作。[①]指挥部积极应用各类先进信息技术，对提升工程项目档案管理与开发利用效能具有重要意义。在未来，不断提高档案信息化水平，既是档案事业高质量发展的内在要求，也顺应了数字基建的发展趋势。

（4）创新开发利用形式

指挥部在开发利用工程项目档案时，擅于运用多种开发利用的形式。新环境下，工程项目档案的载体形式愈发多样化、资源结构愈发多元化，用户的档案利用需求愈发个性化，新兴技术的应用形式愈发复杂化，档案开发利用形式也亟待创新。如可利用施工现场的音像档案，加以编辑宣传，吸引更多人才加入建筑业。美国联合总承包商（The Associated General Contractors of America，AGC）开发建筑多样性图片库（Construction Diversity Image Library），媒体记者被授予永久的、全球性的、免版税但非排他性的许可，以复制、展示、分发和其他方式使用图片库中的任何照片档案，并且无需署名，使行业可吸引年轻多样化的人才。来自设计、工程、建筑行业的组织和从业者也可自行上传反映施工多样性的照

---

① 中国档案网. 德清县为古建筑建立"数字身份档案"[EB/OL]. （2023-03-21）[2023-03-28]. http://www.chinaarchives.cn/home/category/detail/id/41674.html.

片档案。借此，可让更多的人了解施工现场及建筑文化。美国普林斯顿大学数字人文中心的"重建过去"项目，通过对破损文物建筑的档案文件进行数字化，并搜集相关建筑的文本、图片和其他材料属性描述信息，开发用于文物建筑遗址VR模型重建的建筑材料数据库。[①]在创意赋能、技术赋能的背景下，加强工程项目档案创新式开发利用是重要发展趋势。

（5）扩大宣传力度与广度

在档案利用体系建设过程中，扩大宣传力度与广度是至关重要的一环。扩大宣传力度与广度，有助于让更多人了解档案的作用和价值，提高档案利用率；有助于扩大档案工作的影响力和文化价值，促进档案文化建设；有助于让更多人了解档案管理工作的重要性和方法，提高档案管理水平。总之，档案利用体系建设不仅是档案管理和利用的问题，也需要借助一套科学的宣传体系推广档案的价值。

对于大兴机场工程项目而言，指挥部从多个角度展开，宣传档案的重要性。首先，指挥部从大兴机场工程项目自身出发，介绍工程项目的规模、建设理念、建设过程、创新技术、运营模式等多方面，强调其均离不开工程项目档案发挥支撑和保障作用，从而彰显档案利用的价值。其次，宣传档案资源的类型、数量、存储位置等基本信息，其不仅有助于深化大兴机场工程项目管理人员和相关人员对档案利用的认识和了解，还有助于引起领导和用户群体对工程项目档案利用的重视。此外，指挥部还注重宣传、推广档案利用的新技术和新方法，提高档案利用的效率和质量。2020年10月30日，在北京大兴国际机场通航一年后，"新中国大工匠智慧——北京大兴国际机场主题展览"展出。该展览依托部分珍贵的工程项目实物、照片、音像档案等，讲述大兴机场运行一年后诸多超出设计预期的惊喜。

在调研过程中，行政办公室档案工作者表示，国内许多机场及行业外相关企业都将大兴机场工程项目档案管理实践视为行业标杆，并前来考察学习，进一步提升了指挥部档案管理的专业性、知名度和行业影响力。任何科学技术、管理手段都会随着时间的推移，慢慢被更先进的管理理念代替，指挥部档案管理还需继续积极探索，开拓创新，进一步扩大档案宣传推广的力度与广度，让更多人深刻了解大兴机场工程项目的发展历程，大兴机场工程项目档案对于研究中国现代建筑、交通运输史、民航发展史等方面的学术价值，以及对我国经济社会发展的重要作用。2020年6月9日国际档案日之际，中国民用航空北京大兴国际机场安全监督管理局依托相关文书档案、照片档案等珍贵档案，梳理其成立历程、主要职责、管辖范围等，并在中国民用航空华北地区管理局发表专刊"档案见证民航大兴机场监管局"，起到良好的宣传效果。在未来，指挥部仍需进一步做好档案宣传推广工作，并将其逐步拓展至交通工

---

① 刘晋如. 中美档案数字人文项目比较研究[J]. 档案管理，2019（2）：33-36.

程、城市建设等领域。此外，还可借助珍贵的工程项目档案资源，结合重大时间节点或时事热点事件开展文化宣传、科学普及，擦亮大兴机场的特色档案名片。

（6）加强国际交流与传播

随着我国经济的快速发展和"一带一路"倡议的不断推进，我国在国际舞台上的影响力不断提升。大兴机场是具有国际影响力的现代化航空枢纽，大兴机场工程项目档案工作强化国际交流与传播，既是大兴机场工程项目档案事业发展的必然要求，也是强化大兴机场工程项目档案利用体系建设、回应国际同行咨询需求的重要内容。今后，大兴机场工程项目档案工作强化国际交流与传播，可从以下途径入手：

首先，大兴机场工程项目档案管理实践可积极参考借鉴重要国际标准规范。国际档案领域已形成一系列具有较强代表性的标准规范，如《国际档案著录通则》（General International Standard Archival Description，ISAD/G）、《空间数据和信息传输系统 开放文件信息系统 参考模型》（Space data and information transfer systems – Open archival information system – Reference model，ISO 14721—2003）、《档案开放原则》（Principles of Access to Archives）等。大兴机场工程项目档案管理实践应充分借鉴利用这些标准规范，不断提升档案工作的国际标准化水平。这有助于提升大兴机场工程项目档案管理与开发利用效能，同时在国际舞台树立大兴机场工程项目档案管理的标杆形象，提升大兴机场工程项目档案利用体系建设的国际影响力。

其次，大兴机场工程项目档案利用体系建设应积极参与国际交流与合作。国际档案领域已成立一些具有代表性和影响力的档案学会、档案协会等组织机构，如国际档案理事会（International Council on Archives，ICA）、美国档案工作者协会（Society of American Archivists，SAA）、拉丁美洲档案协会（La Asociación Latinoamericana de Archivos，ALA）等。指挥部行政办公室应积极参与这些组织机构的活动，参与搭建档案国际交流与合作的渠道。通过与国际档案领域的专家学者和同行加强交流和合作，有助于充分借鉴国际先进经验，提升大兴机场工程项目档案利用体系的建设效能与国际影响力。

最后，大兴机场工程项目档案利用体系建设需注重国际传播与推广。大兴机场工程项目档案管理实践应充分利用国际传播和推广的渠道，将大兴机场工程项目档案利用体系的建设成果积极向国际社会广泛宣传，具体可利用国际会议、国际期刊、国际合作项目等形式向国际社会推介大兴机场工程项目档案利用体系建设的经验与启示。同时，也可邀请国际同行来我国访问调研，交流先进的档案管理经验和理念，共同探讨工程项目档案管理的最佳实践，为新时代我国档案事业高质量发展提供借鉴和启示。

总之，加强国际交流与传播是深化大兴机场工程项目档案利用体系建设、扩大大兴机场工程国际影响力的重要路径。大兴机场是全球最大单体航站楼、世界最大单体减隔震建筑、世界首个"双进双出"航站楼、世界首个高铁下穿航站楼，在2023年获ACI四项国际大奖，蝉联最佳机场奖。借此东风，大兴机场工程项目档案管理实践应不断夯实基础，通过借鉴国际标准规范、加强国际交流与传播，不断提升大兴机场工程项目档案管理的国际影响力，逐步实现工程项目档案利用体系建设国际化、专业化、品牌化的目标。

6.5　本章小结

本章主要探讨了大兴机场工程项目档案利用体系的含义、特点，及其建设原则，大兴机场工程项目档案利用的用户和对象，大兴机场工程项目档案利用的途径和规范，大兴机场工程项目档案利用的成效等内容。在大兴机场工程项目档案建设过程中，主要创新点体现在以下几个方面：

其一，建设理念的创新。指挥部坚持"用户为本"的原则，恪守"以用户为中心"的理念，建设方便用户群体的工程项目档案利用体系，与建设具有"人文关怀"的人文机场不谋而合。

其二，用户群体的拓展。广大社会公众既是机场运营、管理过程中档案信息的重要生成者，也是用户群体的重要组成部分，可以利用总指挥部开放的部分非敏感档案信息，从而解决实际问题和需求，有助于增强社会公众的获得感、幸福感、安全感。

其三，档案开发利用形式的创新。在传统开发方式的基础上，总指挥部与时俱进，积极探索，通过多种技术、呈现形式挖掘工程项目档案的价值。如将工程项目档案开发利用与爱国主义教育相结合，既充分挖掘了档案的文化价值、教育价值，也彰显了大兴机场作为"共和国超级工程"的文化底蕴。

《"十四五"全国档案事业发展规划》起草小组成员张新强调，以"充分实现档案对国家和社会的价值"为导向的档案利用体系建设，就推进档案开放、提升档案利用服务能力、加大档案资源开发力度等提出了一系列工作要求。要充分体现人民立场，就要走向更加开放的档案利用体系建设。[①]面向未来，大兴机场工程项目档案利用体系建设仍有较大的发展空间，如拓展知识服务，建立专业咨询服务团队；举办主题研讨会或开展在线学习活动，满足不同用户群体需求；建立健全档案利用服务评估机制，实现工程项目档案细粒度开发利用。目前

---

① 张新. 奋进"十四五"：体现人民立场，走向更加开放的档案利用体系建设[J]. 中国档案，2021（12）：32-33.

大兴机场工程项目档案主要以单个标段为单位进行整理、保管和利用，未来应探索不同专业、不同载体工程项目档案的精细化管理和个性化利用服务。同时，要进一步加强新一代信息技术、数字技术在大兴机场工程项目档案管理中的运用，推动信息化与工程项目档案管理各项工作深度融合，加快提升工程项目档案管理的数字化、智能化水平，助推实现数字转型。

大兴机场工程项目档案安全体系建设

档案安全是档案工作的底线，档案安全体系建设是档案事业赖以生存和发展的根本保障。档案安全体系是一套用于保障档案安全的制度、规范、技术和设施等组成的体系，目的是保护档案的完整性、可靠性和保密性，防止档案遭到破坏、损毁、丢失或泄密。档案安全体系建设是保护档案资源、保障国家安全和信息安全的重要举措之一。本章重点论述大兴机场工程项目档案安全体系的含义和特点、建设意义和原则，档案安全规划与规范，档案库房安全管理，档案实体安全管理，档案信息安全管理。

7.1 大兴机场工程项目档案安全体系建设概述

安全是开放利用档案资源的前提。档案安全体系旨在解决如何通过深入推进档案安全体系建设，筑牢平安中国的档案安全防线。[①]大兴机场工程项目档案涉及机场建设与运营过程中的国家秘密、行业机密等，需要构建绝对可靠的档案安全体系。

7.1.1 大兴机场工程项目档案安全体系的含义

大兴机场工程项目档案安全体系是用于保障大兴机场工程项目档案安全的制度、规范、技术和设施等组成的体系，其主要目的是保护工程项目档案的完整性、可靠性和保密性，防止工程项目档案遭到破坏、损毁、丢失或泄露。大兴机场工程安全管理的总体目标是重大事故隐患为零，生产安全责任事故为零；指导思想是人民至上；管理宗旨是以人为本，程序为要；管理对象是全要素。在此框架之下，大兴机场工程项目档案安全体系建设同样是机场安全的重要保障。

7.1.2 大兴机场工程项目档案安全体系的特点

大兴机场工程项目档案安全体系呈现严格的保密要求、强大的技术支持、健全的管理流程、浓厚的安全文化四个特点。

一是严格的保密要求。大兴机场工程项目档案安全体系确保档案信息的保密性，防止档案信息被泄露、窃取、篡改，从而保障工程项目的安全和质量。

二是强大的技术支持。大兴机场工程项目档案安全体系建设借助科技手段支持档案信息的安全管理，如数字化管理、网络安全、数据备份等技术手段，从而提高工程项目档案管理

---

① 徐拥军，嘎拉森．"三个走向"：从《"十四五"全国档案事业发展规划》看档案工作发展趋势[J]．图书情报知识，2021，38（6）：4-11．

的效率和可靠性。

三是健全的管理流程。大兴机场工程项目档案安全体系设有健全的管理流程，包括档案的收集、整理、保存、查询、借阅、归档等多个环节，并设置多个层次的审批、授权等管理程序，确保工程项目档案信息的安全可控。

四是浓厚的安全文化。大兴机场工程项目档案安全体系建设过程中，行政办公室宣传、推广安全文化，持续提高员工的档案安全意识和技能，并积极加强档案安全教育和培训，从而营造全员参与、全程跟踪的安全管理氛围。

7.1.3 　大兴机场工程项目档案安全体系建设的意义

工程项目档案是记录工程项目从规划、设计、施工到验收等各个阶段的过程和结果的重要信息载体，是工程项目安全管理的重要基础。大兴机场工程规模巨大、投资数额庞大、工程技术含量和数字化要求高、工程建设程序复杂、工期要求紧、协调工作量大，因此，加强风险预测、评估与控制的必要性不言而喻。建设和完善大兴机场工程项目档案安全体系，有利于提升工程项目安全管理水平、助推档案事业健康发展、增加大兴机场运营效益。

第一，工程项目安全建设的保障。工程项目档案安全体系是工程项目安全管理的保障，可有效保障工程项目的安全和质量，提高工程项目的管理效率和水平，促进工程项目的安全管理与运行。一方面，通过建设和完善档案安全体系，可保障工程项目档案的完整性、真实性和可信度，防止档案信息被篡改或伪造，从而确保工程项目的安全和质量。另一方面，通过对工程项目档案的安全管理和利用，可对工程建设和运营过程中的问题和风险进行及时识别和处置，促进工程建设质量不断提升。如工程项目档案中包含重要的安全管理信息记录，对预防工程项目安全管理具有重要作用。加强对安全管理信息的保存和管理，建立安全管理信息记录的归档、保存和利用机制，可为工程项目安全管理提供有力支撑。同时，有效利用工程项目档案，可为后续的工程改造、维护和更新提供充分的依据和支持，推动工程项目实现可持续发展。

第二，提升机场运营效益的前提。安全是发展的基础，稳定是强盛的前提。建设和完善工程项目档案安全体系，可提升工程项目管理的效率和水平，为大兴机场的运营增加效益。通过科学规范的档案管理流程和技术手段，可实现档案信息的快速查询、共享和利用，提高工程项目管理的效率和精度。同时，通过对工程项目档案的有效管理和使用，可为决策者提供及时、准确的信息支持，提升工程项目管理的水平和质量。建立和完善工程项目档案安全体系，可有效防范化解各类档案安全风险。

第三，工程项目档案事业的根基。从微观来看，建设和完善工程项目档案安全体系，可确保工程项目档案的完整性和可靠性。通过规范的档案管理流程和技术手段，以及安全可靠的档案保管措施，可有效防止工程项目档案信息遭遇遗失、篡改、丢失等风险，确保档案信息的真实性、准确性和完整性，为后续档案管理和利用工作打下坚实基础。

从宏观来看，工程项目档案安全体系建设是工程项目档案事业的根基，其不仅关系到工程项目本身的顺利实施和后续维护，也直接关系到国家安全、经济发展和社会稳定等诸多方面。首先，工程项目档案安全体系是保障档案事业可持续发展的基础。指挥部通过建设健全的档案安全体系，有助于确保工程项目档案的准确、完整、真实和有效，为工程项目后续管理和运营工作提供重要依据和支撑。其次，工程项目档案安全体系建设是防范重大泄密、失密问题的重要手段。大兴机场工程项目档案中会涉及国家安全、商业机密、个人隐私等敏感信息，若泄露或失密，将造成重大损失或危害。建设和完善档案安全体系，加强对档案信息的分类、保密和控制，可防范化解重大泄密、失密风险。最后，工程项目档案安全体系是国家经济和社会发展的重要保障。工程项目是国家经济和社会发展的重要支柱，而工程项目档案则是工程项目的重要组成部分。指挥部建立健全的档案安全体系，对促进大兴机场工程项目有序推进和后续管理、提高工程项目的质量和效率、推动国家经济和社会高质量发展起到重要作用。一言以蔽之，工程项目档案安全体系建设事关工程项目档案事业的高质量发展，涉及国家安全、经济发展和社会稳定等诸多方面的利益，必须得到高度重视。

7.1.4 大兴机场工程项目档案安全体系建设的原则

2014年4月15日，习近平主持召开中央国家安全委员会第一次会议时提出，"坚持总体国家安全观，走出一条中国特色国家安全道路。"[①]虽然习近平总书记在论述总体国家安全观时并未提到"档案安全"的字眼，但不可否认，在总体国家安全观所构建的国家安全体系中，档案安全有重要的一席之地。[②]该指导思想为新时代档案安全体系建设指明根本遵循和行动指南。大兴机场工程项目档案安全体系建设过程中，始终遵循坚持总体国家安全观、科学规范管理、多层次保障、持续改进等原则。

一是坚持总体国家安全观的原则。大兴机场工程项目档案安全体系建设的首要原则是坚持总体国家安全观，将档案安全纳入国家安全体系范畴，确保档案安全与国家安全、社会稳定和经济发展保持一致。

二是坚持科学规范管理的原则。在大兴机场工程项目档案安全体系建设中，需遵循科学规范的管理原则，通过建立健全的档案管理制度和流程，确保工程项目档案的真实性、完整

---

① 人民网. 习近平：坚持总体国家安全观 走中国特色国家安全道路[EB/OL]. 2014-04-16[2023-10-17]. http://jhsjk. people.cn/article/24900492.
② 王英玮，杨干. 总体国家安全观视角下《中华人民共和国档案法》的安全理念[J]. 档案学研究，2020（6）：78-85.

性、安全性和可用性。

　　三是坚持多层次保障的原则。加强大兴机场工程项目档案安全体系建设,有赖于采取技术、管理、物理、人员等多层次安全保障措施,确保档案安全的全面性和系统性。

　　四是坚持持续改进的原则。加强大兴机场工程项目档案安全体系建设并非一蹴而就,而需推动人防、物防、技防三位一体安全防范体系不断完备,档案安全风险评估管控、隐患排查治理成效和应急管理能力持续提升。

7.2 　大兴机场工程项目档案安全规划与规范

　　工程项目档案安全规划与规范是指为保障工程项目档案的安全性和完整性而制定的一系列规划、制度、标准和流程,包括规划和制定档案安全管理制度、制定档案安全保障措施、建立档案安全管理制度和流程等。此外,档案安全管理责任制、档案保密审查机制、档案服务外包安全保障与监管、档案安全教育与培训亦是大兴机场工程项目档案安全规划与规范的重要内容。

7.2.1 　档案安全管理责任制

　　档案安全管理责任制指在档案管理中,各级领导和档案工作者必须按照一定的规定和程序,承担档案安全管理的法定职责和义务。大兴机场工程项目档案安全管理责任制(表7-1)的核心是建立和完善档案安全管理的组织机构、制度、标准和流程,明确各级领导和档案工作者的职责、权限和责任,确保档案安全管理工作的顺利推进和实施。

大兴机场工程项目档案安全管理责任制 表7-1

责任主体	责任内容
领导责任	➤ 重视档案安全管理工作 ➤ 建立健全档案管理部门 ➤ 分管和监督档案安全保密工作
部门责任	➤ 建立和完善档案安全管理制度 ➤ 明确各级档案工作者职责、权限和责任 ➤ 建立健全档案管理的工作流程和操作规范 ➤ 加强对档案安全管理的监督和检查 ➤ 建立健全档案安全责任制 ➤ 定期对档案安全管理工作进行评估和检查
人员责任	➤ 严格遵从档案安全管理制度 ➤ 认真履行档案管理的职责和义务

一是领导责任。指挥部各级领导必须高度重视档案安全管理工作，明确档案安全管理的重要性和紧迫性，制定并落实档案安全管理的各项措施和要求。同时，应当通过抓节点、抓制度、抓人员安排等方式加强对档案安全工作的领导和监督。如《北京新机场建设指挥部文书档案管理规定》要求在借阅涉密档案时，应由保密委员会主要领导签字同意后方可借阅。《北京建设项目管理总指挥部文书档案管理规定》中明确了分管领导要审议《文书档案管理规定》、审批与总指挥部重要事项相关的涉密档案借阅权限，并签署意见。

二是部门责任。档案管理部门必须依法建立和完善档案安全管理制度，明确各级档案工作者的职责、权限和责任，建立健全档案管理的工作流程和操作规范，加强对档案安全管理的监督和检查，确保档案安全管理科学、规范、有效进行。指挥部各部门、各参建单位均严格按照现行档案管理法律法规和制度要求，建立健全档案安全责任制，确保工程项目档案资料安全完整和顺利移交。

此外，档案管理部门必须定期对档案安全管理工作进行评估和检查，及时发现、解决其中存在的问题和隐患。如《首都机场集团有限公司会计档案管理办法》《首都机场集团有限公司会计档案管理实施细则》均明确提出在利用档案的过程中，若出现违反《集团公司保密管理规定》的行为，主责单位及相关人员按规定给予相应处罚。

三是人员责任。专兼职档案工作者必须严格按照档案安全管理制度，认真履行档案管理的职责和义务，保护档案信息的安全性和完整性，确保档案安全管理工作的顺利推进。

7.2.2　档案保密审查机制

档案保密审查机制是对档案材料进行保密审查的一系列制度和程序，目的是在档案管理和提供利用服务时，对可能泄露涉密信息的文件、档案材料进行审查和筛查，以确保档案信息的安全性和机密性。

大兴机场坚持"谁主管、谁负责"的原则，确立档案保密审查机制，主要内容包括：

——涉密档案的分级管理。档案按照涉密程度分为绝密、机密、秘密和内部资料四个级别，并采取相应的保密措施。

——档案保密审查的程序。在提供档案利用服务时，必须经过保密审查，审查程序包括申请、初审、复审和审批。

——档案保密审查的内容。审查内容主要包括档案中的机密信息是否合法、是否泄密风险、是否符合保密标准等。

——档案保密审查的责任。档案保密审查由行政办公室负责，相关部门和各参建单位须认真履行保密审查职责。

7.2.3　档案服务外包安全保障与监管

档案服务外包是一种常见的档案管理模式，有助于提升档案管理效率、节约成本、优化服务质量。《档案法》第二十四条强调：档案馆和机关、团体、企业事业单位以及其他组织委托档案整理、寄存、开发利用和数字化等服务的，应当与符合条件的档案服务企业签订委托协议，约定服务的范围、质量和技术标准等内容，并对受托方进行监督。受托方应当建立档案服务管理制度，遵守有关安全保密规定，确保档案的安全。大兴机场工程项目档案管理实践涉及多项档案服务外包业务，对其实行安全保障与监管极为必要。档案服务外包安全监管是依托行政力量对档案服务外包行为进行监督与管制的特殊活动，旨在通过多主体参与、强制性制约、全过程预防和及时性反馈确保委托方的档案安全。[1]如《北京建设项目管理总指挥部建设项目档案管理规定》明确要求总指挥部与数字化加工单位应当签订保密协议，明确保密要求、责任和失泄密的处置措施等，以确保工程项目档案处于安全可控的状态。

具体来说，档案服务外包安全保障与监管包括但不限于以下内容：

——**安全审查**。对档案服务外包提供商的安全管理能力和技术手段进行审查，确保其具备足够的保密和安全措施。

——**安全协议**。与档案服务外包提供商就档案安全的要求、责任、失泄密处置措施等签订安全协议，确保外包档案的实体安全与信息安全。

——**数据备份**。对外包档案进行定期备份，以防止数据丢失或损坏。

——**访问控制**。对外包档案的访问进行严格的权限控制，只允许授权人员进行访问，确保档案信息不会被泄露或滥用。

——**监督检查**。对档案服务外包过程进行定期监督和检查，确保外包服务符合安全和保密要求。

此外，档案服务外包安全保障与监管还需建立完善的制度和流程，包括安全管理责任制、安全培训和宣传机制等，为档案安全体系建设奠定基础。

7.2.4　档案安全教育与培训

档案安全教育与培训是筑牢档案安全思想防线的基础性工作，主要针对档案工作者开展档案安全保密知识、技能的教育和培训。

行政办公室作为档案工作归口管理部门，曾多次举办档案安全教育与培训，在大兴机场

① 徐拥军，王兴广. 治理视域下档案服务外包安全监管研究[J]. 档案学研究，2022（4）：116-122.

工程项目档案管理中贯彻落实总体国家安全观、践行"大安全"理念。档案安全教育与培训的主要内容包括：

——**安全保密意识**。通过实例分析等方式，培养、强化专兼职档案工作者的安全保密意识，提高其档案安全保密意识和防范能力，在最大程度上减少安全保密事件的发生。

——**档案保密法律法规**。宣贯国家有关档案保密法律法规，包括《档案法》《中华人民共和国保守国家秘密法》（以下简称《保守国家秘密法》）《中华人民共和国国家安全法》《中华人民共和国数据安全法》等，使专兼职档案工作者深入了解国家、首都机场集团有限公司以及指挥部有关档案保密法规制度的相关内容。《首都机场集团有限公司档案工作办法》《首都机场集团有限公司文书档案管理实施细则》《首都机场集团有限公司音像档案管理实施细则》均设置"档案保密"专章，对档案保密工作指明具体规定；《北京新机场建设指挥部文书档案管理规定》提出"保密档案执行《北京新机场建设指挥部保密工作管理规定》"。

——**档案安全保密制度**。介绍档案管理部门制定的各项档案安全保密制度，包括档案密级制度、档案保密管理制度、档案借阅管理制度等，使专兼职档案工作者详细了解档案管理部门安全保密制度的制定、执行情况。《首都机场集团有限公司音像档案管理实施细则》明确要求音像档案的保管应坚持安全性原则，做到保密、安全。

——**档案安全保密技术**。介绍各种档案安全保密技术，包括权限分配、加密技术、防护技术、安全备份技术等，使专兼职档案工作者全面掌握安全保密技术的使用方法和技巧。如指挥部的档案管理系统可以针对用户不同需求，分类分层设置管理和利用权限，以更好地实现档案安全保密功能。行政办公室曾多次对此组织专门培训。

大兴机场工程项目档案完整记录大兴机场的规划、建设、验收、运营等各个阶段，其不仅是大兴机场的重要资产，也是重要的历史、文化和科技遗产。总之，大兴机场工程项目档案安全体系建设是大兴机场档案事业的根基，不仅对于大兴机场发展和运营具有重要意义，同时对全国其他工程项目档案安全管理亦具有一定适用性。总指挥部将持续完善工程项目档案安全体系，推动大兴机场档案事业迈向更高水平。

7.3 大兴机场工程项目档案库房安全管理

7.3.1 档案库房选址与建筑

第一，配备档案资料专用库房，通过库房改造解决保管空间不足的问题。2015年，指挥部依据档案保管相关规定，配备约240平方米档案资料专用库房。根据档案实际存放需求，指挥部于2019年4月上旬对大兴机场管理中心地下室进行改造，新增约140平方米作为补充库房。此外，2019年，经沟通协调，大兴机场货运综合楼预留1000平方米作为档案库房。

第二，档案库房选址科学合理，安全性高。大兴机场工程档案存管场所为保障库房和库存档案安全，对库房内设施配置进行升级。在室内原有干粉灭火器配置基础上，增配二氧化碳灭火器，配置灭火器箱和消防标识，定期检查灭火器质量，及时更换问题灭火器。配备除虫灭鼠和除潮药品，预防库房虫害鼠害，以及档案保存及档案管理所需其他设备、物品。

第三，档案库房分区高效合理、流程便捷。大兴机场工程项目档案库房按照功能区分原则，力求达到高效合理、流程便捷。指挥部根据存放档案的要求和标准，督促和指导各参建单位严格按照档案存放要求、不同类型的档案，设置档案资料室、划分库房、设置中转库房，使得档案库房与阅览、办公用房分开。

7.3.2 档案库房设施设备

第一，使用专用的档案库房，合理划分保管区段。根据档案性质不同，大兴机场工程项目档案存放在不同的专用档案库房。指挥部建立初期，行政办公室为各部门分配一间档案库房，各部门可根据实际需求存放文件资料。同时，行政办公室也配备了专业档案库房。如审计监察部的纪检档案具有极高的保密需求，未采用传统的档案密集架，而是使用安全性更高的保密柜。此外，上架的工程项目档案按项目大类（工程建设档案、文书档案、合同档案、会计档案、声像照片档案和实物档案）划分保管区段，同一类工程项目档案按项目结合时间进行排列，每列档案密集架注明所存工程档案的类别和编号范围。

第二，配备消防安全设施，定期检查及时消除事故隐患。指挥部档案库房的档案密集架牢固耐用，具有防火、防盗、防尘作用。档案库房配置温湿度监控设备及灭火器材、防光窗帘、防盗门窗等必要的设施。根据库房管理需要配置除尘器、消毒柜、去湿机、加湿机、空气净化器等设备，还配置了自动报警、自动灭火、温湿度自动调控、监控等设备。安全使用电器设施，定期检查电器线路及消防设备，及时消除事故隐患。未来，大兴机场工程项目档案库房的安全管理可朝数据化、智慧化方向发展，如配备RFID档案管理设施、恒湿净化一体机等，不断强化档案安全体系建设的设施设备保障。

7.4 大兴机场工程项目档案实体安全管理

7.4.1 档案保管

第一，坚持统一管理、分类负责的原则。大兴机场工程项目档案安全工作由指挥部统一管理、各部门分类负责。其中，招标类、财务类、合同类、人事类、规划前期类分别由归口部门管理；工程资料由工程部门协助，指挥部统一管理。

第二，工程档案库房专人管理，定期检查库藏档案。指挥部档案库房实行专人管理，非档案工作者未经允许不得进入。各部门档案库房由各部门自行管理。档案工作者定期检查、核对案卷，随时掌握档案的变化情况，发现问题及时解决。

第三，档案装具按责任单位统一制作发放。大兴机场工程项目归档文件的制成材料需符合耐久性要求。采取有效措施保证档案实体和信息安全。指挥部需向首都机场集团有限公司档案馆移交的档案，档案装具采取无酸纸档案盒、无酸胶水等。各参建单位自行保管的档案资料，档案装具由各单位自行按标准印制。

7.4.2 档案流转

第一，积极推进档案数字化利用。档案入库保存后，频繁利用档案原件会缩短档案寿命。为保护工程项目档案原件，延长档案寿命，指挥部要求参建单位除提交工程项目档案原件外，还应进行工程档案数字化工作，并提交数字化的工程项目档案。此外，指挥部委托第三方档案服务团队，对指挥部产生的档案进行数字化。在进行档案利用时，引导利用者在档案管理系统上在线利用，优先向利用者提供电子档案。

第二，借阅者应当遵守档案借阅制度。指挥部档案工作者及档案借阅者严格遵守《中华人民共和国保守国家秘密法》，保守党和国家的机密，维护工程项目档案的完整与安全；档案借阅者应当遵守档案借阅制度，不得损毁、涂改、伪造档案，不得擅自从档案中抽取、撤换、添加档案材料；档案工作者严格执行借阅程序，按时催还借出的档案，并做好借（查）阅登记和归还注销记录。

第三，档案出库交接严格执行档案进出库管理制度。大兴机场工程项目档案出库交接严格执行档案进出库管理制度，指定专人管理实体档案；出库填写《档案借阅登记表》，做好档案出库的交接登记工作。

7.5　大兴机场工程项目档案信息安全管理

7.5.1　系统安全

第一，建立档案管理系统，大幅提高文件资料流转和归档整理效率，确保工程项目档案的真实性、完整性、可用性和安全性。指挥部档案管理系统嵌入指挥部OA系统上，加强防火墙技术，防止黑客进攻和计算机病毒。同时，将档案管理系统运维服务委托于系统开发商，确保档案管理系统正常使用。2020年指挥部档案管理系统全面升级为最新软件系统。该系统建立不同的类目库，主要以文书档案为主，采取试运行的模式，实现文书档案从OA办公系统到档案管理系统的"一键归档"功能，先试点，再推广，大大降低档案实体归档的人工成本，有效提高档案安全系数，更好保障档案实体安全。通过项目管理信息系统实现数据采集、审核、归档的一体化管理，不仅大幅提高文件资料流转和归档整理效率，也确保项目档案的真实性、完整性、可用性和安全性。

第二，档案管理系统划定安全级别，建立安全控制机制。指挥部档案管理系统划定了安全级别，设有安全控制机制，根据电子档案密级匹配安全防护级别，由此保证系统在运行维护过程中，大兴机场工程项目电子档案的真实性、安全性。

第三，由国际科技部和质量安全部共同负责档案系统的建设、维护及安全监管，并由相关部门协调管理档案信息安全。首都机场集团有限公司的国际科技部负责科技研发类项目相关文件资料的收集、整理、保管、利用等；档案管理系统建设预算管理，参与档案系统采购、系统建设、系统验收等；档案系统的运行维护及网络安全监管。而质量安全部则负责对在集团公司云平台上运行的档案管理系统进行安全监管。此外，在财务处日常管理电子档案过程中，由与业务活动联系紧密的采购合同部负责专门维护服务器、网关、档案数据，保障档案信息安全。

第四，定制化开发工程资料管理平台，实行账号注销机制。由于大兴机场工程项目前期工程资料管理工作是分离的，加之各单位系统软件、文件格式、字体等不尽统一，引发工程项目档案整理困难的问题。因此，大兴机场工程项目定制化开发工程资料管理平台，明确管理职责和要求，规范操作行为。不定期开展自动备份，以确保工程项目档案的完整性、安全性。此外，该平台具备设置账号、密码管理等功能，工作人员离职时需注销其个人账号和密码。

第五，严格监管档案管理系统的操作行为，制定并实施档案管理系统应急处置预案。严格管理指挥部档案管理系统的用户及其权限，监控非授权用户的登录与操作行为；严格管理接入档案管理系统的离线存储介质，定期查杀病毒，保护电子档案及其元数据不受病毒感染；

制定并实施档案管理系统应急处置预案，明确职责分工和保障措施，建立预防预警、应急响应和奖惩等应急事件。

第六，多方相互监督和委托信息技术人员，共同保护档案信息和系统安全。管理大兴机场工程项目档案的过程中，管理人员的相互监督是一种有效的档案信息保护方式。如针对审计档案，实行纪检组组长、上级（集团纪委）、审计监察部三方相互监督，共同保证档案信息的安全。此外，档案系统的信息安全委托A公司信息技术人员开展安全防护，定期进行系统安全检查，并做好检查记录。

7.5.2 数据安全

第一，严格履行保密规定，签订保密服务协议书。由于大兴机场工程项目的专业性和特殊性，大量工程项目资料属于内部保密资料。指挥部严格履行保密规定，除在项目招标文件中明确要求咨询服务机构需具有国家保密机构授权资质外，在签订合同时，还将与其签订保密服务协议书，加强保密教育，确保大兴机场工程项目档案资料的信息安全。

第二，确保档案系统和档案数据的安全。档案管理系统具备数据安全备份功能，同时具备可靠的备份设备和备份机制，以保障系统安全；指挥部妥善保管电子档案数据，定期开展数据备份，确保数据安全；重要工程项目档案数据实行异质异地备份；指挥部为工程项目电子档案安全存储配置在线存储系统。

第三，双服务器全天候开展备份。档案管理系统配备两台服务器，能实现24小时自动备份，两台服务器存放于同一机房，采用同一套电源电路。因客观条件限制，无法实现异地备份，档案管理数据库能实现每天全量备份，备份于服务器指定目录下并保留近7天数据。指挥部后续将扩展采用异地备份模式或将工程项目档案数据存储备份拷贝至硬盘，实现隔离备份。

第四，与数字化加工单位签订保密协议。指挥部委托第三方档案服务团队开展大兴机场工程项目档案数字化加工，与其签订保密协议，明确保密要求、责任及失泄密的处置措施，并注重通过建立安防系统、加强数字化存储设备管理和数字化人员管理等措施，确保档案信息安全。

第五，加强对电子档案利用管理。指挥部加强对电子档案利用的管理，规定提供利用具有密级要求的电子档案时需严格遵守国家有关保密规定；采用联网方式提供利用的，采取稳妥的身份认定、权限控制及在存有电子档案的设备上加装防火墙等安全保密措施。

第六，各单位健全电子档案安全利用制度。指挥部各部门建立工程项目电子档案利用制度，采用有效手段，保证工程项目电子档案快捷利用，同时确保工程项目电子档案在利用中的安全。

7.6 本章小结

　　本章主要探讨了大兴机场工程项目档案安全体系的含义、特点及其建设意义、原则，大兴机场工程项目档案安全规划与规范，大兴机场工程项目档案库房安全管理，大兴机场工程项目档案实体安全管理，大兴机场工程项目档案信息安全管理。在具体的建设过程中，创新点主要体现在以下几个方面：

　　一是建设理念的创新。指挥部充分重视工程项目档案安全体系建设工作，不仅将其纳入整体的工程项目安全管理体系中，更以"总体国家安全观"为根本遵循和行动指南，探索新时代档案安全体系建设的特色路径，积累了丰富的实践经验。

　　二是指挥部通过确保系统安全、数据安全，保障大兴机场工程项目档案信息安全管理。如建立档案管理系统，大幅提高文件资料流转和归档整理效率；划定档案管理系统的安全级别，建立安全控制机制；由国际科技部和质量安全部共同负责档案系统的建设、维护及安全监管，由相关部门协调管理档案信息安全；定制化开发工程资料管理平台，实行账号注销机制；严格履行保密规定，签订保密服务协议书；双服务器全天候开展备份；与数字化加工单位签订保密协议等。

第 8 章

大兴机场工程项目档案信息化建设

工程项目档案信息化建设既是信息时代档案管理现代化的需要，也是档案资源充分开发利用的前提。大兴机场工程项目档案是对其工程建设过程的概括性记录，是展示大兴机场工程项目管理水平、承载大兴机场工程记忆的重要载体，体现大兴机场工程项目的整体管理质量。为顺应国家信息化建设和档案事业发展要求，推动工程项目整体管理水平提升，使工程项目档案产生更广泛社会效益，北京新机场建设指挥部积极探索工程项目档案信息化建设道路，推动大兴机场工程项目档案信息化转型，在工程项目档案信息化建设方面积累诸多有效经验。

8.1　工程项目档案信息化建设概述

8.1.1　工程项目档案信息化建设的概念

工程项目档案信息化是在工程管理环境及信息技术支撑下，对工程中各业务流程和档案管理方式进行整合与改进，将工程项目档案资源进行一体化收集、存储、管理和提供利用，以保障工程项目安全、高效、顺利推进，并使其服务于工程项目后续运行、维护和改扩建的活动。具体来说，工程项目档案信息化建设包括三方面的内涵。其一，档案信息存储数据化和数字化。从纸质形态档案及其数字化复制件过渡至以原生态电子档案为主，包括纸质档案数据化和数字化档案接收两个层面[①]。其二，档案信息管理规范化和一体化。根据相关业务规范和技术标准，利用现代信息技术实现档案管理自动化，包括自动编制、收集、分类、归档、著录、统计、整编等功能，提高档案工作规范性和效率。其三，档案信息利用共享化。其能够实现档案远程查询，达成"查文查档不进库、阅文阅档不翻本"的档案利用模式。

8.1.2　工程项目档案信息化建设的意义

（1）是顺应国家信息化建设和档案事业发展的要求

2021年，中央网络安全和信息化委员会印发《"十四五"国家信息化规划》，重点强调应"以建设数字中国为总目标""以加快数字化发展为总抓手"[②]，这在一定程度上对档案信息化建设提出战略性要求。从档案事业发展来看，《全国档案事业发展"十五"计划》于2000年首次明确提出"加快档案信息化建设"目标；2002年，《全国档案信息化建设实施纲要》提出围绕档案信息化基础设施、资源、应用系统、规章标准、人才队伍、安全保障体系等方面建设推

---

① 陶碧云. 论档案信息化内涵及其相互关系[J]. 档案学通讯，2002（6）：31-33.
② 国信办. 中央网络安全和信息化委员会印发《"十四五"国家信息化规划》[EB/OL]. （2021-12-28）[2023-06-19]. http://www.gov.cn/xinwen/2021-12/28/content_5664872.htm.

进档案信息化；2020年新修《档案法》新增"档案信息化建设"专章，档案信息化建设首次被写入效力最高的档案法律；《"十四五"全国档案事业发展规划》进一步将"深化档案信息化战略转型"列为档案事业高质量发展的指导思想之一。因此，推动工程项目档案信息化建设，是顺应国家信息化建设和档案事业高质量发展要求的必要举措。

（2）有利于提升工程项目整体管理水平

工程项目档案信息化建设能够推动工程项目整体管理水平的提升。其一，档案信息化建设为质量安全管理与实时追溯提供可能。其二，档案信息化建设有助于实现对项目工期进行精细化管理。通过后台对工程建设进度、施工资源配置等（包括气温、降水等施工环境条件）的分析，可以帮助预测项目工期，并精确提出工期调整计划建议，从而达到对项目施工进度进行精细化管理的目的。其三，档案信息化建设有助于有效保障工程项目后期运行维护。通过档案信息化建设，能够将纸质档案资源转换为数字态乃至模拟态的档案资源，更加便于检索调阅、溯源分析，有利于提升工程项目整体管理水平。

（3）有利于提高工程项目档案利用便捷度

经过档案信息化建设，档案"收、管、存、用"流程自动化、协同化，大大提高工程项目档案利用便捷度。其一，在网络支持下，授权用户可在任何时间、地点访问所需要档案资源，且程序更简洁、方便，所需人力、物力成本也大大减少。其二，档案信息化建设有助于解决传统档案工作"封闭性"弊端。通过档案信息化建设，档案信息传输更方便、限制更少、流动更顺畅，使其档案能够服务于更多需求者，也促进各部门协作，在工程项目档案开放性提升的同时，最大化地实现工程项目档案的价值。其三，通过线上将数据源与系统结合，支撑档案共享，满足工程项目建设过程中在数据管理、不同业务场景等方面需求，有助于实现业务层面的档案资源协同利用，避免繁琐的实地借阅手续流程，提高档案管理效率。

（4）有利于妥善保护纸质工程项目档案

纸质档案在长期存储和使用过程中难免因摩擦、折叠、氧化等因素而产生磨损。通过实施档案信息化建设，工程项目档案利用者能够直接通过网络访问和获取档案信息，既方便快捷，也避免了频繁翻阅纸质原件所带来的损害。从而使其纸质原件能够得到更妥善地保存，发挥长久价值。此外，为避免由于重要档案原件损毁而导致的信息丢失问题，还可以通过档案信息化措施，将之数字化、数据化，进行异地异质的安全备份。

（5）有利于扩大工程项目档案的社会效益

工程项目档案是工程项目的原始记录，具有重复利用的重要价值。通过档案信息化建设，能够使工程项目档案产生更广泛的社会效益。2020年武汉火神山医院紧急筹建中，在2003年北京小汤山医院建设工程档案的复用事件中得到极大体现。[①]只有通过信息化手段对档案资源进行充分开发利用，才能最大限度地发挥档案资源社会价值。运用现代信息技术来管理和利用工程项目档案资源，不仅有助于工程项目管理本身，也有助于全国乃至国际工程项目间的经验交流，"见贤思齐"的同时也将本项目经验推广至社会，为其他机场工程项目乃至其他大型基础设施工程的开展提供参考。同时，档案信息化建设还能提升工程项目档案管理效率。

8.2 大兴机场工程项目档案信息化建设的挑战与应对

8.2.1 大兴机场工程项目档案信息化建设的挑战

（1）需契合大兴机场工程项目整体信息化架构

大兴机场在建设初期便设计部署19个平台，其中包括9个应用平台、6个技术平台和4类基础设施平台，共68个系统。这些平台和系统实现大兴机场全域业务领域的覆盖和支撑。[②]

其中，通过对大兴机场卫星厅项目预研究，指挥部与相关单位合作建设实施一套BIM模型应用标准体系。BIM模型主要应用于两个项目——大兴机场货运代理区工程（国际货运代理区等）一标段，首都机场集团有限公司北京建设项目管理总指挥部办公用房装修项目施工，涉及各专业深化设计建模、各专业模型整合及展示、全专业碰撞检查、土建方案BIM模拟、装修方案模拟、机电方案BIM模拟、进度管理、成本管理、BIM的竣工图成果管理、质量管理、安全文明施工管理、文档管理、工厂预制加工等16个方面。

此外，指挥部建立数字化协同管理平台（仍在持续更新升级，拟实现总指挥部业务、项目全要素管控），该平台能够实现对指挥部和总指挥部所有工程项目阶段化、全程化的统筹管

---

① 衡倩，朱艳霞，张伟. 工程档案在武汉火神山医院建设中的利用及启示[J]. 档案管理，2020（5）：53-55.
② 刘冠. 第二十届民航信息化发展论坛[EB/OL]. （2021-11-02）[2023-04-25]. http://www.caacnews.com.cn/2022live/20thmhxxhlt/20xxhltlm3/202211/t20221101_1356462.html.

理。通过对文档资料属性的设定，平台可以实现快捷地资料归类，并可通过接口直接导入档案管理系统。作为大兴机场工程项目整体信息化架构的重要组成部分，档案信息化建设需要与其整体信息化架构相契合，需要与BIM模型、数字化协同管理平台等相互衔接，实现信息流通和共享，才能实现机场全域业务领域覆盖和支撑。如此方能保障工程项目档案信息化建设的有效性和高效性，为大兴机场建设和运营提供有力信息支持。

（2）大兴机场工程项目档案信息化建设综合性强

档案信息化建设是大兴机场工程项目管理的一个独立方面，同时也是一项综合性建设工作。档案活动广泛存在于大兴机场工程项目建设活动的各个环节，档案"收管存用"贯穿于工程项目建设从立项到竣工全周期，工程项目档案信息化建设也渗透于工程项目建设各个环节之中。档案信息化建设的综合性既体现于其是一个系统工程，又反映于信息时代工程项目各方面建设活动均离不开档案信息化建设的支撑作用。特别是当新兴技术逐步应用到工程项目档案信息化建设中，档案管理活动与工程项目建设包括财务管理在内的其他管理活动也逐渐融合，这进一步提高了档案信息化建设的综合性水平。

（3）大兴机场工程项目档案信息化建设复杂性高

大兴机场工程项目档案信息化建设是一项复杂性工作。其一，内部管理层级复杂。大兴机场工程项目体量非常大，包括许多重要子工程、子项目，形成多级管理模式，项目信息传输线路长，内部管理难免反应迟缓。尤其是相对于财务管理等部门工作，档案管理部门信息化建设工作重要性难免有时排序靠后。其二，所涉及档案资源数量繁多、种类复杂。大兴机场工程项目所形成档案数量繁多，种类繁杂而范围广泛，海量而不断生成的档案资源使其收集、管理、存储工作变得更加复杂和繁重。其三，档案信息化建设涉及人员众多。档案信息化建设的实施，特别是档案管理系统的应用，几乎涉及本项目所有工作人员。对档案管理流程上的沟通、档案管理系统的理解及其操作，均需其他各部门各领域工作人员的协调和配合。但档案管理部门和工程项目其他部门对信息化建设的需求认识很难完全达成一致，不论是思想上的忽视、观念上的差异、工作中的敷衍，都可能会导致项目进度缓慢。上述因素共同构成了大兴机场工程项目档案信息化建设的高复杂性。

（4）大兴机场工程项目档案信息化建设周期较长

大兴机场工程项目档案信息化建设周期较长。对于一项长期性系统工程，急于求成、瞻前顾后或是停滞不前均不可取。其长周期性主要体现于以下三个方面。其一，工程项目档案信息化建设并非孤立的，而是与财务信息化建设、项目管理信息化建设等各个部分协同运行，共同构成大兴机场工程项目信息化生态。因此，需要足够时间去协调系统，使之相互嵌入、相互支撑。其二，工程项目档案信息化建设仍然是一个较新的课题，目前相对缺乏十分成熟的理论和实践可供借鉴，指挥部需要在主动探索的过程中总结经验，并不断优化做法。其三，随着时代发展、技术更新，档案信息化建设软硬件设施需逐渐更新换代。因此在推进工程项目档案信息化建设过程中，指挥部也需对档案管理系统等设施设备的兼容性、先进性进行科学认知与评估，并提前制定应对和迭代方案。

8.2.2　大兴机场工程项目档案信息化建设的原则和思路

为应对上述挑战，结合大兴机场工程项目档案管理需求和后续发展要求，指挥部确定了"服务于工程项目整体建设和管理""档案工作与工程项目相同步""外包开发和需求定制相结合""实用性和安全性相兼顾"的原则和思路。

（1）服务于工程项目建设运营

所谓"服务于工程项目建设运营"，即指挥部要求大兴机场工程项目档案信息化建设应始终以工程项目建设运营为核心，充分发挥档案作为大兴机场工程项目建设运营过程管理、质量管理、安全建设和竣工验收等方面真实依据的重要作用，解决大兴机场工程项目推进中的实际问题。这有助于有效提高大兴机场工程项目建设的管理水平和工程质量，降低施工风险和管理成本。

第一，保障工程项目建设运营过程管理。档案是大兴机场工程项目建设运营的重要依据之一，记录工程项目立项、规划、设计、施工、验收、运行、维护等整个生命周期各个环节的相关信息。档案信息化建设为大兴机场工程项目提供更准确、齐全的历史数据和技术资料，有助于项目管理人员进行有效决策和管理。

第二，加强工程项目建设运营质量管理。档案信息化建设帮助实现对建设运营过程中技术标准、操作规范、施工记录、合同协议、验收报告等信息的随时归档，便于对工程项目建设和运营过程中的各个环节进行全面监管和管理，并为工程验收和质量评定方便快捷地提供所需依据和证明。

第三，加强工程项目建设运营档案利用管理。档案信息化建设有助于规范档案利用流程，包括申请、审批、查阅、借阅、归还等环节，加强对档案利用过程的监管。从而提升工程项目档案查询、检索、归档等工作的效率，便于大兴机场工程项目各部门及工作人员利用档案的同时，确保档案信息的安全性和保密性，进而服务于工程项目建设运营。

（2）档案工作与工程项目建设相同步

《建设工程文件归档管理规范》（GB/T 50328—2019）等规范文件要求，"工程文件的形成和积累应纳入工程建设管理的各个环节和有关人员的职责范围""工程文件应随工程建设进度而同步形成，不得事后补编"。因此，指挥部将"档案工作与工程项目相同步"作为大兴机场工程项目档案信息化建设的重要原则和思路之一。具体而言，即要求档案信息化建设以实现"工程立项开始与档案跟踪收集同步""工程建设过程与档案形成同步""工程竣工验收与档案验收同步"三个同步为目标，从而实现对工程项目档案的全过程管理。

实行工程项目档案"三个同步"，对大兴机场工程项目有诸多益处。第一，工程设计、施工、验收等文件随时产生、随时管理，有助于项目管理和归档后利用；第二，有利于将工程项目档案纳入工程项目整体信息化体系；第三，能够有效避免资料遗漏情况，提高工程档案管理规范化水平，更真实反映工程建设的历史面貌，保证工程档案完整和齐全，为工程项目长期运营提供管理依据。在竣工之际，北京市档案局就竣工档案专项验收的验收主体、验收范围、验收条件等方面提出具体工作要求和建议，确保档案工作与工程建设同步推进。[①]

（3）外包开发和需求定制相结合

考虑到系统开发成本、开发效率和专业技术支撑，指挥部按照法定程序，选择专业的档案软件系统开发公司作为开发外包商，要求该公司按大兴机场档案业务实际需求定制开发档案管理系统，即实现档案管理系统开发工作的对外承包。

"外包开发和需求定制相结合"的做法，为大兴机场工程项目主要带来以下效益。其一，专业的档案软件系统开发公司具有丰富的档案信息化建设经验，为指挥部档案管理系统建设提供良好的技术支持和维护服务，确保系统的稳定运行和数据安全。其二，较之独立开发，外包开发的成本更低、效果更稳定，且便于系统的管理和维护。其三，指挥部可以方便地利用其售后服务，提供更好安全措施和应急响应机制，保证系统稳定性和数据安全性。

（4）实用性和安全性相兼顾

指挥部注重档案信息化建设的实用性。在实施档案信息化建设之前，指挥部认真考虑其所要解决的实际问题，以及如何通过信息化途径来解决这些问题。如明确需要通过档案信息化降低档案工作成本、提高档案工作效率，提高工程项目计量支付、结算、审计的效率，提高工程项目档案数据应用价值和智慧化水平等。在此基础上，指挥部制定档案信息化建设规划，将档案管理系统核心功能做好做实，兼顾各种可能需要的辅助功能，以满足工程项目档

---

① 李瑞环. 跑出协同发展加速度[N]. 中国档案报，2021-07-19（001）.

案管理的现实需要，实现档案管理系统的快捷部署与使用。

与此同时，指挥部也将确保安全视作工程项目档案信息化建设最基本的原则和思路之一。为保障档案信息化建设的安全性，指挥部要求档案数据、档案管理系统的安全得以充分保证。其一，保障档案数据安全。在档案信息化建设进程中，档案数据安全风险变得更高，如数据损毁、数据窃取、载体漏洞等风险。[①]指挥部通过备份数据库、机密库、服务器等重要资料，以防数据不慎丢失而影响工程项目档案管理流程的持续运转。其二，保障档案管理系统安全。具体来说，首先是保证数据传输安全——指挥部为档案管理系统建设单独网络，使设备接入该网络之前先完成身份验证。其次是保障应用软件安全。指挥部限制仅授权设备可安装和启用档案管理系统应用软件，做到专人专管、分权使用，防止越权访问；加强防火墙技术，拦截外部风险，以防因网络黑客恶意攻击或感染计算机病毒而导致系统崩溃。最后是保障系统数据库安全。对于档案数据库，指挥部要求须严格经授权方能访问，且需要对涉密档案数据做好加密措施。

8.2.3　大兴机场工程项目档案信息化建设的实施策略

在明确建设挑战、厘清建设原则和思路的基础上，还需制定切实可行的建设实施策略，将档案信息化建设落实到工程项目管理中。为应对档案信息化建设综合性、复杂性、长期性的挑战，同时契合大兴机场工程项目整体信息化架构，依照上述大兴机场工程项目档案信息化建设的原则和思路，指挥部确定大兴机场工程项目档案信息化建设的实施策略如下：

（1）提高重视程度，以需求为驱动

只有转变陈旧的档案管理理念，拥抱信息化新理念、新模式、新技术，方可使大兴机场工程项目档案工作跟上时代步伐。基于此，指挥部十分重视档案信息化建设工作，并将其视为实现大兴机场工程项目档案管理现代化的重要途径和手段。首先，指挥部工程项目档案管理部门的领导干部对档案信息化建设的效益具有高度认知，由此为其尽可能提供人力、物力和财力等方面资源保障。其次，中层档案管理者对档案管理系统的应用具备足够的认知和指导能力，并有计划地通过档案管理系统用户手册学习、系统操作使用培训等途径，为参与工程项目的档案工作者提供培训学习机会。最后，基层档案工作者也充分意识到档案信息化建设能大大减轻个人的重复劳动负担，积极配合中上层领导制定的档案信息化建设规划，主动学习使用档案管理系统以提高工作效率。

---

① 马仁杰，许茹，薛冰. 论数智技术浪潮下我国档案利用工作的优化路径[J]. 档案学研究，2023（1）：124-131.

（2）总体规划先行，分步实施紧跟

档案信息化建设实施必须依照一定的总体战略规划来进行。前文对大兴机场工程项目档案信息化建设的总体原则和思路有所论述，即服务于工程项目整体建设和管理、档案工作与工程项目相同步、外包开发和需求定制相结合、安全性和实用性兼顾。确定大兴机场工程项目档案信息化建设总体原则和思路，就可明确其建设目标和方向。在实施过程中，指挥部始终遵守"总体规划先行、分步实施紧跟"的策略。首先，指挥部立足于工程项目整体管理的高度，组织档案信息化建设工作，在顶层协调各方资源，充分利用现有资源和技术手段，同时避免重复建设和资源浪费；其次，确定各项工作重点和优先级，根据个同阶段工作日标和需求，制定合理的工作计划和实施方案；最后，在实施过程中，指挥部注意有选择地挑选前期工作基础相对扎实的单位进行重点建设，并总结、归纳、推广其在档案信息化建设方面的成功经验。

（3）做好前期工作，尽快铺展实施

大兴机场工程项目档案信息化建设的顺利实施和有效运行，建立于前期各类所需条件（档案工作者、档案管理系统、档案管理制度、档案库房等）筹备充分的基础之上。具体而言，主要包括以下方面：其一，明确档案信息化建设的目标、范围、实施步骤和时间安排，以及预算等；其二，详细梳理和分析大兴机场工程项目档案管理业务流程，确定其档案管理系统的功能需求；其三，确定档案信息系统开发与实施方案，在外包的情况下，也需要与外包服务商就系统设计、技术选型、功能模块选择等内容进行充分沟通协商；其四，建立项目内部档案信息化建设的组织架构和人员配备，并配置好所需软硬件、网络设施设备。在做好充分准备工作后，尽快将档案信息化建设工作铺展开来。特别是大兴机场工程项目档案信息化建设具有较高的综合性、复杂性和长期性，其信息化建设实施过程相对复杂，对档案管理系统的功能要求较高，指挥部需购买、配置的服务器等硬件设施设备的数量也较多。

（4）引进专业服务，构筑系统保障

档案管理系统开发和维护工作量较大，对技术水平要求较高。若仅靠大兴机场工程项目档案管理部门工作者开展这项工作，效率低、成本高，其专业程度也难以得到保证。而档案软件系统开发商具有丰富经验和专业技能，可在较短时间内保障高质量档案管理系统投入使用，能够有效节省人力、物力和时间资源。因此，指挥部采用引进专业服务的实施策略，招标选择具有高质量产品、高市场声誉的A公司作为软件系统外包服务商，并在制定严密安全措施和签订保密协议的基础上，委托其开展专业化技术服务。同时，指挥部在外包过程中积极参与，细化需求，强化与档案系统外包服务商的沟通，以实现档案管理系统个性化开发，更快、更好推动大兴机场工程项目档案信息化建设进程。

（5）获取各方支持，加强组织协调

加强档案信息化建设是一项兼具重要性与挑战性的工作，推进档案信息化建设需要获取各方支持、加强组织协调。指挥部对档案工作高度重视，采用"每周会议"等措施部署各项工作，督促各责任单位、工作者增强档案意识，并大力推动档案信息化工作，使档案管理系统在工程项目中得到深度应用。与此同时，北京市档案局也主动参与，为工程项目档案管理提供指导和支持。如为做好工程竣工验收工作的业务指导，按期高质量完成各项工程竣工验收工作，北京市成立"北京大兴国际机场工程竣工验收协调工作领导小组"。北京市档案局作为其中重要成员，对档案信息化建设有关事项进行重要指导。在一定程度上而言，只有当各方都充分理解和认识档案信息化和档案管理系统建设的必要性、重要性和有效性，档案信息化建设所需各项资源才能达到更佳配置，档案信息化建设效能才能更进一步提升。

8.3 大兴机场工程项目档案管理系统的基本框架

8.3.1 大兴机场工程项目档案管理系统概况

大兴机场工程项目信息化建设中，所使用的档案管理系统主要为北京新机场建设指挥部档案管理系统，由A公司设计和开发，大兴机场工程项目档案管理系统基本框架如图8-1所示。该系统依照国家档案管理标准开发，结合先进信息化管理理念，采用纯B/S结构，使用流行的互联网云计算的技术框架，并通过UE优化设计，符合用户使用习惯，已于2021年升级改造，兼具先进性、安全性、前瞻性。应用于大兴机场工程项目之前，指挥部与A公司进行充分沟通，后者根据前者实际档案工作需求对其进行一定适应化调整。通过运用档案管理系统，有效实现大兴机场工程项目档案的信息化管理、标准化管理、高效化管理。

8.3.2 大兴机场工程项目档案管理系统的基础设施

（1）系统软硬件设施

根据大兴机场工程项目档案信息化建设的需求和规模，主要为其配置软硬件设施如下：

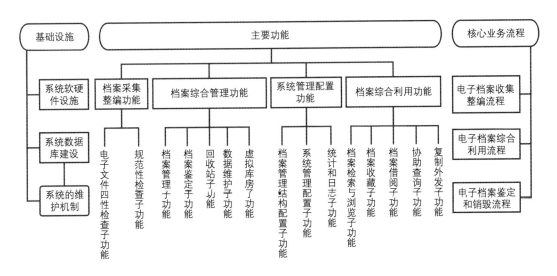

图8-1　大兴机场工程项目档案管理系统基本框架

——**服务器**。用于存储和管理档案管理系统的数据库和应用程序，提供对用户和客户端的服务和支持。

——**客户端软件**。用于访问和使用档案管理系统，一般包括档案管理工具、查询分析工具、统计报表工具等，通常需要安装在用户的电脑或移动设备上。

——**网络设备**。用于实现档案管理系统内部和外部网络的连接和交互，包括路由器、交换机、网卡、网线等。

——**存储设备**。用于存储档案管理系统的各种数据和文件，包括硬盘阵列、磁带库、光盘、U盘等。

——**安全设备**。用于保证档案管理系统的安全性和可靠性，包括防火墙、反病毒软件、备份设备等。

——**打印设备**。用于打印和输出档案管理系统的各种报表、文档和文件，包括高速打印机、扫描仪、复印机等。

（2）系统数据库建设

档案数据库管理系统用于管理和维护档案管理系统的各种数据，实现数据存储、检索、更新和删除等功能。档案数据库建设可以使档案存储、管理和利用更为便捷、有效，提高档案资源利用效率。为建设档案数据库，指挥部重点考虑以下方面问题。

首先，确定数据库的目标和需求，包括数据库用途、范围、数据类型、数据量等，根据需求设计数据库的表结构、字段、关系等。档案管理系统为B/S架构，无需客户端软件，用户通过账号密码自网页浏览器登录系统，目前该档案管理系统为X86环境，暂未进行信创适配，系统采用MySQL开源数据库，集成适配北京SKWW技术有限责任公司的OFD文件转换迁移服务端及文档网页轻阅读服务端和OCR文字识别客户端，技术验证档案系统历史文档数据格式转换为OFD格式，实现OFD版式文件的无插件在线预览及全文检索。

其次，根据选定的数据库管理系统进行安装和配置，设置数据库的参数、权限等；再根据需求编写数据库应用程序，实现数据的输入、查询、修改、删除等操作。

最后，对数据库进行测试，发现问题及时修复，对数据库进行优化，提高数据库的性能和安全性。

（3）系统的维护机制

档案管理系统需要时刻维护，其维护机制主要包括以下方面。

——**硬件设备的维护**。对于服务器、存储设备、网络设备等硬件设备，需要定期进行检查和维护，确保其正常运行。如定期清理服务器内部灰尘、更换电池、检查硬盘健康状态等。

——**软件系统的维护**。对于档案管理系统的软件系统，定期进行升级和维护，以确保其安全性和稳定性。如定期更新操作系统、数据库、应用程序等，修复漏洞。

——**数据备份与恢复**。对于档案管理系统中的重要数据，需要定期进行备份，并建立完善的数据恢复机制，以防止数据丢失或损坏。如定期备份数据库，以防数据丢失，同时建立恢复机制，保证数据的完整性和可靠性；定期维护数据库，清理冗余数据，更新数据库版本，保证数据库稳定性和安全性。

——**数据安全管理**。对于档案管理系统中的敏感数据，需要建立完善的安全管理机制，以避免被非法获取或篡改。如建立访问控制机制、加密传输机制、防火墙等安全措施。

8.3.3　大兴机场工程项目档案管理系统的主要功能

大兴机场工程项目档案管理系统主要功能包括：档案采集管理、系统管理和档案利用三大部分。在档案采集功能方面强调简便，在系统设置功能上方面强调实用，在综合利用功能方面则强调易用，使档案工作者可以轻松掌握系统应用的方法，实现简便、实用、易用三者的结合和平衡。用户登录系统后，首先可以看到档案利用门户界面，界面中包含有各种档案快捷功能入口、主要工作待办事项、公告通知和档案大数据。通过浏览档案利用门户界面，便可对档案情况和工作重点一目了然。

（1）档案采集整编功能

档案采集整编功能是该系统的主要功能模块。在该功能支持下，档案管理员可以从各个业务部门收集档案，建立案卷、文件，进行整理、编号，最后归档入库。系统也支持分散整理，即部门管理员整理好后移交到档案管理员。档案采集整编功能还包括实现电子文件四性检查和规范性检查。

——电子文件四性检查子功能。四性（完整性、真实性、可用性和安全性）检查在实现上分为接口、在线和离线三个部分。接口部分通常要和对应业务系统衔接，根据项目归档要求进行改造；离线是指当两个档案单位之间利用标准的包（EEP）进行档案交换时，需要进行包检测，通过独立产品来完成；在线是按照国家标准对当前档案库的条目和附件进行检查，在该系统上实现的功能为在线四性检测。在线四性检测分为三个步骤：配置检测方案、发起检测、查看检测结果。

——规范性检查子功能。由于历史原因，迁移到档案库中的数据可能存在各种质量问题，这时规范性检查功能会列出有问题档案，由档案工作者再进行手工或由系统自动修复。

（2）档案综合管理功能

档案综合管理是对已归档档案进行管理的功能模块，其功能分为档案管理、鉴定销毁、回收站、备份恢复和库房管理，涵盖档案管理全生命周期，涉及收集、整编、鉴定、销毁和导入导出等日常管理工作，主要便于档案工作者或各部门兼职档案工作者通过自动或辅助手工的方式实现档案的采集和管理工作。

——档案管理子功能。档案管理对于文件和案卷的修改，调整，包括对电子文件的操作、记录选择查询、报表打印，以及界面调整等，和档案采集整编的操作过程相同，不再赘述。

——档案鉴定子功能。在档案管理工作中，需要对已经超出保管期限的档案进行鉴定，评估档案的价值是继续保存还是销毁。鉴定分为两种：保管鉴定、密级鉴定。其中，保管鉴定是对档案的保管期限进行鉴定，查看档案在到期后是否具有继续保管的价值，反之则启动销毁流程。密级鉴定是对档案密级进行鉴定，评估档案是否已经失去保密价值，如果是则调整密级，提供利用。无论是保管鉴定还是密级鉴定，其业务流程都是相似的，即先进入档案系统找到需要鉴定的档案，再线下安排专家、业务部门、技术部门会同档案管理部门对档案进行评估，给出鉴定意见，在系统中录入意见，并按鉴定结果调整保管期限、密级和是否公开。

——回收站子功能。归档库中的档案删除时，数据首先会移入回收站，可以随时还原。只有在回收站中删除时，数据才真正删除。利用回收站子功能，能有效地保护数据，防止误删除操作带来的档案数据损失。

——数据维护子功能。在调整档案库配置或大批量数据导入、调整前，通过数据维护子功能，可以备份该时刻下该档案类型的配置信息和条目信息，将来需要时可以将档案库恢复到该时刻的配置状态。需要说明的是，档案库备份和恢复，均不涉及电子文件附件。由于电子文件及其附件所占内存相对较大，其备份和恢复需在操作系统上进行。

——虚拟库房子功能。通过虚拟库房子功能，档案实体库房内的档案以虚拟案卷、虚拟档案盒的形式存放在系统内模拟生成的虚拟库房，其存放位置与实体库房一一对应。虚拟库房子功能为管理员查看库房中档案实际存放情况提供一种较为直观和形象的方式，管理员可据此对档案进行有针对性的快捷调阅或虚拟"下架"处理等，某种程度上实现不进入库房即操控库房实体档案。

（3）系统管理配置功能

系统管理配置功能包括档案结构管理配置、系统管理配置、统计和日志三个子功能。在此功能支持下，系统用户可以基于档案管理需求和规范，个性化配置档案业务规则，管理人员和角色，进而控制档案权限；同时也提供报表设置、日志管理，以及档案使用情况、工作情况等统计功能。指挥部档案管理员和系统管理员，结合大兴机场工程项目档案管理实际情况配置系统管理功能，以保证档案业务流程有序进行。

——档案管理结构配置子功能。档案管理结构配置子功能支持完成档案管理结构设置，从建立全宗、档案类型、设置分类表到库房结构，并可为每个档案类型设置排序方式、自增字段、档案库间对应关系、档号规则等。指挥部管理员通过对档案的结构和管理模式进行个性化配置，使档案业务符合大兴机场工程项目业务要求。

——系统管理配置子功能。通过系统管理配置子功能，能够实现对档案管理系统中用户分类管理、用户权限设置、安全管理、公告发布、流程配置等系统管理功能的个性化定义。

——统计和日志子功能。通过统计和日志子功能，能够对档案管理系统中档案管理和利用情况进行记录和统计。记录和统计的主要内容包括档案使用情况、档案管理员工作情况、档案借阅情况，以及档案数据统计、年报和系统日志等模块。

（4）档案综合利用功能

档案管理的最终目的是利用档案，发挥档案综合效益，服务于工程项目运营建设，让档案发挥更大作用。档案综合利用功能分为档案检索、档案浏览、档案收藏、档案借阅、协助查询、复制外发等子功能，以确保档案变成工程项目的知识资源。

——档案检索与浏览子功能。档案管理系统中，面向普通用户提供的档案检索方式主要包括条目检索、全文检索、关联检索和高级检索等。其中，条目检索允许用户查询档案的条目信息，并将检索结果按照档案门类、案卷、文件等方式进行展示。全文检索允许用户对公开档案的条目和附件中的关键词进行检索，结果按照互联网搜索引擎常见方式进行展现。关联检索允许按照事先对档案的关联定义，通过关联信息在多个档案库查找相关档案。高级检索允许对档案情况比较熟悉的用户，对档案进行字段级别的多重组合条件检索；检索出的档案可以按权限进行利用，如浏览、下载、打印或申请实物借阅，若无权限，则可启动赋权申请；若对档案库结构非常熟悉，也可以直接按档案门类来浏览档案，有两种方式可以进入档案浏览界面。

——档案收藏子功能。在档案全文检索或精确检索中，可将有潜在需求的档案收藏下来，将来再浏览、申请权限或做实物借阅。

——档案借阅子功能。档案借阅分为电子借阅（对档案原文进行浏览、打印和下载）或实物借阅（借阅或现场复印）。电子借阅时，如果用户权限不够，在查看时系统会提示用户进行利用申请；实物借阅时，均须进行利用申请。

——协助查询子功能。如果利用者希望查阅某些方面的档案，又不熟悉档案分类情况，可通过协助查询子功能，请求管理员协助查询，管理员将根据档案情况查找档案后推送给请求人。

——复制外发子功能。在档案利用的过程中，有时候需要复制图纸或复印某些材料提供给外单位人员。通过复制外发子功能，档案用户可在线申请对某些档案进行复制和外发，经由领导在线审批，档案管理员完成外发登记即可复制外发。

8.3.4　大兴机场工程项目档案管理系统的核心流程

（1）电子档案收集整编流程

档案收集整编是档案管理系统的核心业务流程之一。档案工作者定期从各部门兼职档案工作者手中接收移交的档案，再进行整理归档。根据A公司《档案管理系统说明书》，绘制档案管理系统电子档案收集整编流程如图8-2所示。该业务流程支持两种应用模式：

——集中整理。即各部门兼职档案工作者著录本部门的档案信息，移交给档案管理员进行审核，档案管理员审核后进行接收或驳回操作，然后分类、整理、组卷（盒）、归档。

——分散整理。即各部门兼职档案工作者著录本部门的档案信息，并进行分类、整理、组卷（盒），然后移交给档案管理员进行审核，档案管理员审核后进行接收或驳回，然后进行归档。

在大兴机场工程项目中，文书档案、基建档案等档案采用集中整理模式，财务、合同、人事、采购等采用分散整理模式。应用模式的定制工作由A公司实施人员或系统管理员完成，每类档案可使用不同模式。

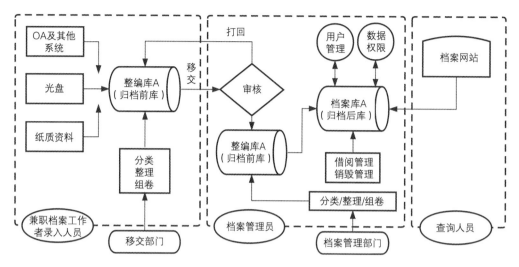

图8-2　档案管理系统电子档案收集整编流程

　　在档案管理系统中，电子档案收集整编界面主要由档案目录树、功能栏、数据显示区三部分组成。不同结构模式档案类型数据显示区窗口划分略有不同，可创建档案类型数据结构模式、包含内容、窗口划分如表8-1所示。从业务和实现功能角度划分，收集整编模块中的子流程模块主要分为基本操作、批量操作、整理整编、移交审核归档、显示设置等类别，档案收集整编模块子流程模块如表8-2所示。

档案类型数据结构模式、包含内容、窗口划分　　　　　　　　表8-1

结构模式	包含内容	窗口划分
三级结构	项目、案卷、文件	项目记录窗口、项目内案卷记录窗口、卷内文件记录窗口、项目内零散文件记录窗口
二级结构	案卷、文件	案卷记录窗口、卷内文件记录窗口、零散文件记录窗口
一级结构	文件	文件记录窗口

档案收集整编模块子流程模块　　　　　　　　表8-2

子流程模块	简要说明	包含功能
基本操作	录入数据时应用	新增、删除、挂接电子文件、追加、插录、卷内调序、调件（卷）、同分类调件（卷）
批量操作	对多批量数据操作时应用	批量挂接、批量修改、导出、清空电子文件、转到其他库
整理整编	档案整理、整编时应用	加入、拆离、打散、自动组卷、装盒
移交审核归档	档案移交归档时应用	移交、接收、打回、归档
显示设置	调整字段、字段宽度时应用	表格显示设置

（2）电子档案综合利用流程

电子档案综合利用是档案管理系统的核心业务流程之一。档案的综合利用包括对电子档案的在线利用、对档案实体的借阅和档案复制外发三种方式（图8-3）。其中，档案在线利用包括浏览、打印及下载等。当用户拥有档案指定利用权限时，可直接在线利用，对于无权利用的档案，则可发起在线利用申请，经系统预设的利用流程审批，获取临时权限后再进行在线利用。档案的实物借阅也需要预先在系统中发起实物利用申请。申请发起后，系统将会发送该申请的待办工作给档案管理员，等待管理员准备好实体档案并打印借阅单，通知用户领取实物后，用户即可去签字领取档案头物。若申请中包含用户不具有实物借阅权限的档案，须经利用流程审批，审批通过后，系统才会发送待办给档案管理员。

用户可以在一个利用申请中，同时发起在线利用和实物借阅，只需进行一次审批，就可以同时完成在线利用申请和实物借阅业务。管理员则可以在借阅管理中，对正在进行的借阅办理归还、催还、续借等业务；用户根据业务消息，可以及时与管理员沟通借阅情况。

若部分档案（如图纸资料等）查阅需要长时间的准备，并提供给外单位人员，也可以使用"档案复制外发"流程。此流程和实体借阅相类似，先进行申请审批，审批通过后，再由档案管理员制作完成再通知对应人员来借阅。

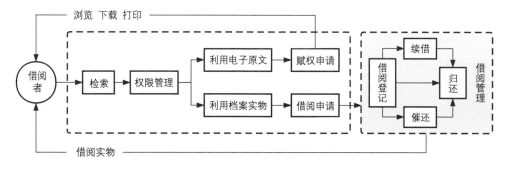

图8-3　电子档案在线借阅与实物借阅流程

在档案管理系统中，电子档案综合利用主要包括档案全文检索、档案条目检索、档案高级检索、档案关联检索、按档案库浏览，以及请求管理员协查档案、查看管理员推送档案等子流程模块。

——档案全文检索。全文检索允许用户在所有项目部门所有全宗内部查询公开的档案，结果按照互联网搜索引擎常见的方式进行展现，所查询到的档案可以进行收藏和利用。对于本项目部门内档案，可按权限进行在线电子原文利用和实物借阅申请；如没有权限，系统会提示启用赋权审批流程；对于其他项目部门档案，则只能查看条目明细。

——档案条目检索。条目检索允许用户在所有部门所有全宗内部查询公开的档案的条目信息，结果按照档案门类、案卷、文件等档案专业方式进行展示，查询到的档案可以进行收藏和利用。对于本项目部门内的档案，可以按权限进行在线电子原文利用和实物借阅申请，若无权限，则系统会提示启用赋权审批流程，对于其他项目部门的档案，则只能查看条目明细，不能进行收藏和利用。在每个项目部门下列明具体查询出的档案门类，按案卷、文件进行区分。

——**档案高级检索**。如用户对档案情况比较熟悉，可对档案进行字段级检索。默认为直接检索，还可以选择项目部门、档案门类和某个字段，进行精确检索。如希望多个字段组合，可点击组合检索，可以对各种条件进行拼接，进行更精确检索。同时，可以保存检索条件，后续可重复使用该检索策略，也可使用"追加条件"功能，在查询结果中继续检索。

——**档案关联检索**。为提高档案利用效率，有时需要在多个档案库查找相关的档案，如通过文书档案的文号，可以将相关采购合同（合同档案）、实施文件（工程档案）和技术资料（科技档案）检索出来。为提高检索结果的准确性，避免出现由全文检索带来海量无关文件难以识别的问题，本系统支持在各个档案门类之间建立关联。建立关联后，在"关联查询"界面中，输入原始字段的值，可以查到所有和原始字段关联的各种门类档案。

——**按档案库浏览**。如果对档案库结构非常熟悉，也可在系统中直接按档案门类来浏览档案。系统将会列出当前单位的所有全宗和对应的档案门类，用户再点击选择具体档案门类进入浏览。系统页面顶部有全宗和年度的按钮，点击可以切换全宗，重新选择档案门类，或选择不同的年度，过滤档案。

——**请求管理员协查档案**。用户可根据工作需求请求管理员协助查询某些档案，可以申请"协助查询"请求推送；点击具体推送标题，可查看管理员推送的档案类型；如管理员认为这些档案不存在或不能推送，将会写明原因并驳回请求。

——**查看管理员推送档案**。系统档案管理员有时根据工作需要，会主动向用户推送某些档案，用户通过"主动推送"功能，将会获取所有管理员向自己用户推送的内容列表。档案管理员可以设置所推送档案的浏览权限和浏览有效期。在此情况下，非授权用户需要进行审批申请方可阅览，而逾有效期后将不再提供浏览功能。

（3）电子档案鉴定和销毁流程

档案收集整编是档案管理系统的核心业务流程之一。档案保管期限到期时，或保密档案需要调整密级，或某些档案需要调整公开范围，就需要组织专家、业务部门和档案管理部门共同进行鉴定，给出处理意见。档案鉴定主要涉及保管鉴定和密级鉴定。

——**保管鉴定**。即对档案的保管期限进行鉴定，查看档案到期后是否具有继续保管的价值，如果没有，便可启动销毁流程。

——密级鉴定。即对档案密级进行鉴定，评估档案是否已失去保密价值，如果是则调整密级，提供利用。

无论哪种鉴定，其业务流程都是相似的（图8-4），先进入档案系统找到需要鉴定的档案，生成鉴定批次单，再线下安排专家、业务部门、技术部门会同档案管理部门对档案进行评估，给出鉴定意见。各方录入意见后，由档案工作者在系统中录入意见，并按鉴定结果调整保管期限和密级。

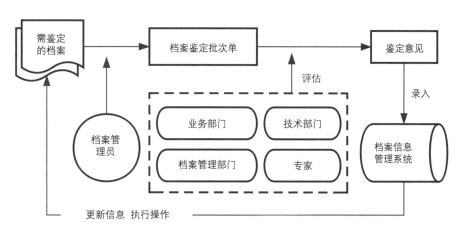

图8-4 电子档案鉴定流程

在档案管理系统中，电子档案鉴定的具体操作流程主要包括查看保管期限到期的档案、选择档案进行鉴定、填写保管鉴定或是密级鉴定的内容，录入鉴定材料，进行鉴定审批等子流程模块。

——查看保管期限到期的档案并选择档案进行鉴定。档案管理员可以集中查看保管期限到期的档案。其中保管期限是否到期，是按照档案形成年度与保管年限之和计算的。点击具体文件和案卷的题名，可以查看文件和案卷的条目附件，如需进行鉴定，就申请"加入鉴定"。可以新建一个鉴定批次，也可将档案送入正在草拟的鉴定批次中。加入鉴定批次后，在档案管理系统中将不能看到这些档案，只有档案鉴定完成后，才能重新在档案管理列表中显示。档案管理员可以对档案保管期限进行鉴定。

——填写保管鉴定的内容。在档案列表中，可以再次增加或删除需要鉴定的档案，对每份档案需要录入鉴定意见。鉴定结果中，如果选择销毁档案，档案则被推送至销毁库中。另外，可以选择将档案还原，重新划定保管期限，鉴定结果在审批后将会执行。

——填写密级鉴定的内容。在档案列表中，可以再次增加或删除需要鉴定的档案，对每份档案需要录入鉴定意见。鉴定结果中，可以按照专家意见重新设置档案的密级，鉴定结果在审批后将会执行。

——录入鉴定材料。在鉴定过程中可能会产生其他材料，如文件或备忘录，可以从本地传输文件到系统中进行长期保存。

——进行鉴定审批。领导、相关职能部门和档案管理员可以在该系统中按流程对鉴定结果进行审批，确认是否接受鉴定的意见。

——执行鉴定结果处理。档案鉴定一旦通过审批，在对应的管理模块中，可以看到状态由"审批中"改变为"待执行"，管理员可以点击需要处理的鉴定批次所在行的"处理"执行鉴定结果；还可以批量执行处理结果；如果因为某些原因不能执行，也可以申请"作废鉴定"，废弃本次结果。

——进行档案销毁。过期档案被鉴定为需要销毁的，鉴定流程各级领导同意后，管理员执行鉴定结果。每个鉴定单的所有待销毁的档案会形成一个销毁单据，如果是实体档案，管理员可以打印出销毁单据，到库房中取出对应档案，会同其余工作人员一起，完成线下销毁工作。在线下销毁完成后，在系统勾选"确认销毁"，则条目从归档库中删除，对应电子文件也被删除，对应档案会增加销毁出库的记录，此操作无法回退。

8.4 大兴机场工程项目档案信息化建设的成效

8.4.1 支持工程项目筹备、建设和运维有序开展

工程项目档案在大兴机场工程项目筹备、建设、运维管理不同环节中发挥着不同作用，档案信息化建设则强化其档案的应用价值，有效提高工程项目筹备、建设、运维管理的效率和质量。

（1）支持工程项目前期筹备

在项目可行性研究、招标、投标、设计等环节，档案可以提供历史项目数据、行业标准、技术规范等相关信息，有助于项目决策和设计等环节的实施。而通过档案信息化建设，能够更加便捷、快速查阅项目论证所需的技术文件、图纸、数据等资料，支持工程项目前期筹备。如在招标投标阶段，档案信息化建设使相关资料更加便于管理和共享，为招标投标单位提供参考，提高招标投标效率和准确性；在工程设计阶段，设计人员通过档案管理系统，可以快速查询历史项目经验、工程结构和技术参数等数据，还能通过对前期设计资料进行分

析和研究，帮助工程设计人员更好理解项目的需求和特点，进而提出更为合理和有效的设计方案，提高设计质量和效率。

（2）支持工程项目中期建设

在工程项目的施工、监理、验收、竣工等中期建设环节中，档案信息化建设可以提高工程项目的管理效率、质量和安全水平，为工程项目的进度控制、质量监管、安全保障及顺利进行提供有力支撑。其一，提高工程建设效率和质量。档案信息化建设使得大兴机场工程项目档案能够快速、准确获取，并为当前工程项目提供参考，能够为施工提供可靠的数据支持，减少其重复劳动和出错率。其二，便于项目的监理管理。通过档案信息化建设，监理人员可以对工程项目的监理文件进行规范化管理，实时获取工程项目的进度、质量、安全等信息，及时掌握工程项目的情况，提高监理效率和监督力度。其三，有效提高工程竣工验收效率。档案信息化建设使大兴机场工程项目工作人员能够更好记录和管理工程项目竣工环节的相关信息和数据，从而保证档案的完整性和准确性；同时随时保存、核对和查证，为验收提供可靠的数据支持，能够提高验收的效率和准确性。

（3）支持工程项目后期运维

在项目交付、维保等运维管理环节，档案可以提供工程项目全生命周期信息，有助于后续运营管理和维护保障，同时也有利于未来项目的规划和决策，而档案信息化建设则支撑着档案更好发挥支持工程项目运维管理的重要作用。其一，保障工程交付的准确性，提高交付效率。传统交付方式需人工整理和查找资料，而档案信息化建设通过电子化手段快速提供所需的工程资料，有助于提高大兴机场工程项目交付的准确性和效率。其二，降低维护成本，提高工程维护保障效率。在档案管理系统中，一方面，可及时记录设备维护保养时间、内容、费用等信息，便于故障排查和问题解决，减少因设备故障和停机而造成的损失，降低维护成本；另一方面，可以快速查询到大兴机场工程项目维护保养记录，便于跟踪维护情况，从而提高维护保障的效率。

8.4.2   优化工程项目档案管理、利用、共享的模式

通过档案信息化建设，指挥部以档案管理系统为中心，建立统一的档案数据中心和信息共享平台，优化大兴机场工程项目档案管理模式，提高档案利用效率，促进工程项目内档案共享和交流，便于大兴机场工程项目档案利用价值充分实现。

（1）整合大兴机场工程项目档案管理的流程

其一，档案信息化建设可以将原来分散在各个部门、岗位、人员手中的纸质档案整合起来，形成统一的数字化档案管理平台，方便各部门及人员查询、浏览、下载需要的档案信息。其二，通过建立档案管理系统，有助于实现档案全流程、全方位信息化管理，优化管理模式，大大提高档案管理效率，同时便于后续数据分析和挖掘。此外，在档案信息系统中，可以更加方便地进行档案分类、整理、归档和检索，有效提高档案信息的管理质量，避免传统手工管理方式下可能出现的误差和漏洞。

（2）提高大兴机场工程项目档案的利用效率

其一，档案信息化建设可以将档案信息通过网络进行传输和共享，不受时空限制，方便工程项目中各部门及人员远程访问和使用，实现信息的实时共享。其二，数字化的方式可以使档案信息的查阅变得更加方便快捷，避免传统手工查阅方式的不便和耗时长的问题。通过信息化手段，用户可以快速检索和浏览档案信息，档案利用更加便捷高效，提高服务水平和用户满意度。其三，通过档案信息化建设，可以实现多种查询方式，如全文检索、分类检索、关键词检索等，便于各部门及人员按照自己的需求和习惯快速检索到所需信息。

（3）挖掘大兴机场工程项目档案的利用价值

档案信息化建设可以发掘档案中蕴含的有价值的信息和知识，便于充分实现档案利用价值。一方面，通过对档案信息的数字化分析、处理等信息化措施，使大兴机场工程项目档案的潜在价值得到更深层次的挖掘，为大兴机场工程项目的决策和管理提供有力的支持和参考。另一方面，通过建立专题档案数据库等信息化措施，有助于加工形成大兴机场工程项目相关宣传材料，如助力拍摄《大工告成：北京大兴国际机场》纪录片等。

（4）促进大兴机场工程项目档案的共享利用

通过档案信息化建设，大兴机场工程项目档案信息成果整合到一个共享平台中，实现档案信息的数字化、网络化和集成化。不同项目部门和相关人员可以通过在线访问渠道随时获取所需档案信息，从而加强信息沟通和协调，有效促进工程项目信息共享，避免产生信息孤岛问题。同时，档案管理者可以通过档案管理系统直接响应利用者的借阅申请，简化档案利用程序，使档案信息在各部门和人员之间的流动更加便捷、高效、准确。

8.5　本章小结

　　本章节主要包括工程项目档案信息化建设概述、大兴机场工程项目档案信息化建设的挑战与应对、大兴机场工程项目档案管理系统基本框架、大兴机场工程项目档案信息化建设成效四个方面的内容。其中创新之处主要体现在如下方面：

　　第一，大兴机场工程项目档案信息化建设的原则思路与实施策略。指挥部确立了服务于工程项目建设运营、档案工作与工程项目相同步、外包开发和需求定制相结合、实用性和安全性相兼顾的原则和思路，并采取如下实施策略：提高重视程度，以需求为驱动；总体规划先行，分步实施紧跟；做好前期工作，尽快铺展实施；引进专业服务，构筑系统保障；获取各方支持，加强组织协调。

　　第二，大兴机场工程项目档案管理系统的应用。大兴机场工程项目档案管理系统依照国家档案管理标准开发，结合先进的信息化管理理念，采用纯B/S结构，使用流行的互联网云计算的技术框架，具有先进性、安全性、前瞻性。

　　第三，档案数据中心和信息共享平台的建立。通过档案信息化建设，指挥部以档案管理系统为中心，建立统一的档案数据中心和信息共享平台，整合大兴机场工程项目档案管理的流程，提高档案利用效率，实现档案价值充分挖掘，并促进档案的共享和利用。

第 9 章

大兴机场
工程项目档案管理的实践启示

本书第4～第8章系统介绍、解读大兴机场工程项目档案治理体系、档案资源体系、档案利用体系、档案安全体系及其信息化建设的具体实践，本章将从顶层凝练大兴机场工程项目档案管理的创新经验，探讨这些创新经验对其他大型工程项目档案管理的启示作用。

9.1　凸显政治高度：为党管党、为国守史、为民服务

9.1.1　强调"档案工作姓党"的政治属性

2021年7月6日，习近平总书记对档案工作作出重要批示："档案工作存史资政育人，是一项利国利民、惠及千秋万代的崇高事业。希望你们以此为新起点，加强党对档案工作的领导，贯彻实施好新修订的档案法，推动档案事业创新发展，特别是要把蕴含党的初心使命的红色档案保管好、利用好，把新时代党领导人民推进实现中华民族伟大复兴的奋斗历史记录好、留存好，更好地服务党和国家工作大局、服务人民群众！"[①]习近平总书记对档案工作的重要批示指示精神为全国档案工作指明方向、树立目标，是新时代全国档案工作的根本遵循。

大兴机场工程是具有深远政治意义和重要经济意义的重大标志性工程，档案记录着新时代党领导人民推进实现中华民族伟大复兴的奋斗历史。指挥部以习近平总书记对档案工作的重要批示指示精神为指引，自觉提高政治站位，强调"档案工作姓党"的政治属性，在大兴机场工程项目档案管理活动中始终注意突出其政治高度，认识和开展大兴机场工程项目档案管理合于习近平总书记关于档案工作的"四个好""两个服务"的重要要求。这主要体现于如下方面：

（1）强化党对档案工作的全面领导，始终坚持"为党管档"的定位

《档案法》第三条规定："坚持中国共产党对档案工作的领导。"指挥部坚持把党的政治建设摆在首位，学习国有企业党建与业务相融合的做法，推进党的领导在各项工作中的全面落实，特别是记录党领导人民建设国际级民航枢纽、实现中华民族伟大复兴奋斗历史的档案

---

① 伊部. 国家档案局印发《通知》要求认真学习贯彻习近平总书记对档案工作重要批示[N]. 中国档案报，2021-07-29（001）.

工作。指挥部档案工作责任制中明确指挥部党委全面领导工程项目档案管理，以行政办公室为档案工作归口部门。工程项目档案管理的重要事项、重大决策和重要投资，必须由指挥部党委办公会决定。指挥部党委坚持工程项目推进到哪里，党的组织就覆盖到哪里，档案工作就延伸到哪里。针对工程项目参建单位数量多、类型多、情况复杂的特点，打破行政隶属关系，强化基层党组织建设，在"两学一做"学习教育和"不忘初心、牢记使命"主题教育中，推进党建学习与档案业务深度融合，确保指挥部和各参建单位都坚定"为党管档"的定位，以对党负责的忠诚态度开展工程项目档案管理。

（2）忠诚踏实地将机场工程建设活动记录好、留存好、保管好，切实履行"为国守史"的职责

在大兴机场工程项目立项审批前，指挥部就提前筹备开展档案工作。从早期负责收集重要会议文件和记录、立项申报等文件材料，制定指挥部档案管理制度，到指导、监督各标段工程项目档案工作，接收各部门业务档案和参建单位移交的各标段工程项目档案，工程项目档案管理工作至今已持续12年，并将不断延续，切实履行"为国守史"职责。行政办公室档案工作分管领导称，"档案工作是大兴机场工程最早开始的工作，也是最晚结束的工作，目标就是把这一伟大工程完整记录、收集、留存好。"指挥部通过建章立制、建设符合要求档案库房、引进第三方档案服务团队、强化档案监督检查等，将大兴机场工程项目立项至运营的档案完整保存下来，切实守好这一伟大工程所反映的新时代党领导人民推进实现中华民族伟大复兴的奋斗历史。

（3）大力开发利用大兴机场工程项目档案，认真贯彻"为民服务"的宗旨

一是利用大兴机场工程项目档案服务机场建设全过程。指挥部保存了大兴机场立项、审批、招标投标、勘察、设计、施工、监理、竣工及行业验收全过程中形成的各种载体、形式的档案。这些档案充分发挥了凭证价值和参考价值，助力大兴机场高效顺利建设。

二是根据北京市城市建设档案馆和首都机场集团有限公司档案验收移交要求，规范整理，按规定验收移交，为党和国家积累工程项目档案资源，尽一切可能服务于党和国家工作大局。

三是利用大兴机场工程项目档案，开发档案文化精品，服务人民群众。指挥部利用工程项目档案，出版《以人为本 程序为要 北京大兴国际机场工程安全管理实践》《多维度融合 一体化管理 北京大兴国际机场工程管理实践》《新理念 新标杆 北京大兴国际机场绿色建设实践》《扎根大地的工程哲学 北京大兴国际机场建设的实践逻辑》等著作，拍摄《大工告成：北

京大兴国际机场》等纪录片，面向游客、出港旅客、进港旅客设计3条游览线路^①（表9-1），满足人民群众多角度多层次的文化需要。

大兴机场精品红色旅游线路 表9-1

面向人群		线路规划
游客	阶段性	① "星火照耀"主题景观 ② "伟大征程——庆祝中国共产党成立100周年"主题展览 ③ 经纬红色主题书店
	长期性	① 大兴机场草桥城市航站楼 ② "祖国强大民族复兴"景观 ③ 一城一线一世界和北京中轴故事 ④ 观景台远眺国旗 ⑤ 鹿鸣景观（建党百年红色主题短视频）等8处
出港旅客	长期性	① 候机大厅C型柱，旅客还可自选前往E80登机口或D指廊 ② 经纬红色主题书店游览
进港旅客		在面向出港旅客线路规划的基础上，根据旅客动线对游览顺序进行调整

9.1.2 突出红色档案的思想政治价值

2017年2月23日，习近平总书记亲临北京大兴国际机场工地现场，指出"北京新机场建设要打造'精品工程、样板工程、平安工程、廉洁工程'"^②。2019年9月25日，习近平总书记出席北京大兴国际机场投运仪式，强调"既要高质量建设大兴国际机场，更要高水平运营大兴国际机场。要把大兴国际机场打造成为国际一流的平安机场、绿色机场、智慧机场、人文机场，打造世界级航空枢纽，向世界展示中国人民的智慧和力量，展示中国开放包容和平合作的博大胸怀。"^③习近平总书记关于大兴机场的"四个工程"建设要求和"四型机场"发展要求，是大兴机场建设的根本遵循。

大兴机场工程项目档案是党领导人民推进中国特色社会主义建设、实现中华民族伟大复兴的生动记录，是新时代的红色档案。指挥部以习近平总书记重要指示精神为指引，突出红色档案的思想政治价值，从贯彻落实习近平总书记关于大兴机场的"四个工程"建设要求和

---

① 国际空港信息网. 大兴机场推出精品红色旅游线路[EB/OL]. （2021-07-01）[2023-06-17]. http：//www. iaion.com/fw/111986.html.

② 国际在线. 习近平考察北京 关注新机场 聚焦冬奥会 展望副中心[EB/OL]. （2017-02-24）[2023-06-15]. https：//news.cri.cn/20170224/14198658-b909-94cb-456e-19e6b6dae7e5.html.

③ 央视网. 习近平出席投运仪式并宣布北京大兴国际机场正式投入运营[EB/OL]. （2019-09-25）[2023-06-21]. https：//news.cri.cn/20190925/a188f77b-7d3f-41e6-46bb-63fd6beb16e9.html.

"四型机场"发展要求的重要指示精神的高度，认识和开展大兴机场工程项目档案管理。这主要体现于如下方面：

（1）对标大兴机场"四个工程"建设要求，打造工程项目档案管理"四个工程"，争做新时代社会主义档案工作榜样

"四个工程"（精品工程、样板工程、平安工程、廉洁工程）的核心是"品质、领先、安全、防控"，大兴机场工程项目档案管理是大兴机场建设工作的一部分，大兴机场"四个工程"建设要求大兴机场工程内各项工作都要成为"四个工程"。

指挥部工程项目档案管理秉持"四个工程"核心，强化组织建设，率先探索建立工程项目档案治理体系，有效整合指挥部档案管理组织、参建单位档案管理组织、第三方档案服务团队，主动接受档案主管部门和业务指导机构监督指导，充分发挥多主体协同共治优势，实现档案工作满足各方面需求的目标。指挥部确立打造一流档案工作目标，各项工作对标全国领先水平，积极沟通上级主管部门，明确工程项目档案管理优秀标准；积极走出去，到广州白云机场、西部机场集团、成都天府机场、中国电力建设集团有限公司、中核集团福建福清核电有限公司等调研学习档案管理经验和方法；引进专业档案服务团队，设计先进适用的档案管理系统，保障指挥部工程项目档案管理在全国处于领先水平。指挥部一方面加强档案安全建设，保障指挥部和各参建单位档案库房设备符合档案保管要求，强化档案管理系统网络安全管理和信息安全管理，保证档案载体内容信息安全；一方面强化工程项目档案管理制度落实，以工程项目档案管理规范督促工程项目建设运营规范，促进大兴机场工程安全建设运营。指挥部全面强化档案全员廉洁从业教育，法规制度上墙，违法案例示警，落实相互监督提醒机制；档案验收、利用等与利益相关的档案管理程序透明化，织密监督检查之网，强化廉洁防控工作，形成风清气正的档案工作氛围。

大兴机场工程项目档案管理"四个工程"的成功打造，既促进大兴机场"四个工程"的建设，也成为新时代其他工程项目档案管理的工作榜样。

（2）聚焦大兴机场"四型机场"发展要求，革新工程项目档案管理举措，争当新时代社会主义档案改革先锋

"四型机场"（平安机场、绿色机场、智慧机场、人文机场）是大兴机场建设的正在进行时，是习近平总书记提出的机场发展要求。工程项目档案管理同样也是大兴机场"四型机场"建设工作的一部分，指挥部档案工作落实"四型机场"建设要求的举措，主要表现在锐意革新管理举措上。

在安全建设方面，指挥部着力加强打通"前端控制"到"末端归宗"的档案工作全过程

控制链，以工程项目档案的全过程控制同步机场工程全生命周期建设运营，细化工程项目档案安全管理的同时保障平安机场建设。

在绿色低碳、资源集约建设方面，指挥部按规章制度要求，采用档案服务外包进一步提升档案业务专业化，实现人力资源集约利用；加快推进档案增量电子化、存量数字化工作，提升工程项目档案数字化率，减少纸质文件，推进档案在线利用。

在信息化和智能技术利用方面，指挥部正加快业务系统与档案管理系统的对接、指挥部档案管理系统与上级部门档案管理系统对接工作，优化档案管理系统功能，加快实现工程项目档案单轨制管理；并积极探索BIM系统与档案管理系统的融合建设，构想推进数字孪生大兴机场。

在人文建设方面，随着大兴机场的运营，大兴机场工程项目档案整理接收的工作越来越少，接下来将大力开展工程项目档案资源开发利用工作，服务大兴机场运营；开发更多档案文化产品，满足旅客的人文需求。

9.2　坚持工作主线：围绕中心、服务大局

大兴机场是《中华人民共和国国民经济和社会发展第十二个五年规划纲要》和《"十二五"综合交通运输体系规划》（国发〔2012〕18号）确定的重点工程，作用大、投资大、影响大，对于满足北京及华北地区民航运输需求、构建现代综合交通运输体系、促进北京世界城市建设以及加快京津冀都市圈发展等具有十分重要的意义。大兴机场工程项目档案管理，始终坚持"围绕中心，服务大局"的工作主线，从宏观、中观、微观三个层面深挖工程项目档案管理的价值贡献。

9.2.1　服务国家经济社会和民航事业发展需要

2014年，我国经济发展进入新常态，全国经济增速有所放缓，经济结构和经济增长方式面临转型。国家经济发展需要新动力，区域协同发展需要新枢纽。在此时代背景下，建设大兴机场是党中央着眼新时代国家发展战略需要做出的重大决策，是中华民族伟大复兴的战略抉择，有利于加快形成以国内大循环为主体、国内国际双循环相互促进发展的新发展格局；是新时代民航强国建设的重大谋划，有利于加快民航强国建设新步伐。在此背景下，大兴机场成为国家经济社会和民航事业发展的一个新动力源。中共中央办公厅、国务院办公厅《关

于加强和改进新形势下档案工作的意见》（中办发〔2014〕15号）明确指出"档案工作是党和国家工作中不可缺少的基础性工作。"大兴机场工程对国家经济社会和民航事业发展的重要性，同时决定大兴机场工程项目档案管理对国家经济社会和民航事业发展的重要性。

　　大兴机场工程项目档案管理服务国家经济社会和民航事业发展需要。一是为国家经济发展和民航事业决策提供可靠参考依据。大兴机场是在首都机场无法满足民航出行需求大增的前提下立项建设的，其并非一次建成，而是分期建设，目前完工投运的是大兴机场一期工程，未来还将开展二期乃至三期建设。而何时开展二期、三期建设，需要投入多少资金，如何规划等问题，都需要利用大兴机场工程项目档案，为决策提供可靠的参考依据。二是在大兴机场工程项目档案资源开发中，增进我国人民的爱国主义情怀和对国家民航事业的自豪感。如指挥部在大兴机场于中华人民共和国成立70周年国庆前正式投入运营之际，配合北京市地方志系统人员出版《北京大兴国际机场筹建工作口述纪实》；配合央视拍摄《大工告成：北京大兴国际机场》等纪录片；指挥部总工程师郭雁池在央视节目《开讲啦》为观众揭秘大兴机场的"黑科技"，为人民讲述党和国家建设大兴机场的初心、经过，使广大人民群众由衷感受到国家的关怀和进步成就。

　　在宏观层面，大型工程项目的档案管理工作要着眼于服务国家经济社会和行业发展。在这一层面，档案管理的重点是为国家和行业提供可靠的档案、数据和信息支持，以帮助领导层、决策层制定和实施更好的政策和规划。具体来说，工程项目档案管理主体需深入了解国家和行业的发展方向和重点，明晰政策、规划、标准等方面的要求，并按要求建立相应的档案管理制度和规范，确保档案工作能够为国家和行业发展提供有效的支持。如在"一带一路"倡议中，工程项目档案管理主体要加强对境外和涉外工程项目档案的管理，为我国参与"一带一路"倡议中的重大工程项目提供有力的档案、数据和信息支持。在地震烈度速报和预警项目中，某子项目的档案管理工作着眼于为我国防震减灾事业服务，从提高档案数字化水平、加强交流协作等方面做好该工程项目档案的规范化管理，发挥了较好的作用。[①]又如，在新冠疫情防控期间，指挥部坚持按照《国家档案局关于做好新型冠状病毒感染肺炎疫情防控期间档案工作的通知》，主动扛起防疫责任，将档案工作纳入防控工作的总体部署，做到疫情防控档案应收尽收、应归尽归。围绕国家战略需求，完善新能源项目档案工作体制机制，加强新能源项目档案的管理，是面向全球能源转型战略、响应国家节能减排号召的必然要求和重要体现。[②]总之，工程项目档案管理作为利国利民的重要事业，要站在国家和行业的高度，努力发挥自身效益。

---

①　黄清. 浅析国家地震烈度速报与预警工程湖北子项目的档案管理研究[J]. 机电兵船档案，2023（2）：70-72.
②　陈慧，南梦洁，刘箐. "十四五"规划下的新能源项目档案管理探索[J]. 中国档案，2022（4）：62-63.

9.2.2　助力京津冀协同发展

作为京津冀协同发展和临空经济新引擎，大兴机场的辐射带动作用开始显现，正在成为京津冀一体化的重要样本。2015年，天津市档案局、北京市档案局、河北省档案局联合发布《关于做好京津冀协同发展建设项目档案工作的意见》（津档发〔2015〕3号），指出要"利用档案为京津冀协同发展建设项目服务"，要"收集好、管理好、利用好这些档案"，从而对"服务于京津冀加快发展起到积极推进作用"。在此过程中，大兴机场工程项目档案工作助力京津冀协同发展大局的具体表现包括：一是基于档案资源的体量优势，参与京津冀交通运输、物流、旅游、文化等领域的数据共享平台的建立和完善，实现各领域数据的共享与互通，提升区域交通运输、物流、旅游、文化等领域的发展效率；二是基于档案资源的内容优势，以大兴机场工程建设工程本身为例，分析民航工程建设对京津冀经济协调发展的实际影响；三是基于档案资源的价值优势，不断强化大兴机场工程项目档案工作在京津冀地区（乃至全国、全行业）的示范作用，积极推动其他地区、行业、领域的工程项目档案工作创新发展。

在中观层面，大型工程项目的档案管理工作要着眼于助力区域和行业系统的发展。一项大型工程项目，在一定地理区域和特定的行业系统中，具有辐射带动作用和引领示范作用，要充分发挥自身工程项目档案工作的价值，促进地理区域和行业系统发展。面向地理区域，工程项目档案管理主体应该积极融入当地的经济社会发展大局，为当地的经济建设提供支撑和服务。面向行业系统，工程项目档案管理主体应注重各个主体之间的协同配合，为系统的高效运转提供有力支撑。在城市轨道交通建设项目中，档案管理主体与建设、运营、维护等主体形成良好的协作机制，抓好建设项目文件的归档和管理工作，能够支撑轨道交通系统的安全、便捷、高效运行。《关于做好京津冀协同发展建设项目档案工作的意见》也强调，在京津冀协同发展国家重大战略的实施中所建设的项目的档案，既是维护国家和建设项目法人的合法权益、防止资产流失的有效证据，也是反映区域风貌及经济、文化发展历程的宝贵资料。

9.2.3　支撑大兴机场安全高效建设与运营

大兴机场的建设是一个长期的、不断更新、改进的过程。工程项目档案工作则是大兴机场建设和运营的重要支撑。一方面，为机场的建设与运营提供知识服务。在大兴机场的建设与运营过程中，涉及各个方面的知识和技术，对于辅助领导层科学决策、管理层科学管理，以及对今后其他机场或其他工程项目的建设和运营具有非常重要的参考意义。因此，指挥部建立起一套完整的"知识服务系统"，包括对档案资料的分类、标引、归档和检索，以及对各类知识资源的整合和汇总，使之成为大兴机场建设和运营的宝贵财富。指挥部还曾开发BIM

模型应用标准体系，建立数字化协同管理平台，使其与档案管理系统相兼容，最大程度实现对项目电子文件形成、流转、归档的全程跟踪与管理，提高工程项目档案管理的质量和工程建设效率。另一方面，细粒度检索利用工程项目档案。指挥部要求档案管理系统开发商为档案管理系统设计多种档案检索路径，使不同人群可根据个性化需要，深度检索到所需档案信息，提高档案的查准度。

在微观层面，大型工程项目的档案管理要为工程项目建设提供全面、准确、及时的档案服务。具体来说，应重视档案的收集、整理、保管和利用，提升档案保管利用的效率和水平，为机构、单位自身的发展发挥档案价值、贡献档案智慧。在工业4.0、数字基建等新发展态势下，还应注重档案管理与信息化技术的融合，充分发挥信息化技术在档案管理中的作用。通过建设档案管理信息平台、采用云计算、大数据、人工智能等技术手段，实现档案信息共享、智能检索和数据分析，提升档案管理的智能化水平，为工程建设和运营提供更加全面、精准的支持。如工程项目档案的管理和开发运用人工智能技术，可充分发挥AI对用户便利性感知、实用性体验和满足感提升的客观需求，这也与数字基建的发展趋势相契合。[①]

总之，工程项目档案管理始终坚持"围绕中心，服务大局"的工作主线。具体来看，在宏观层面，工程项目档案管理部门需要根据国家战略和行业的发展之需，开展适应性强、可持续发展的档案管理实践，为国家经济社会和行业发展作出贡献；在中观层面，工程项目档案管理部门应该根据不同的区域和行业系统的特点，发挥工程项目档案工作的增值、示范效应，促进区域和行业系统的发展；在微观层面，工程项目档案工作主体应加强工程项目档案的规范化、科学化、系统化管理，注重档案资源的开发利用，主动服务工程项目建设和运营。

9.3　完善治理体系：应用理论、落实五治

9.3.1　档案治理理论完美契合工程项目档案管理需要

档案治理理论突破了档案管理思想的狭隘视域，构建了一种围绕档案工作的跨主体、去中心化、以共赢为目标的具有开放性、整体性的民主协同治理框架。具有参与主体多元化、

---

① 蒋周凌. 人工智能技术应用于基建档案管理的可行性探索[J]. 建筑结构，2022，52（17）：156.

治理目标共赢化、治理原则法治化、治理过程民主化协同化、治理手段精准化智能化等具体特征。

以往对档案治理理论的探讨多针对宏观层面的档案事业发展，鲜见档案治理理论在一个单位、项目或一个门类档案工作领域中的具体应用。

审视工程项目档案产生和管理的背景环境，可以发现：工程项目是由多组织共同参与建设的实体，每个组织均有各自的目标和利益；工程项目的社会影响及其巨额投资决定其必须在法律制度的规范下开展各项工作；为提升效率，工程项目建设单位和各参建单位都愿意采用更先进的技术和管理方法。在工程项目建设活动中形成的工程项目档案常常具有形成单位众多、形成关系复杂，专业性强、类目多、数量庞大，周期长、连续性强，管理水平差异大等共性特点。在管理思维视域下，每个参建单位自身即是档案的来源，是档案管理的中心，基于自身的利益和需要，形成不同的管理制度和管理实践，是一种"单一分管"的工程项目档案管理模式。建设单位尽管对各参建单位具有一定的约束力，但按传统管理思维方法，需要对多个管理对象权衡轻重、分配资源。这种思维路径下，档案管理属于权重系数较低的工作，建设单位对各参建单位的档案管理约束力相对较弱，也没有更好的办法能打通组织间的界限，实现工程项目档案的高效管理。

档案治理理论为工程项目档案提供了新时代背景下的档案管理理论指导。根据档案治理理论，工程项目档案不再以具体形成单位为来源，而是从工程项目全局出发，各参建单位在同一工程项目内形成的所有档案构成一个全宗，构成多元主体协同共治的客体。各利益相关方只有共同协作完成档案治理工作，才能实现各自利益的最大化。由此，工程项目档案管理打破了"单一分管"的桎梏，走向工程项目建设单位和各参建单位（即利益相关方）"多元共治"格局。据第4章的分析，工程项目档案治理能同时满足多元利益共赢、法治化要求、高新技术应用的工程建设要求，打破组织间档案管理壁垒，成为推进工程项目建设的必要环节和工程项目效率提升的基本保障。

大兴机场工程项目建设初期，指挥部同时面向北京、河北两地管理部门，规划、环保、质监、档案等多个专业系统监督指导，以及同步管理160家参建总包单位和500余家施工单位。若在传统的"单一分管"工程档案管理模式下，档案管理只能顾东而忘西，无法有效协同推进档案工作。正是在此背景下，国务院和中央军委提出由国家发展改革委牵头，成立北京新机场建设领导小组，国家发展改革委会同自然资源部（原国土资源部）、生态环境部（原环境保护部）、水利部、民航局，北京市和河北省人民政府，以及中央军委联合参谋部、空军参与，建立领导协商机制，采用协同治理理念及时处理重点难点事务。指挥部行政办公室仿效该做法，建立起大兴机场工程项目档案治理体系，融合各参建单位档案管理组织、第三方档案服务团队、档案主管部门和业务指导部门，灵活处理工程项目档案管理过程中各种重点、难点和堵点问题，有序推进档案"善治、法治、共治、分治、智治"，使大兴机场工程项目档案管理更好地服务党和国家工作大局、服务人民群众。

9.3.2　按照"五治"推进工程项目档案治理体系建设

工程项目档案治理体系包含"善治、法治、共治、分治、智治"五个要素，是工程项目档案治理体系建设的五个重要内容和方式。将"五治"落实到工程项目档案工作的各项业务中去，推进工程项目档案治理体系建设，是提升工程项目档案管理质量的新路径。

（1）加强各方主体之间的协商，确立工程项目档案的善治目标

满足各方面需求，是每项合作得以达成和持续的基础，也是工程项目档案的善治目标。但工程项目档案的善治目标，仅仅依靠工程项目各方主体提出各自组织目标和档案工作需求，尚不能真正确立。工程项目各方主体需要以获得他方支持，相关方共同通过为目标，多方沟通、反复协商，确保各自的组织目标和档案工作需求符合档案法律法规要求，有利于工程项目安全高效建设运营，相互之间不矛盾不冲突，或建立起需求冲突协调解决机制。

在确立大兴机场工程项目档案善治目标时，指挥部积极寻找项目相关方所具有的共同利益，以共同利益为协同各方面需求的协调剂。指挥部行政办公室积极与档案主管部门和业务指导部门沟通联系，明确了根据大兴机场工程项目档案管理工作独特的政治属性和建设背景。大兴机场工程项目档案管理的最终目标是服务党和国家工作大局，服务人民群众，基本目标是维护工程项目档案完整与安全，服务机场建设和运营，它们的底色都是以人民为中心的发展思想。指挥部以此为合作的基本价值观，与所有参建单位签订合同时都加入档案管理要求条款。工程施工前，组织参建单位开会协商，在尊重基本价值观的前提下，尊重参建单位的实际情况与档案工作需求，组织参建单位档案管理部门、人员开展培训，分解档案工作目标，细化档案工作任务，打造、推广工程项目档案管理样板，推进工程项目档案管理合法化、标准化、规范化，实现满足各方面需求的档案善治目标。

（2）健全档案管理制度标准体系，落实工程项目档案的法治原则

工程项目建设单位应根据所在地的档案法律法规和协商确定的善治目标，建立健全该工程的档案管理制度标准体系，建立系列规范制式表单和填写规则，在工程项目建设全过程中，以之为档案工作准则，开展具体的档案管理和监督工作。

工程项目档案法治还要坚持档案制度体系的适时更新。一方面，与所在地档案法律法规的更新修订相适应，始终保证档案制度体系符合法律法规要求；另一方面，要根据工程建设

的最新进展和需求变化，更新档案制度体系，使其始终顺应工程建设生产关系，保障工程建设有序高效推进。

指挥部行政办公室自2011年开始陆续制定、更新了数十项档案管理制度、办法，为推进档案法律制度的落实，配套开展档案工作例会检查、定期巡查（每月巡回检查一轮）、档案工作周报等活动，配合《各项目基本情况及档案工作进度管控信息汇总表》，推动档案工作与工程建设同步。

（3）尊重多元主体的利益诉求，实现工程项目档案的协同共治

善治目标的实现依托于多主体协同共治，多主体协同共治要求走出传统以建设单位为管理中心的格局，充分尊重每个工程项目参与主体的多元利益诉求，发挥每个主体的优势和力量。当前工程项目档案管理往往存在这样一些问题：施工单位在建设过程中更关注施工进度和工程拨款，工程文件资料的形成和管理往往不能随施工建设业务同步完成，常采取后补手续后盖章的情况，导致工程文件资料归档时不全或不规范不真实；建设单位在建设过程中更重视施工质量和进度，常以工程款划拨为督促质量和进度的方式，对施工质量和进度的检查远远多于对伴随形成的工程文件资料的检查。这样无形间将合作的双方变成利益相对的两方。实施多元主体协同共治，应该尊重每个主体的利益诉求，在此基础之上，设计一套符合多方需要、为多方接受的工程项目档案权责机制、工作制度和业务流程。

指挥部行政办公室以满足各方面需求为工程项目档案工作目标，充分尊重档案主管部门和业务指导部门维护国家和社会公共利益的职责，积极主动接受国家档案局、北京市档案局、河北省档案局，北京市城市建设档案馆等档案主管部门和业务指导部门的监督指导；充分尊重参建单位资料员、档案工作者数量有限、变动频繁、专业能力参差不齐的实际困难，以及利用工程项目档案开展建设和参加评奖等方面的档案利用需求，与第三方档案服务团队签订有偿服务合同，协调相关专家帮助指导各参建单位档案管理部门和人员开展工作，积极为参建单位提供档案培训服务和档案利用服务，构建和谐融洽的档案工作关系。

（4）针对不同情况和需求，推进工程项目档案的精准分治

工程项目档案分治旨在推进工程项目档案精准治理和分类治理。这一方面体现在将信息技术等手段、档案工作者等资源与档案业务的具体需求精准匹配上，另一方面体现在针对不同专业、门类、载体的工程项目档案采用不同的档案管理方法上。

指挥部行政办公室积极利用档案服务外包，将专业的档案整理、档案数字化和档案管理咨询工作，外包给专业的档案服务团队，解决了指挥部档案工作者数量少、用人成本高的问题；将档案管理系统的设计开发工作，外包给软件公司，避免扩大管理团队和重复开发的问

题；将档案协调工作，交给行政办公室的档案工作者，让专业的人做专业的事，更好地发挥专业团队的价值。

2011年以来，指挥部行政办公室针对工程项目档案、文书档案、财务档案和实物档案管理需求，分别出台《北京新机场建设指挥部文书档案管理规定》《北京新机场建设指挥部建设工程项目档案管理办法》《北京新机场建设指挥部财务档案管理办法》，《北京大兴国际机场档案整理操作手册》中明确指明了实物档案等的具体整理方法。保证不同门类、载体的档案在专业人才有限的情形下都得到规范有效的管理。

大兴机场工程项目档案分治实践启示我们，工程项目档案管理针对不同情况和需求，用好精准治理和分类治理，能有效降低用人成本、克服人才短缺困境，提升档案管理质量。

（5）加快档案信息化建设，提高工程项目档案的智治手段

在工程项目投资规划中，应根据工程项目建设复杂度、工程项目档案善治目标和共治关系，提升工程项目建设效率为导向，为工程项目档案信息化建设配置预算资金。

指挥部行政办公室在预算资金许可范围内，尽可能应用更多现代化信息技术，推进工程项目档案业务嵌入工程项目建设业务，工程项目档案管理系统融入工程项目信息化建设规划，推进BIM系统、OA系统、财务系统等业务系统与工程项目档案管理系统对接融合，实现工程项目档案单轨单套制管理，不断迈向工程与档案的数字孪生。

指挥部行政办公室在每年年底都会提交下一年度档案工作计划，其重点内容是档案管理技术升级项目，100万元以上的项目由指挥长办公会审批。由于常年的档案信息化投入，大兴机场工程项目档案智治水平越来越高，使得指挥部能在人力少、周期紧、任务重的情况下出色建成工程项目档案"四个工程"。

工程项目档案信息化建设对于打破不同主体间的档案管理壁垒，实现档案治理具有重要意义。通过档案信息化建设，可真正构建基于工程项目全宗的档案资源池，所有工程文件资料都产生并保存在一套工程档案信息系统内，通过权限配置和流程设置，将多个主体的工程档案管理权责及相互关系予以落实，使不同主体共同治理一个工程项目档案全宗，同时又可根据档案业务需要，对不同来源、载体、门类、专业的实现有针对性的、精准地分类治理（分治）。所以，以工程档案信息化建设为主要内容的档案智治，在工程项目档案治理体系中还充当着粘合剂的作用。

9.4 全过程控制链：前端介入、节点监控、末端归宗

9.4.1 坚持"前端介入"是提升工程项目档案管理质量的切入点

"前端控制"思想是推进文档一体化管理，提升档案管理质量的公认管理思想。档案管理处于文件管理的后端，档案的真实完整性及管理质量直接受到文件管理的影响。因此，"前端控制"思想的基本主张是，将档案管理的要求前置到文件形成乃至文件管理系统设计或文件管理制度制定阶段，档案工作者对业务文件的形成及积累发挥监督指导作用。但由于档案管理相较于组织业务的天然弱势地位，"前端控制"往往成为一种理想化理念而难以得到落实。

指挥部在"前端控制"思想指导下，在大兴机场工程项目档案管理过程中坚持"前端介入"，主要表现在以下几方面：

一是文档工作提前入场，抓好制度建设。大兴机场工程项目在2012年12月22日获批同意建设，2014年12月20日奠基动工。但指挥部文档工作在2011年就已经伴随指挥部行政办公室的设立而正式开始，当时行政办公室主要工作之一就是负责重要会议材料、重要文件和重要资料的随时积累归档；梳理指挥部内外工作关系，编制指挥部档案管理制度。指挥部将文档工作走在前头，在机场建设前就提前介入，为后续工程项目立项、规划、建设等工作所需的文档工作提供制度支持，使各环节文档工作"有章可依"，提升各环节文档工作质量。

二是把牢入口关，签订合同时明确纳入档案管理要求。大兴机场工程项目涉及总包单位160余家，参建单位500余家，指挥部作为甲方单位，与乙方签订施工、监理、采购等各类合同时，行政办公室档案工作者都会同采购合同部、招标采购部等部门审查合同，将对参建单位的档案管理职责和交付要求明文纳入合同条款中。

三是抓好档案管理系统设计建设，迈向工程档案单轨制管理。指挥部在委托软件公司设计档案管理系统时，已明确提出档案管理系统要符合全程管理需求，满足多门类、多载体、多格式档案管理需要，具备角色管理、权限管理、数字档案挂接等必备通用功能，预留与业务系统和上级有关部门档案管理系统的接口，为迈向工程档案单轨制管理做好准备。

四是强化档案培训指导工作，使参建单位档案工作者掌握档案管理要求。指挥部行政办公室在工程开工建设前，都会组织参建单位资料员、档案工作者进行培训，明确工程项目档案管理要求、进度、管理方法和移交标准等。

大兴机场工程项目档案管理实践启发我们，在工程项目档案管理中，应提前制定工程项

目档案管理"前端控制"规划，并在项目推进过程中随业务进展而逐项落实。

首先，让"有章可依"走在工程项目建设前面。在工程立项开工前，要明确工程项目档案遵循的属地档案管理标准，提前制定出台工程项目档案管理各项规章制度，并将档案管理职责和交付要求纳入合同条款中，让"有章可依"走在工程项目建设前面，避免开工建设时参建单位在工程文件资料管理及目标上"无章可依"。

其次，工程文件管理及档案管理嵌入工程建设业务流程。应将参建单位及工程管理部门工作人员、档案工作者、信息化工作人员组织起来，以工程建设的全生命周期为依据，分析确定业务流程及每个业务流样应产生的工程文件资料及其制式表格、每类工程文件资料的档案管理要求、工程文件资料审批流程等。然后由信息化工作人员在业务系统和档案管理系统中进行配置，实现工程文件管理及档案管理嵌入工程建设业务流程。

最后，做好开工前的档案培训及指导工作。档案工作者要在正式开工前组织档案培训或到相关业务部门、施工现场开展工程文件资料管理指导，确保工程文件资料管理的要求及目标被相关业务人员、工程文件资料管理人员所掌握并理解。

9.4.2 抓好"节点监控"是提升工程项目档案管理质量的关键点

指挥部还擅长以加强"节点监控"的方式做好工程项目档案过程管理，以关键节点的突破提升工程项目档案过程管理的质量。主要表现在以下方面：

一是抓住关键时间。指挥部行政办公室经常在年节、天气重大变化等之前，开展工程项目档案资料安全管理检查，防止疏忽大意引发档案安全风险；抓在工程款支付之前，开展工程项目档案资料形成进度检查，保障工程项目档案资料形成与工程项目建设和工程项目资金管理同步，工程档案验收移交完成后，方可支付工程尾款。

二是抓住关键人物。指挥部要求各参建单位资料员、档案工作者原则上一年内不得更换，资料员、档案工作者更换应通知指挥部行政办公室，行政办公室对各参建单位资料员、档案工作者做好培训工作，并要求各参建单位项目负责人把好人员更换时的工作交接关，坚决杜绝工程项目档案随资料员、档案工作者散失；遇到有档案工作需要协调时，行政办公室一般与各部门和参建单位项目负责人直接沟通，寻求协调配合。

三是抓住关键事件。指挥部经常接受各上级机关的审计监察工作和业务指导工作，行政办公室就抓在国家审计署"百人百天审计"活动和国家档案局领导调研指导等关键事件前，开展工程项目档案进度核查和质量检查工作。

在工程项目档案过程管理中，抓好"节点监控"更容易获得各方的重视和支持，使工作事半功倍。指挥部利用抓"节点监控"开展档案工作的手段，在档案工作者数量少、任务重的情况下高质量完成工程项目档案工作的过程管理。

大兴机场工程项目档案过程管理工作启发我们，其他工程项目档案管理也要善于抓时间关、人物关和事件关等关键节点，做好"节点监控"，借助各种可能的力量推动工程档案过程管理工作，提升工程档案过程管理质量。

9.4.3　贯彻"末端归宗"是提升工程项目档案管理质量的落脚点

"末端归宗"主要有两层内涵。第一，要在"前端控制"的基础上强化末端验收环节的把控。由于档案的不可再生性，在形成流转阶段若未按规定执行审批程序、形成合格的工程文件，到档案阶段就留下不可弥补的缺漏。所以尽管建设单位工程项目档案管理部门掌握着档案是否验收通过的决定权，但若没有贯彻"前端控制"，建设单位工程项目档案管理部门的末端验收权限也就失去意义。毕竟档案验收不是目的，保障工程项目档案质量，服务工程项目顺利投运才是建设单位工程项目档案管理部门的工作目标。在贯彻"前端控制"的前提下，建设单位工程档案管理部门在验收环节，一要仔细检查工程项目档案的完整性，即检查归档范围要求的项目前期文件、设计文件、施工文件、监理文件、管理性文件、试验文件、设备文件、竣工验收文件等是否齐全；二要仔细检查工程项目档案的准确性，即检查归档文件是否为原件，内容是否准确，签章是否清晰，字迹、图样是否清晰，时间是否合理，案卷题名、封面、目录等是否准确等；三要仔细检查工程项目档案的系统性，即检查文件材料分类是否清晰准确，各部分间的有机联系是否完整，组卷是否合理，交接手续是否齐全等；四要仔细检查工程项目档案的规范性，即检查文件形成是否符合国家有关法律法规和相关技术规范标准的规定，档案整理、编目及移交手续是否规范等。必要时，还可扩大到工程档案管理体制，工程文件、档案管理制度，专兼职档案工作者配备，档案信息化等工作的检查和把关上。通过上述方式，实现前端控制与末端验收的管理闭环。

第二，"末端归宗"是指要确保同一工程项目形成的档案在验收时应归入同一工程项目全宗之内，不得随形成单位分散，保证从工程立项到工程竣工验收的工程项目档案管理闭环。这一层面上，"末端归宗"思想捍卫了来源原则在工程项目档案管理领域的统治地位，同时"末端归宗"把住了出口关，强化了工程项目档案的全过程管理，可有效提升工程项目档案管理质量。

"末端归宗"思想部分源自对大兴机场工程项目档案管理验收环节实践经验的总结。指挥部非常重视工程项目验收环节的工作，行政办公室将档案验收移交作为标定工程项目档案高质量的关键环节。首先，行政办公室档案工作者会同第三方档案服务团队，向上级部门了解清楚档案验收移交进馆的标准、方法和细节，认真研究分析后出台《档案整理操作手册》，并清楚列明各标段工程项目档案归档移交标准。其次，各标段工程申请档案验收时，先由第三方档案服务团队逐项仔细检查核对档案，对不符合归档移交标准的退回重新整改，并给予相应指导。最后，只有符合验收标准的，才会同参建单位一起向上级档案机构申请验收移交，或暂由指挥部行政办公室接收保管。这一实践做法有效提升大兴机场工程项目档案工作的质量，其蕴含的管理思想对工程项目档案管理具有普遍指导意义。

"末端归宗"思想部分源自法规精神。国务院《建设工程质量管理条例》第十六条规定："建设工程竣工验收应当具备下列条件……（二）有完整的技术档案和施工管理资料；（三）有工程使用的主要建筑材料、建筑构配件和设备的进场试验报告；（四）有勘察、设计、施工、工程监理等单位分别签署的质量合格文件；（五）有施工单位签署的工程保修书。"第十七条规定："建设单位应当严格按照国家有关档案管理的规定，及时收集、整理建设项目各环节的文件资料，建立、健全建设项目档案，并在建设工程竣工验收后，及时向建设行政主管部门或其他有关部门移交建设项目档案"。可见，只有工程项目档案管理部门对工程项目档案验收过关后，整个工程方能竣工验收。换言之，工程项目档案工作者被赋予了一项严格的把关权限——工程项目档案验收。

因此，工程项目档案工作者不必将提升工程项目档案质量的希望，全部寄托在"前端控制"上，更应切实发挥自身被赋予的末端控制权限，把牢工程项目档案验收关卡，倒逼工程建设前端业务环节，必须按要求完成工程文件、档案管理工作，移交符合质量要求的工程项目档案。

综上可知，"末端归宗"是源自实践、法规赋予的一种有效的档案管理思想。准确把握"末端归宗"思想内涵，切实开展"末端归宗"的治理举措，可有效提升工程项目档案工作质量。

总而言之，坚持"前端介入"是提升工程项目档案管理质量的前提；抓好"节点监控"是提升工程项目档案管理质量的关键；贯彻"末端归宗"是提升工程项目档案管理质量的保障。三者相互关联、相互促进，形成一条工程项目档案工作质量全过程控制链，一个有机的管理闭环。打通"前端控制""关键节点""末端归宗"相衔接的工程项目档案工作质量全过程控制链，首先要强化工程项目档案治理体系建设。在工程项目档案组织体系建设之初，就要协商确立档案善治目标，以体系化的档案培训，提升档案工作领导层、决策层、执行层等对全过程控制链的理解，进而有的放矢地采用法治、分治、智治等档案治理举措落实工程项目档案工作质量全过程控制链，提升工程项目档案管理质量。

9.5 本章小结

本章是对大兴机场工程项目档案管理实践经验的总结，提炼大兴机场工程项目档案管理对其他大型工程项目档案管理的启示及对工程项目档案管理研究的有益探索。亮点可总结为以下4点：

第一，凸显大兴机场工程项目档案管理的政治高度。通过强调"档案工作姓党"的政治属性和突出红色档案的思想政治价值凸显大兴机场工程项目档案管理的政治高度。一方面，强调"档案工作姓党"的政治属性。强化党对档案工作的全面领导，始终坚持"为党管档"的定位；忠诚踏实地将机场工程建设活动记录好、留存好、保管好，切实履行"为国守史"的职责；大力开发利用大兴机场工程项目档案，认真贯彻"为民服务"的宗旨。另一方面，突出红色档案的思想政治价值。对标大兴机场"四个工程"建设要求，打造工程项目档案管理"四个工程"，争做新时代社会主义档案工作榜样；看齐大兴机场"四型机场"发展要求，锐意革新工程项目档案管理举措，争当新时代社会主义档案改革先锋。

第二，工程项目档案管理工作要始终坚持"围绕中心，服务大局"的工作主线。宏观层面上，大型工程项目的档案管理工作要服务国家经济社会和行业发展；中观层面上，大型工程项目的档案管理工作要助力区域和行业系统的发展；微观层面上，大型工程项目的档案管理要为工程项目建设提供全面、准确、及时的档案服务。

第三，要积极以档案治理理论为指导，构建工程项目档案治理体系。档案治理理论突破原有档案管理思维封闭性、中心性、单向化的局限，完美契合工程项目档案的特点和治理需要。要按照"五治"推进工程项目档案治理体系建设，即加强工程项目各方主体之间的协商，找到各方主体的利益共同点，确立工程项目档案的善治目标，尽量满足各方面需求。健全档案管理制度标准体系，落实工程项目档案的法治原则，要根据所在地的档案法律法规体系及协商确定的善治目标，建立健全该工程的档案管理制度标准体系，并根据法律法规体系的更新修订和工程项目建设需要，适时更新档案管理制度标准体系，同时坚定遵照执行工程项目档案法律制度。多主体协同共治的关键是充分尊重每个主体的利益诉求，设计一套符合多方需要为多方接受的工程项目档案业务流程、权责机制、档案工作制度。针对不同情况和需求，推进工程项目档案的精准分治，将信息技术等手段、档案管理人才等资源与档案业务的具体需求精准匹配，针对不同专业、门类、载体的工程项目档案，采用不同的档案管理方法。工程项目档案智治应加快工程项目档案信息化建设，推进工程项目档案业务嵌入工程项目建设业务，工程项目档案管理系统融入工程项目信息化建设规划，打破不同主体间的档案管理壁垒。

第四，构建"前端介入""节点监控""末端归宗"相衔接的工程项目档案管理全过程控制链。在工程项目档案管理中，应提前制定工程项目档案管理"前端介入"规划，并在工程项目建设过程中随业务进展而逐项落实。"末端归宗"有两层内涵。第一，在"前端控制"的基础上强化末端验收环节的把控。仔细检验验收档案的完整性、准确性、系统性和规范性。第二，"末端归宗"确保同一工程项目形成的档案在验收时应归入同一工程项目全宗之内，不得随形成单位分散，保证从工程立项到工程竣工验收的工程项目档案管理闭环。在两者之间，抓住时间关、人物关、事件关等关键节点做好"节点监控"，将"前端介入""节点监控""末端归宗"贯通为一条工程项目档案工作质量全过程控制链，一个有机的管理闭环，全面提升工程项目档案管理质量。

图表索引

图索引

表索引

参考文献

一、图书

[1] 冯惠玲，张辑哲. 档案学概论. 第2版[M]. 北京：中国人民大学出版社，2006.

[2] 宫晓东. "维系之道"的道之维系——档案法治论[M]. 北京：中国档案出版社，2005：26-28.

[3] 胡鞍钢. 中国国家治理现代化[M]. 北京：中国人民大学出版社，2014：91.

[4] 孔繁斌. 公共性的再生产：多中心治理的合作机制建构[M]. 南京：凤凰出版传媒集团，2008.

[5] 刘荔娟，王蔷. 现代项目管理（第四版）[M]. 上海：上海财经大学出版社，2016.

[6] 卢梭. 社会契约论[M]. 何兆武，译. 北京：商务印书馆，1980：74.

[7] 习近平. 习近平谈治国理政：第一卷[M]. 北京：外文出版社，2018：104.

[8] 习近平. 在中共十八届四中全会第二次全体会议上的讲话[C]//中共中央文献研究室. 习近平关于全面
依法治国论述摘编. 北京：中央文献出版社，2015.

[9] 习近平. 习近平总书记系列重要讲话读本[M]. 北京：人民出版社. 2014：48.

[10] 徐拥军. 档案记忆观的理论与实践[M]. 北京：中国人民大学出版社，2017：84-90.

[11] 杨冠琼. 国家治理体系与能力现代化研究[M]. 北京：经济管理出版社，2018：53-56.

[12] 詹姆斯.N.罗西瑙. 没有政府的治理[M]. 张胜军，刘小林，等译. 南昌：江西人民出版社，2001.

[13] 曾健，张一方. 社会协同学[M]北京：科学出版社，2000.

[14] 张斌. 档案价值论[M]. 北京：中央文献出版社，2000.

二、论文

[1] 安宁. 民航大型机场建设工程档案管理挑战刍议[J]. 城建档案，2020（5）：48-50.

[2] 常大伟. 档案治理的内涵解析与理论框架构建[J]. 档案学研究，2018（5）：14-18.

[3] 常大伟. 理念、制度与技术：治理现代化语境下档案事业高质量发展的三重审视[J]. 档案学通讯，
2022（2）：13-19.

[4] 陈爱华. 精细化管理在工程档案管理中的应用研究[J]. 城建档案，2020（5）：75-76.

[5] 陈慧，南梦洁，刘箐."十四五"规划下的新能源项目档案管理探索[J]. 中国档案，2022（4）：62-63.

[6] 陈慧，南梦洁，王晓晓，等."互联网+"工程项目档案管理探析：特征、机遇与挑战[J]. 北京档案，

2020（4）：9-13.

[7] 陈建国，张林煦，唐可为，等. 基于建设运筹一体化的北京大兴国际机场工程总进度综合管控计划研究[J]. 项目管理技术，2021，19（6）：88-94.

[8] 陈昕. 科技档案的效益分析[J]. 科学学研究，1994（1）：74-76.

[9] 崔伟. 守正创新 提质增效——构建更加完备的馆藏档案数字资源治理体系[J]. 北京档案，2023（1）：39-40.

[10] 崔征，郭福亮. 大型工程建设档案管理信息系统设计刍议[J]. 山西建筑，2015，41（2）：236-238.

[11] 丁华东，黄琳. 中国特色档案利用服务体系的建设与完善[J]. 档案学研究，2022（1）：51-57.

[12] 冯正霖. 推动民航高质量发展 开启新时代民航强国建设新征程[J]. 人民论坛，2018（5）：6-8.

[13] 付晓小，王晗，刘亚琳，等. 生态环保工程档案在长江生态保护中的作用[J]. 中国档案，2022（3）：62-63.

[14] 嘎拉森，徐拥军. 档案治理体系的构成要素与实现路径[J]. 档案学通讯，2022（6）：61-69.

[15] 郝伟斌，周昊，李璐璐. "互联网+"环境下建设项目档案新型监管机制研究[J]. 档案管理，2020（6）：48-51.

[16] 何晓青. 水利工程档案管理存在问题与解决对策[J]. 浙江档案，2018（2）：65.

[17] 和兴兰. 基建档案数字化工作初探[J]. 北京档案，2019（4）：30-32.

[18] 衡倩，朱艳霞，张伟. 工程档案在武汉火神山医院建设中的利用及启示[J]. 档案管理，2020（5）：53-55.

[19] 侯俊芳. 中华人民共和国档案事业大事记（上）[J]. 档案学通讯，1999（4）：21-23.

[20] 黄嘉颖. 提升企业工程档案管理质量的策略[J]. 城建档案，2021（12）：61-62.

[21] 黄霄羽，靳文君. 从助力到赋能：档案故事传播提升国际传播能力的路径及趋向[J]. 档案学研究，2022（1）：103-109.

[22] 加小双，姚静，张晨文，等. 聚焦服务中心大局 扎实记录国家记忆——2022年中国档案资源体系建设发展报告[J]. 中国档案，2023（3）：24-25.

[23] 金波，晏秦. 从档案管理走向档案治理[J]. 档案学研究，2019（1）：46-55.

[24] 孔旸. 首都轨道交通网络化运营形势下的档案管理体制机制创新——以北京市地铁运营有限公司为例[J]. 城建档案，2020（10）：50-52.

[25] 李红梅. 船舶集团联合重组背景下档案治理体系构建[J]. 中国档案，2022（8）：60-61.

[26] 李虎，黄永亮，王诚，等. BIM形势下的轨道交通工程档案管理[J]. 城建档案，2020（11）：74-77.

[27] 李辉，任晓春. 善治视野下的协同治理研究[J]. 科学与管理，2010，30（6）：55-58.

[28] 李明显，陈伟. 建设城市小区档案文件的标准化规范化管理——合肥市南园新村工程档案管理情况简介[J]. 档案学通讯，1997（2）：40-41.

[29] 连志英，朱宏涛. 参与式档案信息服务模式：社会化媒体环境下档案信息服务新模式[J]. 档案学通讯，2018，242（4）：59-64.

[30] 廖玉玲. 信息环境下的项目档案管理模式探索[J]. 中国档案，2013（9）：68-70.

[31] 刘东斌. 档案治理概念辨析[J]. 档案管理，2019（1）：47-49.

[32] 刘晋如. 中美档案数字人文项目比较研究[J]. 档案管理，2019（2）：33-36.

[33] 刘明. 构建枢纽机场研究[J]. 经济问题探索，2007（2）：1-4.

[34] 刘娜. 大科学工程档案管理模式比较研究：以中国科学院为例[J]. 浙江档案，2020（9）：24-27.

[35] 刘晓宾，孙明霞. 论工程项目精品档案的创建[J]. 中国档案，2010（8）：49-50.

[36] 楼蔚文，赵爱国. 数据治理的系统性探索——以高校档案治理体系构建为例[J]. 档案管理，2023（2）：97-99.

[37] 卢鸿莉. 建设项目档案的建档管控研究——以成都天府国际机场为例[J]. 四川档案，2021（2）：46-48.

[38] 陆国强. 新时代档案事业发展取得历史性成就[J]. 中国档案，2022，（10）：19-21.

[39] 吕向荣. 营商环境改革下工程档案验收方式研究——以北京市为例[J]. 未来城市设计与运营，2022（3）：72-75.

[40] 马仁杰，许茹，薛冰. 论数智技术浪潮下我国档案利用工作的优化路径[J]. 档案学研究，2023（1）：124-131.

[41] 茆荣珍. 水利工程EPC总承包项目档案管理探讨[J]. 未来城市设计与运营，2022（4）：83-85.

[42] 孟祥喜.《民航档案工作规定》修订解读[J]. 中国档案，2021（3）：34-35.

[43] 民航局综合司，广东民航机场建设有限公司. 民用机场建设项目民航专业工程文件及档案管理规范[G]. 广东：广东民航机场建设有限公司，2014.

[44] 倪丽娟. 红色档案资源开发与公民国家记忆培育[J]. 档案学研究，2022（4）：10-16.

[45] 牛力，曾静怡，刘丁君. 数字记忆视角下档案创新开发利用"PDU"模型探析[J]. 档案学通讯，2019（1）：65-72.

[46] 彭似梅，唐明容. 乌江渡发电厂扩建工程档案管理[J]. 贵州水力发电，2004（1）：70-72.

[47] 邱杰峰，李喆，刘敬仪. 机器人技术在文档智能管理中的应用研究[J]. 中国档案，2022（9）：68-69.

[18] 沙洲."互联网+"环境下我国档案信息服务模式变革研究[J]. 大学图书情报学刊，2019，37（2）：51-54.

[49] 省委书记、省人大常委会主任习近平同志在考察省档案局省档案馆时的讲话[J]. 浙江档案，2003（6）：5.

[50] 施伟科. 工程档案规范化管理的三同步[J]. 兰台世界，2000（11）：15.

[51] 石慧敏，刘淑妮. 信息化环境下的工程档案管理新模式[J]. 北京档案，2014（1）：25-27.

[52] 苏君华，邵亚伟，姜璐. 用户画像运用于档案馆精准服务：现状、业务流程及策略[J]. 档案学研究，2020（6）：92-96.

[53] 孙钢. 推进档案治理体系和治理能力现代化——2014年国家档案局档案馆（室）司工作重点[J]. 中国档案，2014（1）：35.

[54] 孙嘉，张俊，何长全，等. 大安全观视角下重大工程安全"零事故"的理论和实践研究——以北京大兴国际机场项目为例[J]. 工程研究——跨学科视野中的工程，2021，13（5）：442-450.

[55] 唐亮亮，戴旸，祝庆雪. 2013—2022年国家档案局宣传工作要点理析[J]. 档案与建设，2023（3）：37-41.

[56] 陶碧云. 论档案信息化内涵及其相互关系[J]. 档案学通讯，2002（6）：31-33.

[57] 王聪. 电力企业工程档案专项验收创新实践[J]. 中国档案，2020（4）：44-45.

[58] 王海瑛. 财务视角下重大建设项目档案的管控研究——以北京大兴国际机场为例[J]. 四川档案，2022（4）：35-36.

[59] 王吴震，严永强. 从"三同步"到"全过程"—— 关于重点建设项目档案质量控制的探讨[J]. 中国档案，2005（8）：55-56.

[60] 王燕民，戴莉，王睿. 档案助力抗击疫情医院建设[J]. 中国档案，2020（3）：22-23.

[61] 王洋. 非传统模式下工程项目档案管理研究[J]. 机电兵船档案，2018（1）：45-47.

[62] 王英玮，杨千. 总体国家安全观视角下《中华人民共和国档案法》的安全理念[J]. 档案学研究，

2020（6）：78-85.

[63] 王永梅，孙平. 线路工程档案智能辅助编研[J]. 中国档案，2016（2）：60-61.

[64] 王中. 艺术塑造人文机场——北京大兴国际机场公共艺术实践[J]. 美术研究，2020（3）：58-63.

[65] 吴介基. 海外EPC工程总承包项目档案管理探讨[J]. 办公室业务，2020（17）：106-107.

[66] 吴尚芸. 精细化管理在工程档案管理中的应用[J]. 城建档案，2019（8）：72-73.

[67] 吴维，黄永艳. 舵稳当奋楫"档"助勇前行——连云港港口档案工作纪实[J]. 档案与建设，2021
（1）：69-72+17.

[68] 肖国栋，李晓，肖铭. 基于易用性的人机界面评价[J]. 西南师范大学学报（自然科学版），2009，
34（3）：98-102.

[69] 肖秋会，王玉，张博闻. 总体国家安全观视域下档案解密现实困境及对策[J]. 档案学通讯，2023
（2）：31-38.

[70] 谢京明. 数字化背景下的水利工程会计档案管理[J]. 科技创新导报，2015，12（20）：164+166.

[71] 熊回香，施旖. 基于社交媒体的档案服务研究[J]. 档案学研究，2016（4）：63-68.

[72] 徐红梅. 地铁工程档案管理全程管控模式初探[J]. 档案与建设，2016（5）：76-78.

[73] 徐拥军，嘎拉森. "三个走向"：从《"十四五"全国档案事业发展规划》看档案工作发展趋势[J]. 图
书情报知识，2021（6）：4-11.

[74] 徐拥军，李孟秋. 关于制定《档案服务外包项目监理工作规范》的设想[J]. 档案与建设，2022（3）：
4-7.

[75] 徐拥军，王兴广. 强化新时代档案事业高质量发展的基础性、战略性支撑[J]. 中国档案，2023（3）：
10-11.

[76] 徐拥军，王兴广. 治理视域下档案服务外包安全监管研究[J]. 档案学研究，2022（4）：116-122.

[77] 徐拥军，熊文景. 档案治理现代化：理论内涵、价值追求和实践路径[J]. 档案学研究，2019（6）：
12-18.

[78] 徐拥军. 挖掘档案价值 读懂百年党史[J]. 中国档案，2021（3）：74-75.

[79] 许华萍. 试论精细化管理理念在新建医院基建工程档案管理中的应用[J]. 企业科技与发展，2013
（7）：50-51.

[80] 许娜，任越. 面向乡村建设行动的乡村档案治理体系研究[J]. 档案与建设，2022（4）：44-47.

[81] 闫静，朱琳，张臻. 档案用户利用需求及对策研究——基于各级国家综合档案馆用户利用需求问卷调查[J]. 档案管理，2022（2）：93-97.

[82] 闫秀敏. 大型水利工程档案管理工作存在的问题及对策[J]. 城建档案，2020（5）：67-68.

[83] 晏秦. 论档案治理的内涵、特征和功能[J]. 档案管理，2017（4）：4-7.

[84] 杨文，王强. 数字时代国有企业档案资源开发利用的内在机理与实践路径[J]. 档案学研究，2022（3）：76-83.

[85] 姚静，徐拥军. 构建档案开放审核免责机制的必要性、困境与策略[J]. 档案学研究，2023（2）：74-80.

[86] 尹学新. 建筑工程档案信息化管理现状及对策探究[J]. 城建档案，2021（12）：21-22.

[87] 游红宇，张颖. BIM模型和电子化建设工程档案的结合与管理[J]. 城建档案，2021（6）：12-14.

[88] 游红宇. 建筑工程档案信息化管理探析[J]. 未来城市设计与运营，2022（2）：88-90.

[89] 于英香，李雨欣. "AI+档案"应用的算法风险与治理路径探析[J]. 北京档案，2021（10）：5-9.

[90] 于英香，姚倩雯. 面向知识服务的文书档案知识聚合模型构建[J]. 北京档案，2023（3）：8-12.

[91] 俞可平. 衡量国家治理体系现代化的基本标准——关于推进"国家治理体系和治理能力的现代化"的思考[J]. 党政干部参考，2014（1）：3.

[92] 张斌，杨文. 中国档案学研究热点与前沿问题探讨[J]. 图书情报知识，2020（3）：28-40.

[93] 张超，王露露. 我国企业境外上市新规解读及档案安全治理探析[J]. 档案与建设，2022（7）：20-24.

[94] 张帆，吴建华. 基于档案治理的档案信息资源开发模式转型研究[J]. 档案学通讯，2019（6）：18-26.

[95] 张吉成，陈昌仁. 基于PDM的水利工程档案数据管理探索[J]. 档案与建设，2017（2）：84-87.

[96] 张晶晶. 市政工程档案收集存在的问题与对策——以成都天府国际机场建设项目为例[J]. 城建档案，2021（8）：44-45.

[97] 张君伟. 北京大兴国际机场周边水系规划设计研究[J]. 中国水利，2020（21）：71-73.

[98] 张蕾. 信息数字化环境下如何加强工程项目档案管理[J]. 中国管理信息化，2018，21（6）：174-175.

[99] 张群. 境外工程项目档案管理存在问题与对策[J]. 机电兵船档案，2017（1）：9-11.

[100] 张涛，郑天玉，邹桂兰，等. 集团型企业工程档案信息化管理研究[J]. 办公室业务，2022（21）：105-108.

[101] 张臻，孙宝云，齐巍. 中国涉密档案解密管理研究综述[J]. 山西档案，2020（4）：160-169.

[102] 张臻，王露露. 文件连续体理论研究综述[J]. 山西档案，2017，（4）：32-38.

[103] 赵霞. 浅议对石化企业工程项目档案有效管控[J]. 石化技术，2021，28（9）：211-212.

[104] 赵向华. 丁薛祥同志到中央档案馆国家档案局调研并发表重要讲话[J]. 中国档案，2018（2）：10.

[105] 赵雪芹，党昭，李天娥. 数字人文视角下的档案信息资源开发问题与对策[J]. 北京档案，2021（1）：18-22.

[106] 赵亚庆，田志刚，罗聪. 数字化转型下机场备品备件库存成本精细化管理策略——以大兴机场为例[J]. 物流工程与管理，2022，44（10）：112-117.

[107] 赵跃，杨鑫. 新修订《档案法》档案安全内容解读[J]. 山西档案，2021（6）：83-89.

[108] 中办国办印发《"十四五"全国档案事业发展规划》[J]. 中国档案，2021（6）：18-23.

[109] 周林兴，林腾虹. 用户画像视域下智能化档案信息服务：现状、价值、运行逻辑与优化路径[J]. 档案学研究，2021（1）：126-133.

[110] 周祺，张照余. 电子档案文件格式登记与管控系统构建[J]. 档案与建设，2023（2）：58-61.

[111] 朱兰兰，丁晓雪. 建设项目原生电子文件安全归档的思考[J]. 档案管理，2020（6）：56-58.

[112] 朱乐明，饶程雯. 创新"三度"理念 提升档案服务质效[J]. 四川档案，2023（1）：49-50.

[113] 朱振蕙. 数字化改革环境下数字档案资源网络安全提升策略[J]. 浙江档案，2023（3）：51-53.

[114] 邹珮萌，王楠. 法治思维和方式下档案开放利用工作优化研究[J]. 四川档案，2022（5）：30-31.

[115] Anderson R, Arndell M, Christensen S. Architecture studio archive:A case study in the comprehensive digital capture and repository of student design work as an aid to teaching, research, and accreditation[J]. Australian Academic & Research Libraries, 2009, 40(4):286-304.

[116] ANJOS F G S, SILVA M N, BARI V A. The document management impact on engineering and architectureâ s archives:an analysis of dipopâ s archive of the Federal Institute of Education, Science and Technology of Sergipe[J]. AtoZ:novas práticas em informação e conhecimento;v. 10, n. 1 (2021):jan. /abr.;85-93, 24(2):93-85.

[117] Bazzo J, Schmiguel K, Suarez R L. School in quarantine:a project for the anthropological archive of educational memories during the covid-19 pandemic[J]. Atoz-Novas Praticas Em Informacao E Conhecimento, 2020:234-240.

[118] Bitelli G, Gatta G, Guccini A M, et al. GIS and Geomatics for archive documentation of an

architectural project:The case of the big Arc of entrance to the Vittorio Emanuele II Gallery of Milan, by Giuseppe Mengoni (1877)[J]. Journal of Cultural Heritage, 2019, 38:204-212.

[119] Blanco-Rivera J A. Trends and challenges of metadata creation in web archiving projects[J]. E-Ciencias de la Información, 2022, 12(1):79-95.

[120] Colla D, Goy A, Lcontino M, ot al. Wikidata Support in the Creation of Rich Semantic Metadata for Historical Archives[J]. Applied Sciences, 2021, 11(10):4378.

[121] Gabrielaitis L, Bausys R. Management of Project Properties in "Virtual Archive" for Building Design industry[J]. Engineering Economics, 2009, 64(4).

[122] Giménez-Chornet V, Escrig-Giménez M. Designing a thesaurus to give visibility to the historical archives in the Archivo del Reino in Valencia[J]. KO KNOWLEDGE ORGANIZATION, 2011, 38(2):154-166.

[123] Hsiao C, Ruffino M, Malak R, et al. Discovering taxonomic structure in design archives with application to risk-mitigating actions in a large engineering organisation[J]. Journal of Engineering Design, 2016, 27(1-3):146-169.

[124] Liang J, Wang H, Li X. Task design and assignment of full-text generation on mass chinese historical archives in digital humanities:a crowdsourcing approach[J]. Aslib Journal of Information Management, 2020, 72(2): 262-286.

[125] Park E G, Burr G, Slonosky V, et al. Data rescue archive weather (DRAW):Preserving the complexity of historical climate data[J]. Journal of Documentation, 2018, 74(4): 763-780.

[126] Plante R L, Greene G, Hanisch R J, et al. Building archives in the virtual observatory era[C]// Software and Cyberinfrastructure for Astronomy. SPIE, 2010, 7740:209-220.

[127] Smithies J, Westling C, Sichani A M, et al. Managing 100 Digital Humanities Projects:Digital scholarship and archiving in King's Digital Lab[J]. Digital Humanities Quarterly, 2019, 13(1).

[128] Stamnas E, Lammert A, Winkelmann V, et al. The HD (CP)2 data archive for atmospheric measurement data[J]. ISPRS International Journal of Geo-Information, 2016, 5(7):124.

[129] Thakar A R. Lessons learned from the sdss catalog archive server[J]. Computing in Science & Engineering, 2008, 10(6):65-71.

[130] Upward, F. Structuring the records continuum-part two:structuration theory and recordkeeping[J].Archives and Manuscripts, 1997, 25 (1).

[131] Vavilova I B, Pakulyak L K, Shlyapnikov A A, et al. Astroinformation resource of the Ukrainian virtual observatory:Joint observational data archive, scientific tasks, and software[J]. Kinematics and Physics of Celestial Bodies, 2012, 28:85-102.

[132] Waters S. The Glasgow Miracle Project:working with an arts organization's archives[J]. Archives and Records, 2015, 36(1):6-17.

三、其他

[1] 鲍南. 协同发展：插上临空经济"金翅"[N]. 北京日报，2021-09-19（008）. 北京大兴国际机场. 北京大兴国际机场机场概况[EB/OL]. [2023-04-25]. https://enterprise.bdia.com.cn/#/airportIntPage/developHistroy.

[2] 北京大兴国际机场正式投入运营[N]. 人民日报，2019-09-26（001）.

[3] 北京大兴机场航空城. 大兴机场临空区蓄力打造国际一流航空城[EB/OL].（2023-01-04）[2023-04-13]. https://mp.weixin.qq.com/s/qQPKfpJqW6EgDhhs-11F5w.

[4] 北京大兴文明网. "数字"带您游机场，感受爱国情怀[EB/OL].（2022-09-19）[2023-06-17]. http://bj.wenming.cn/dx/yw/202209/t20220919_6476698.shtml.

[5] 北京市建设监理协会，北京市建设工程安全质量监督总站建筑. 工程资料管理规程：DB11/T 695-2017[S]. 北京，2007.

[6] 程秀琴，李圈发. 水电水利工程岩芯实物档案的收集整理与编目移交[J]. 人民黄河，2022，44（S1）：237-238+240.

[7] 中国民航网. 大兴机场电子化采购平台入选国家档案局"电子文件归档和电子档案管理试点"项目 [EB/OL].（2022-04-08）[2023-06-20]. http://www.caacnews.com.cn/1/5/202204/t20220408_1342500.html.

[8] 国际空港信息网. 大兴机场推出精品红色旅游线路[EB/OL].（2021-07-01）[2023-06-17]. http://www.iaion.com/fw/111986.html.

[9] 刘冠. 第二十届民航信息化发展论坛[EB/OL]. （2022-11-02）[2023-04-25]. http://www.caacnews. com.cn/2022live/20thmhxxhlt/20xxhltltm3/202211/t20221101_1356462.html.

[10] 方彬楠，陆珊珊. 大兴新机场：临空经济再筑"新跑道"[N]. 北京商报，2023-01-20（003）.

[11] 钢铁凤凰振翼启航[N]. 中国国门时报，2021-07-06（004）.

[12] 国管局. 人民防空档案管理暂行规定[EB/OL]. （2006-06-29）[2023-06-20]. https://www.ggj. gov.cn/ztzl/dyq/rfflfg/200611/t20061102_15363.htm.

[13] 国际在线. 习近平考察北京 关注新机场 聚焦冬奥会 展望副中心[EB/OL]. （2017-02-24）[2023-06-15]. https://news.cri.cn/20170224/14198658-b909-94cb-456e-19e6b6dae7e5.html.

[14] 国家档案局印发《通知》要求认真学习贯彻习近平总书记对档案工作重要批示[EB/OL].[2023-04-13].https://www.saac.gov.cn/daj/yaow/202107/4447a48629a74bfba6ae8585fc1331 62.shtml.

[15] 航油北京人. 北京大兴国际机场供油工程喜获国家优质工程奖[EB/OL]. （2023-01-16）[2023-04-13]. https://mp.weixin.qq.com/s/hRBVMHbBENa0sgDyrdlXUQ.

[16] 黄春华，龙平川，赵晓星等. 查询量猛增近七倍的背后[N]. 检察日报，2014-05-04（2）.

[17] 冷旭川. 北京加强大兴国际机场工程档案监督指导[N]. 中国档案报，2019-04-11（001）.

[18] 李博. 大兴机场：当好"国家发展新的动力源"[N]. 北京日报，2022-09-25（001）.

[19] 粟才礼. 试论机场建设项目工程档案的管理[C]//贵州省档案学会. 贵州省档案学会第五次档案学术研讨会论文集. 2003：260-265.

[20] 刘鸿浩. 基于电子政务的档案利用体系建设初探[C]//国家档案局. 档案事业改革与创新——2013年全国青年档案工作者研讨会论文集. 北京：中国文史出版社，2013：245-253.

[21] 民航局档案馆. 国家档案局一行赴北京大兴国际机场实地调研、指导工程建设档案工作[EB/OL]. （2019-04-04）[2023-03-21]. https://mp.weixin.qq.com/s/-JCS09d94KSxoGn6HEDwJQ.

[22] 民航局档案馆. 民航局综合司组织建设项目档案工作专题培训[EB/OL]. （2019-05-15）[2023-03-21]. https://99b.life/9Fs6m.

[23] 李瑞环. 跑出协同发展加速度[N]. 中国档案报，2021-07-19（001）.

[24] 邱超奕. 这座四型机场，不一般[N]. 人民日报，2021-11-17（018）.

[25] 瞿芃，侯颗. 京津冀协同发展新引擎[N]. 中国纪检监察报，2022-09-26（003）.

[26] 沈健. 浅析北京大兴国际机场奋斗者初心和使命的实践[EB/OL]. [2023-04-13]. http://att.

caacnews.com.cn/zsfw/201908/t20190814_2667.html.

[27] 首都机场集团学习园地.【2020年度人文机场一等奖】大兴机场：乘兴而来 尽兴而归——大兴机场人文机场建设实践[EB/OL]. 2021-01-07[2023-04-13]. https://mp.weixin.qq.com/s/uQDrh-SYf5fNY_bfKigZzQ.

[28] 孙昊. 优化手段 全程监督 严把建设项目档案工作质量关[N]. 中国档案报，2014-04-25（001）.

[29] 新华社. 习近平出席投运仪式并宣布北京大兴国际机场正式投入运营 韩正出席仪式并致辞[EB/OL].（2019-09-25）[2023-06-19]. https://www.chinacourt.org/article/detail/2019/09/id/4488922.shtml.

[30] 新华网. 习近平在北京考察：抓好城市规划建设 筹办好冬奥会[EB/OL]. 2017-02-24[2023-06-19]. https://news.cri.cn/20170224/f2ebc9b7-2f4e-ac35-8f28-a3cf83796bfa.html.

[31] 新华网. 习近平在中国人民大学考察时强调坚持党的领导传承红色基因扎根中国大地走出一条建设中国特色世界一流大学新路[EB/OL].（2022-04-25）[2023-04-25]. http://www.news.cn/2022-04/25/c_1128595417.htm.

[32] 徐姚. 北京大兴国际机场：世界最大单体隔震建筑[N]. 中国应急管理报，2019-09-28（006）.

[33] 央视网. 习近平出席投运仪式并宣布北京大兴国际机场正式投入运营[EB/OL].（2019-09-25）[2023-06-21]. https://news.cri.cn/20190925/a188f77b-7d3f-41e6-46bb-63fd6beb16e9.html.

[34] 杨睿. "打造一支世界一流的机场消防战队"[N]. 中国应急管理报，2019-11-15（006）.

[35] 阴丽萍.《大工告成——北京大兴国际机场》：全景切片式揭秘大国工程[EB/OL].（2020-09-28）[2023-04-13]. https://mp.weixin.qq.com/s/L-QMBu20aXPZ38b6eF3sFQ.

[36] 张真齐. 大兴机场做好节能"加减法"[N]. 中国青年报，2022-04-14（011）.

[37] 张真齐. 中国民航业多途径攻克"绿色发展"新课题[N]. 中国青年报，2021-09-16（012）.

[38] 中国网. 智库观中国：建设大兴机场临空经济区 高质量服务京津冀协同发展[EB.OL].（2022-04-12）[2023-04-13].https://news.cctv.com/2022/04/12/ARTISrTHtovvipbxDlDieaXS220412.shtml.

[39] 中国档案网. 德清县为古建筑建立"数字身份档案"[EB/OL].（2023-03-21）[2023-03-28]. http://www.chinaarchives.cn/home/category/detail/id/41674.html.

[40] 中国民航网. 北京大兴机场投运三周年 中国机场建设者有话说[EB/OL].（2022-09-25）[2023-04-13].http://caacnews.com.cn/1/5/202209/t20220925_1353914.html.

[41] 中国民航网. 大兴机场全面"升级"真情服务管理体系[EB/OL].（2022-11-01）[2023-03-27]. http://www.caacnews.com.cn/1/5/202211/t20221101_1356348.html.

[42] 中国新闻网."共和国超级工程"北京大兴国际机场：创造新奇迹 见证新发展[EB/OL].（2022-04-30）[2023-06-15].https://www.chinanews.com.cn/gn/2021/04-30/9467913.shtml.

[43] 网信办. 中央网络安全和信息化委员会印发《"十四五"国家信息化规划》[EB/OL].（2021-12-28）[2023-06-19]. https://www.gov.cn/xinwen/2021-12/28/content_5664872.htm.

[44] 朱竞若，赵展慧. 高科技触手可及[N]. 人民日报，2019-10-07（002）.

后记

北京大兴国际机场工程项目是习近平总书记特别关怀、亲自推动的国家重大标志性工程。在不到5年时间里完成预定的建设任务，并顺利投入运营，充分展现了中国建设的雄厚实力，彰显了中国精神和中国力量。这一伟大工程顺利建成投运离不开习近平总书记和党中央的正确领导，离不开地方各级党委政府的大力支持，离不开建设单位和参建单位领导和各个业务部门员工的全心投入，同样也离不开工程项目档案管理部门和人员的辛勤付出。本书旨在总结、梳理大兴机场工程项目档案管理的实践经验和创新做法，以期为其他大型工程项目档案管理提供有益的借鉴和启示。

本书是北京建设项目管理总指挥部工程项目档案工作者和中国人民大学档案事业发展研究中心师生通力合作的产物。从2022年10月开始，指挥部各个部门、各参建单位、外部专家、中国人民大学课题组和中国建筑工业出版社紧张工作，经历了图书策划、文献调研、访谈调研、研究讨论、大纲提炼、书稿撰写、修改打磨、专家评审、编辑出版等多个环节，使本书在不到一年的时间内顺利与读者见面。

在本书策划阶段，北京建设项目管理总指挥部为中国人民大学课题组讲述了大兴机场建设的背景故事和建设过程中工程项目档案管理的基本情况，双方共同探讨了发掘大兴机场工程项目档案管理实践的基本方向和重点内容。双方明确本书应做到"顶天立地"：一方面，要提高政治站位，充分认识大兴机场工程项目档案管理的政治性；同时，要将实践经验总结提升至理论高度，深入阐述大兴机场工程项目档案管理的科学性。另一方面，要接地气，切实反映大兴机场工程项目档案管理的具体做法和创新之处，使其理论具有可操作性，使其经验具有可推广性。

在资料收集和访谈调研阶段，课题组按照"总指挥部—参建单位、服务商—档案主管部门—国内其他大型公司"的顺序访谈了22个部门或单位。特别感谢总指挥部、总指挥部各部门和参建单位及服务商的领导和工作人员不厌其烦地接受访谈调研，并尽可能地提供一手资料；更要感谢中国民用航空局档案馆孟祥喜同志，中国民用航空局空中交通管理局孙琳同志，华北空管局指挥部沈光、周燕等同志，北京市城市建设档案馆张斌、吕向荣等同志，华能集团冷秀斌、蒋术等同志，福清核电有限公司邱杰峰等同志的大力支持，他们协调并接受课题组的调研访谈，才使本书掌握了更多国内工程项目档案管理的实践情况。

充分吸收文献调研资料和访谈调研所获信息后，课题组提炼拟定了写作大纲，并与总指挥部综合管理部李维主任、师桂红副主任、魏士妮同志等研究讨论，最终确定书籍写作大纲。在随后写作过程中，课题组多次内部研讨，多次与指挥部相关同志沟通交流，边研究边写作边修改，于2023年4月底形成初稿。之后总指挥部组织各部门审阅相关书稿，提出修改反馈意见，双方再次集体研讨、集体修改。

2023年7月5日，总指挥部召开专家评审会，国家级档案专家领军人才、中国石油档案馆副馆长王强，国家级档案专家、上海大学文化遗产与信息管理学院教授周林兴，国家级档案专家、中共北京市委办公厅（市档案局）档案政策法规处副处长马秋影，国家级档案专家、河北大学管理学院教授李颖，北京联合大学应用文理学院教授、硕士生导师谢永宪等专家参会，与会专家对书稿给予了充分肯定，并提出了宝贵的修改意见和建议。课题组按专家意见修改后，总指挥部于2023年8月31日，再次组织召开第二次专家评审会，中国档案学会副理事长、秘书长邓小军，中国档案学会副秘书长刘峰，中国档案报社编辑一部主任宁宇龙，中国民用航空局档案馆主任孟祥喜，中国人民大学档案学院副院长、教授牛力，中国石油档案馆副馆长王强，河北大学管理学院教授李颖，北京东方明德科技发展公司总经理杨波，首都机场集团有限公司档案馆主管钱伟等各领域专家和总指挥部各部门领导师桂红、李维、魏士妮、孙凤、王海瑛、彭耀武、王積筠、姚铁、张俊、李青蓝、刘卫、王欣博等，从各个角度对书稿进行了进一步审议，提出系列修改完善意见。在此，谨对各位专家领导的支持和鼓励表示由衷的感谢。课题组综合采纳专家领导意见后进行了再次修订和校对，总指挥部进行最终统稿定稿。

最后感谢中国建筑工业出版社毕凤鸣同志为本书出版提供的全程支持和辛勤劳作。

由于编写组能力有限，时间匆促，本书难免还有诸多不足之处，期待读者多多批评指正。

本书编委会
2023年9月

北京大兴国际机场工程项目档案管理工作剪影

1-1　档案库房

1-2　档案密集架存储

1-3　基建文件整理

1-4　工程竣工图数字化扫描

1-5　OFD国家版式文件应用于
电子档案管理

2-1 档案咨询服务项目沟通会

2-2 专家现场检查指导档案工作

2-3 国家档案局领导专题调研北京大兴国际机场工程建设项目档案工作

2-4 市城建档案馆领导莅临指导检查

2-5 市档案馆领导检查指导竣工验收档案资料

3-1 各工程竣工验收会议通知

3-2 行业总验工程档案组汇报工作

3-3 综合办公室副主任师桂红汇报档案工作

3-4 总指挥部工程项目档案工作人员参与工程竣工验收会

3-5 档案资料组顺利通过飞行区工程竣工验收

4-1 工程项目档案接受总验终审

4-2 总验终审档案组专家领导检查

4-3 北京大兴国际机场航站楼工艺流程及民航专业系统和设备行业验收

北京市规划和自然资源管理委员会
建设工程档案预验收意见书

城档建安预字[2019]0196号
预验收日期:2019年09月09日

首都机场集团公司   :

依据《城建档案管理规定》(建设部90号令)第8条及《北京市城市建设档案管理办法》(北京市人民政府129号令)第14条之规定。由北京市城建档案馆对你单位在   大兴区   建设的
北京新机场工程(航站楼及换乘中心)(核心区)   工程档案进行了预验收。经审核,该工程应移交档案馆的档案资料内容基本齐全,各类文件资料已按规定要求进行整理、组卷。需补充和完善的内容已书面告知你单位。请你单位按照书面告知内容尽快整改,并将工程竣工验收及备案期间形成的文件一并归档。该工程档案应于   2019   年   12   月底之前移交北京市城建档案馆。

告知事项:

如果建设单位不能再规定时间内移交工程档案,应当及时向市城建档案馆说明原因,办理缓交手续。对违反规定不移交工程档案的,将根据《北京市城市建设档案管理办法》第二十一条进行处罚。

4-4 《建设工程档案预验收意见书》

北京城市建设档案馆
城市建设工程办理竣工档案登记表
(建筑工程)

建安竣档字[2019]0269
2019规自建字0030号

建设单位: 首都机场集团公司		邮政编码:		登记人: 姚士妮	
通信地址: 北京市大兴区榆垡镇福顺街1号			登记日期: 2019-09-09	电话: 89227112	
工程名称	北京新机场工程(航站楼及换乘中心)		工程地点	大兴区	
设计单位	北京市建筑设计研究院有限公司		施工单位	特定	
计划工期	开工 2015-12-26			竣工 2019-06-28	
工程项目(用途)	结构种类	层数 地上/地下	占地面积(平方米)	建筑面积(平方米)	栋楼	总投资(元)
航站楼及换乘中心	框架	5/2	0.00	780,028.05		
备注	未见证附图,证签复印件未盖公章,吴主任允许登记					

市城建档案馆经办人: 马媛媛   盖章:

（工程竣工档案登记专用章）

注意事项:

(1)建设项目取得《建设工程规划许可证》后,按照《北京市城市建设档案管理办法》的要求,须到市城建档案馆办理工程档案登记,盖章方可。
(2)建设单位与施工单位签订的承包合同中,必须包括编制及移交工程档案的有关内容。
(3)建设单位必须配备专门人员负责检查,监督工程档案的形成、收集、整理情况,并负责与市城建档案馆联系和配合工程档案的验收移交事宜。
(4)此工程必须按北京市《建筑工程资料管理规程》和北京市《市政基础设施施工资料管理规程》编制工程档案,并在竣工验收后六个月内报送市城建档案馆。
(5)凡竣工档案不按规定要求进行编制和移交的,将根据《中华人民共和国城乡规划法》第六十七条规定,进行处罚。

(第二联 建设单位存查)

4-5 《城市建设工程办理竣工档案登记表》

图书在版编目（CIP）数据

4+1 档案管理之道：北京大兴国际机场工程项目档案
管理实践与创新 / 宋鹍，郭雁池，李光洙主编；师桂红，
李维，徐拥军副主编；北京新机场建设指挥部组织编写
. —北京：中国建筑工业出版社，2023.12
　ISBN 978-7-112-29336-0

　Ⅰ.①4… Ⅱ.①宋… ②郭… ③李… ④师… ⑤李…
⑥徐… ⑦北… Ⅲ.①国际机场－工程档案－档案管理
－北京 Ⅳ.① G275.3

　中国国家版本馆CIP数据核字（2023）第215779号

本书共分九章，主要研究了工程项目档案管理的理论基础，大兴机场工程项目档案管理的特点与需
求，大兴机场工程项目档案治理体系、档案资源体系、档案利用体系、档案安全体系四个体系建设和档
案信息化建设的实践举措，剖析其中蕴含的经验和启示，系统性总结了北京新机场建设指挥部具有创新
性的"4+1"工程档案管理模式。
　　期望本书成为解读大兴国际机场成功的一把密钥，推动我国工程项目档案工作思想政治理念提升、
治理体系和治理能力升级、工程项目档案事业进一步发展，助力我国大型工程建设效率、质量全面提高。

责任编辑：毕凤鸣
责任校对：王　烨

4+1　档案管理之道
北京大兴国际机场工程项目档案管理实践与创新
北京新机场建设指挥部　组织编写
宋　鹍　郭雁池　李光洙　主　编
师桂红　李　维　徐拥军　副主编
＊
中国建筑工业出版社出版、发行（北京海淀三里河路9号）
各地新华书店、建筑书店经销
北京海视强森文化传媒有限公司制版
北京富诚彩色印刷有限公司印刷
＊
开本：880毫米×1230毫米　1/16　印张：16½　插页：1　字数：352千字
2023年12月第一版　2023年12月第一次印刷
定价：**198.00** 元
ISBN 978-7-112-29336-0
　（42039）